사전 없이 공부하는
꼼꼼한 TOEIC VOCA

사전 없이 공부하는
꼼꼼한 TOEIC VOCA

2015년 2월 26일 초판 1쇄 발행
2016년 8월 29일 초판 2쇄 발행
2020년 3월 10일 초판 3쇄 발행

지은이   박현경
펴낸이   이찬규
펴낸곳   북코리아
등록번호   제03-01240호
주소   13209 경기도 성남시 중원구 사기막골로
           45번길 14, 우림2차 A동 1007호
전화   02-704-7840
팩스   02-704-7848
이메일   sunhaksa@korea.com
홈페이지   www.북코리아.kr

ISBN   978-89-6324-413-6 (03740)
값   17,000원

사전 없이 공부하는

꼼꼼한
TOEIC
VOCA

박현경 지음

북코리아

목차

머리말

TOEIC은 Test of English for International Communication의 약자입니다. 말 그대로 영어로 국제적인 의사소통을 하는 것이 얼마나 가능한지를 측정하는 시험이지요. 따라서 이 시험에서 고득점을 하기 위해서는 영어를 사용하여 여러 나라 사람들과 다방면에 걸쳐 의사소통을 할 수 있는 능력을 기르는 것이 필요합니다. 말하기, 듣기, 읽기, 쓰기라는 네 영역에서 영어 실력을 향상시키고 다양한 억양에 익숙해지면 시험 대비에 도움이 됩니다. 물론 실제로 시험을 치르기 전에는 최소 한 달 정도의 시간적 여유를 두고 실전문제를 풀어 시험에 대한 감각을 익히고 본인의 취약한 부분을 발견하고 보완하는 시간 역시 필요합니다. 이런 과정에서 가장 기초적이고도 중요한 것이 어휘력의 강화라고 할 수 있습니다. 문법이 정확하고 발음이 훌륭해도 어휘력의 토대가 없다면 표현하고 이해할 수 있는 능력이 매우 제한적일 수밖에 없기 때문입니다. 외국인이 한국어를 배울 때도 마찬가지라고 할 수 있습니다. 필자의 동료인 미국인 교수도 한국어를 배울 때, 필수적인 명사, 형용사, 부사와 자주 활용되는 동사를 익히며 어휘공부부터 시작하는 것을 볼 수 있었습니다. 영어는 우리의 모국어가 아니기 때문에 체득되는 데는 어느 정도 한계가 있어서, 중요하거나 어려운 단어는 배우고 익혀야 우리의 것이 될 수 있습니다.

어휘를 제대로 알기 위해서는 예문과 함께 공부해야 한다는 것은 누구나 아는 사실입니다. 그러나 그 실천은 쉽지 않습니다. 이유는 여러 가지가 있을 것입니다. 우선 시간의 촉박함 때문일 수 있습니다. 대부분의 학생들은 시간에 비해 공부할 분량이 많다고 느낍니다. 그런 상황에다 어휘만 외워도 하루가 지나면 암기한 단어의 다수를 잊어버리게 되는데, 예문까지 공부해야 한다면 당연히 부담스럽게 느껴질 수밖에 없습니다. 또 다른 이유는 예문 해석의 어려움을 들 수 있습니다. 토익 어휘집에서 다뤄지는 예문은 토익 문제지에서 찾아낸 것이 많은데 그 경우 예문 안에 어려운 어휘들이 있어서 해석은 고사하고 예문 읽기 자체를 중단하게 되는 일조차 종종 벌어집니다. 결과적으로 두꺼운 어휘집에서 주요 단어와 그 대표 의미만을 외우고 마는 것이지요. 그렇게 되면 실전에서 공부한 단어를 접해도 여전히 어려움을 느끼게 됩니다. 다시금 한 단어 안에 여러 의미가 담겨 있음을 절감하고, 단어의 다양한 의미를 예문과 함께 공부해야 함을 인지하게 되는 것이지요.

본 어휘집은 이러한 문제 혹은 난관을 해결하는 데 도움을 주는 방식으로 구성되어 있습니다. 첫째, 표제어는 토익에 빈번히 등장하는 단어로 구성했습니다. 토익은 문제은행에서 출제되는 방식으로 구성되기 때문에 범위가 비록 넓을지라도 일정한 패턴을 지니고 있습니다. 따라서 토익에서 다뤄지는 주요 어휘들을 유형별로 익히는 것은 시험 대비에 큰 도움이 될 수 있습니다. 이 책은 토익의 어휘 파트뿐 아니라 토익 전체에서 다뤄지는 어휘를 포괄하고 있어서, 학생들이 본문에 실린 단어를 익히고 부록에 해당하는 보충 단어와 숙어까지 암기한다면, 토익의 웬만한 어휘들은 거의 모두 알게 된다고 해도 과언이 아닙니다.

둘째, 대다수의 예문을 토익에서 자주 등장하는 유형으로 구성했습니다. 이 예문들을 통해 학생들은 토익에 대한 감각을 익히고 주어진 단어의 여러 의미와 용례를 파악하게 될 것입니다. 또한 구조적으로 복잡하고 어려운 단어가 등장하는 예문뿐 아니라, 회화에서도 쉽게 활용 가능한 짤막한 문장들도 함께 제시하여 학생들이 다양한 수준의 예문에 노출되고 학습에 대한 흥미를 유지할 수 있도록 유도하였습니다.

셋째, 예문 속 단어를 선별하여 이에 대한 설명을 추가했습니다. 이 책의 예문 안에는 토익을 준비하는 보편적인 독자가 어려움을 느껴 사전을 찾을 법한 단어와 숙어가 들어 있는데, 필자는 이 어휘들에 대한 해설을 덧붙였습니다. 이것은 바쁜 시간을 쪼개어 공부하는 학생들이 예문 해석을 위해 일일이 사전을 찾는 수고를 덜어줍니다. 학생들은 이 예문 속 단어에 대한 설명을 통해 어휘력을 높이고 앞에서 이미 학습한 단어들을 반복적으로 공부하게 됩니다.

넷째, 복습을 위해 확인문제를 제공했습니다. 표제어를 중심으로 하는 단원별 확인문제, 5과마다 이루어지는 복습 문제는 어휘력을 측정하고 강화하는 의미를 갖습니다. 어휘집을 들고 공부할 때는 외운 단어를 다음 날 다시 보면 기억하지 못한다는 이유로 학습을 포기하거나 완벽한 암기를 위해 한 단원에만 머물러 있는 경우가 있습니다. 스스로도 그런 태도가 공부에 도움이 되지 않는다는 것을 알면서도, 외운 단어를 기억하지 못하는 상황에서 느끼는 좌절감과 불안함 때문에 학습이 정체되는 상황에 빠져드는 것입니다. 이 책으로 공부하는 학생들은 순차적으로 진도를 나가도 거듭된 확인의 과정을 거치게 되어, 한 권의 책을 성공적으로 마치면 필요한 어휘를 암기한 데서 오는 만족감을 느낄 수 있을 것입니다.

다섯째, 다양한 보충 단어와 숙어를 제공했습니다. 이 책은 토익 시험에 등장하는 단어와 숙어를 폭넓게 제공할 뿐 아니라, 생활영어에서 꼭 필요한 어휘와 표현 역시 덧붙이고 있습니다. 주방용품, 가전제품, 병명, 신체부위, 한국의 음식, 한미 국경일 등에 관련된 어휘는, 실생활에서 꼭 필요하지만 교과서를 통해 배울 기회는 많지 않기 때문에 유익한 자료가 될 것입니다. 이 책의 기본 목표가 어휘력 강화를 통해 학생들이 토익에서 고득점을 하도록 돕는 것이지만, 그것이 곧 영어로 국제적인 의사소통을 할 수 있는 능력을 기르는 것과 맞닿아 있기 때문에, 관련된 어휘를 함께 수록하였습니다.

토익은 영어실력을 점검하는 문제이지만 학생들이 빠지기 쉬운 오답을 만드는 심리적 접근이 더해져서 출제된다고 합니다. 이처럼 영어실력과 심리적 요소가 결합되는 것은 공부를 하는 과정에서도 적용해볼 수 있습니다. 영어를 배우는 것도 중요하지만 자신을 격려하고 용기를 북돋아서 꾸준히 노력하게 만드는 심리적인 자극도 필요한 것이지요. 이제껏 영어 공부에 소홀했고 영어 실력이 부족한 학생이라도, 지금부터 노력하면 충분히 원하는 수준에 도달할 수 있다는 신념을 갖고, 자신이 희망하는 영어능력의 수준과 획득하고자 하는 점수를 구체적으로 정해 보기 바랍니다. 그리고 목표를 위한 계획을 월일별, 시간별로 실천 가능한 선에서 세워 보십시오. 단, 계획을 잘 실천하기 위해서는 주당 하루나 이틀 정도의 완충기간, 즉 미처 해내지 못한 분량을 따라잡을 시간이 필요합니다. 이런 여유 시간을 두어야 밀려버린 계획에 좌절하여 계획표 자체를 폐기하는 일이 없습니다. 영어공부가 더 이상 당연하지만 힘겹고 답답한 의무가 아니라 자율성을 바탕으로 한 즐거운 일상의 습관이 되길 바라고, 이 공부를 계기로 자신이 계획한 바를 실천하여 원하는 성과를 거두는 기쁨을 맛보기 바랍니다. 이제 막 토익 시험을 준비하려고 하지만 어디서부터 어떻게 공부를 시작해야 할지 감을 잡기 어려운 학생들, 혹은 토익 시험을 몇 번씩이나 보아도 점수가 잘 오르지 않고 어딘가 취약점이 있다고 느끼는 학생들에게, 이 책은 기본을 다지고 실력을 향상시킬 수 있는 좋은 기회를 제공할 것입니다. 모쪼록 이 책을 통해 학생들이 목표하는 지점에 도달하고 우수한 영어실력을 토대로 자신의 꿈을 이룰 수 있기를 기대합니다.

이 책의 출판을 흔쾌히 허락해 준 북코리아 이찬규 사장님, 작업을 후원해 준 남서울대학교와 홍성룡 교수님, 원고를 읽고 교정해 준 이은채 선생님과 Gracia Del Rosario 교수님, 어휘 정리를 도와준 박성일 조교와 남편에게 감사의 마음을 전합니다. 이 책을 사랑하는 하나님과 가족, 그리고 영어공부에 돌입한 혹은 몰입한 학생들에게 바칩니다.

TOEIC의 개요

Listening과 Reading의 정답수를 각각 495점 만점으로 환산하여 총 990점이 만점이며, Listening/Reading과 별도로 시행되는 Speaking과 Writing 시험은 둘 다 신청하거나 Speaking만 별도로 신청할 수 있습니다.

TOEIC

구분	파트	문제 유형	문항 수		시간	점수
LC (Listening Comprehension)	1	사진 묘사	10	100	45분	495점
	2	질의 응답	30			
	3	짧은 대화	30			
	4	짧은 설명	30			
RC (Reading Comprehension)	5	단문 속 빈칸 채우기	40	100	75분	495점
	6	장문 속 빈칸 채우기	12			
	7	독해문제 풀이	48			
계			200문항		120분	990점

TOEIC Speaking (11문항/약 20분)

구분	문제 유형	문항 수	시간
1~2번	지문 크게 읽기	2	준비 45초, 답변 45초
3번	사진 설명	1	준비 30초, 답변 45초
4~6번	듣고 질문에 답하기	3	준비 0초, 답변 15~30초
7~9번	제공된 정보를 이용하여 질문에 답하기	3	지문 읽기와 준비 30초, 답변 15~30초
10번	해결책 제시	1	준비 30초, 답변 60초
11번	의견 제시	1	준비 15초, 답변 60초

TOEIC Writing (8문항/약 60분)

구분	문제 유형	문항 수	시간
1~5번	사진에 근거해 문장 만들기	5	총 8분
6~7번	서류로 된 요구에 답변하기	2	문제당 각 10분
8번	의견 논술	1	30분

1. 여행에 관련된 어휘

amusing
[əmjú:ziŋ]

a. 즐거운, 재미있는, 유쾌한, 기분 전환이 되는

We give tourists fundamental travel options on choosing an **amusing** retreat at Cancun.

- fundamental [fʌndəméntl] a. 중요한, 기초의, 기본의, 근본적인
- option [ápʃən] n. 선택권, 선택사항, 별도, 추가 선택
- retreat [ritrí:t] n. 피서지, 은거지, 퇴각, 피난처, 수용소

우리는 관광객들이 캉쿤에서 즐거운 피서지를 고르는 데 중요한 여행 선택사항을 제공합니다.

baggage
[bǽgidʒ]

n. 수화물, 휴대장비, 가방

I am not the first person who has complained about lost **baggage**.

- complain about ~에 대해 불평하다, 한탄하다

제가 수화물 분실에 대해 처음으로 불평한 사람은 아닙니다.

bicentennial
[bàisenténiəl]

n. 2백주기, 2백년 기념제 a. 2백주년의

syn. bicentenary [bàisenténəri]

The completion of the museum will be coincided
with the organization's **bicentennial**.

- museum [mju:zí:əm] n. 박물관
- completion [kəmplí:ʃən] n. 완성, 성취, 달성, 만료,
　　　　　　　　　　　　　졸업
- coincide [kòuinsáid] vi. 일치하다, 동시에 일어나다,
　　　　　　　　　　　　부합하다

박물관의 완성은 그 기구의 2백주년에 맞춰 이루어질
것입니다.

camper
[kǽmpər]

n. 야영자, 캠프 생활자, 캠프용 트레일러

I need easy vegetarian recipes for **campers**.

- vegetarian [vèdʒətéəriən] a. 채식주의자의, 채소만의
　　　　　　　　　　　　n. 채식주의자, 초식동물
- recipe [résəpi:] n. 조리법, 비법, 처방

저는 야영객을 위한 쉬운 채식주의자용 조리법이
필요합니다.

carry
[kǽri]

vt. 휴대하다, 옮기다, 따르다, 게재하다, 수반하다

I always **carry** my digital camera and laptop with
me when I travel.

- laptop 무릎 위에 올려둘 만한 크기의 휴대용 PC
　syn. notebook computer

저는 여행할 때면 항상 디지털카메라와 노트북을
가지고 다닙니다.

carry-on
[kǽri-àn]

n. 휴대용 a. 휴대할 수 있는, 휴대용의

I only want to take a **carry-on** bag.

저는 휴대용 가방만 가지고 가려 합니다.

coastal
[kóustəl]

a. 해안의

I drove along the **coastal** highway.
저는 해안의 고속도로를 따라 운전했어요.

compartment
[kəmpá:rtmənt]

n. 객실, 칸막이

The first-class **compartment** is situated at the front of the train.
- be situated ~에 위치하다
일등석 객실은 열차의 앞쪽에 있습니다.

concierge
[kὰnsiέərʒ]

n. 접객 담당자, 수위, 아파트 관리인

Our **concierge** team is more than happy to recommend tourist activities.
- recommend [rèkəménd] vt. 추천하다, 권고하다
- tourist [túərist] n. 관광객, 여행객,
　　　　　　　　　순회경기 중인 운동선수
우리 접객 담당 팀은 관광 활동을 기꺼이 추천해 드립니다.

concise
[kənsáis]

a. 간명한, 간결한

After reading *A Concise History of Finland*, I decided to go to Finland.
『핀란드에 관한 간략한 역사』를 읽고 나서 저는 핀란드로 가기로 결심했습니다.

culminate
[kʌ́lmənèit]

vi. 정점에 이르다, 최고에 달하다
vt. 끝나게 하다, 완성하다

This romantic evening tour **culminates** with a boat ride through the wonderful grotto.

- romantic [roumǽntik] a. 낭만적인, 신비한, 영웅적인,
  엉뚱한, 열렬한 연애의
- grotto [grátou] n. 동굴, 석굴, 동굴 모양으로
  꾸민 방

이 낭만적인 저녁 여행은 그 멋진 동굴을 통과하는 뱃놀이로 정점에 달합니다.

delightful
[diláitfəl]

a. 즐거운, 유쾌한, 매우 기쁜, 쾌적한

The **delightful** show was conducted by America's most famous director.

- conduct [kəndʌ́kt] vt. 인도하다, 호송하다, 지도하다,
  집행하다
- director [diréktər] n. 연출가, 감독, 지휘자, 지도자

그 즐거운 쇼는 미국의 가장 유명한 연출가에 의해 진행되었습니다.

destination
[dèstənéiʃən]

n. 목적지, 도착지, 보낼 곳, 행선지, 목적, 의도, 용도

What if I feel ill and need to get off the bus before my **destination**?

- get off 내리다, 하차하다 opp. get on

저의 목적지에 도착하기 전에 몸이 편치 않아 버스에서 내려야 하면 어떻게 되나요?

devastate
[dévəstèit]

vt. 유린하다, 황폐화시키다, 망연자실하게 하다

The earthquake left the nation completely **devastated**.

- earthquake [ə́:rθkwèik] n. 지진
- completely [kəmplí:tli] ad. 완전히

지진이 그 나라를 완전히 황폐하게 만들었습니다.

disembarkation card
[disembar:kéiʃən] [ka:rd]

입국 카드

Can I get a **disembarkation card**, please?
입국 카드 좀 주시겠어요?

---

distribute
[distríbju:t]

vt. 나누다, 분배하다

Our flight attendants will be **distributing**
headphones in a moment.

- flight attendant 승무원

우리 승무원이 곧 헤드폰을 나누어 줄 것입니다.

---

engrossing
[engróusiŋ]

a. 마음을 빼앗기는, 몰두시키는

A pool with an **engrossing** landscape provides
something different to enjoy.

- landscape [lǽndskèip] n. 풍경, 경치, 조망, 전망
- provide [prəváid] vt. 제공하다, 준비하다, 임명하다
                    vi. 준비하다(for)

마음을 빼앗길 만한 경치가 있는 수영장은 색다른 즐길
거리를 제공합니다.

---

fireworks
[fáirewɔ̀:rks]

n. 불꽃놀이, 재기가 번득임, 감정의 격발, 소동

I really enjoyed the colorful **fireworks** spectacle
above the Rhine River.

- colorful [kʌ́lərfəl] a. 다채로운, 색채가 풍부한,
                           그림 같은, 호화로운
- spectacle [spéktəkəl] n. 광경, 장관, 구경거리
                         pl. 안경

저는 라인 강 위에서 펼쳐지는 다채로운 불꽃놀이의
장관을 대단히 즐겼습니다.

footpath
[fútpæ̀θ]

n. 오솔길, 보행자용 작은 길

The **footpath** winds through the garden.
- wind [waind] (p. pp. wound [waund])
  vi. 굽이치다, 휘감기다 vt. 감다, 두르다
그 오솔길은 정원을 통과하여 굽이쳐져 있습니다.

garage
[gərá:ʒ]

n. 주차장, 차고, 자동차 수리소, 정비소

I saw a bunch of kids singing in a parking **garage**.
- bunch [bʌntʃ] n. 다발, 송이, 무리, 혹, 융기
  - a bunch of 한 무리의
저는 한 무리의 아이들이 주차장에서 노래하는 것을
보았습니다.

hit the road

여행을 떠나다

It is time for me to **hit the road**.
이제는 제가 여행을 떠날 시간입니다.

housekeeping
[háuski:piŋ]

n. 객실관리, 가사, 경영, 관리, 가계

The quality of the **housekeeping** was excellent.
- quality [kwáləti] n. 질, 품질, 속성, 재능
- excellent [éksələnt] a. 탁월한, 일류의, 우수한, 뛰어난
  - be excellent in/at ~을 뛰어나게 잘하다
객실관리의 질이 탁월했어요.

inclement
[inklémənt]

a. 좋지 못한, 날씨가 험한, 냉혹한, 무자비한

The field trip in January was delayed by
inclement weather.
- be delayed by ~에 의해 지연되다
악천후로 1월의 견학은 연기되었습니다.

indulge
[indʌ́ldʒ]

vt. 만족시키다 vi. 빠지다, 탐닉하다(in)

This is a great place to let children **indulge** their curiosity about insects.

- curiosity [kjùəriásəti] n. 호기심
- insect [ínsekt] n. 곤충

이곳은 아이들이 곤충에 대한 호기심을 만족시킬 수 있는 멋진 장소입니다.

intend
[inténd]

vt. ~하려고 생각하다, ~할 작정이다, 의도하다
vi. 목적을 가지다, 앞으로 나아가다

How do you **intend** to pay your hotel bill?

- bill [bil] n. 청구서, 증서, 지폐

호텔비를 어떻게 지불하실 생각입니까?

interfere
[intərfíər]

vi. 간섭하다, 방해하다

I hope the work doesn't **interfere** with guests going to the restaurant for breakfast or waiting to check out.

- interfere with 방해하다
  - eg. Please don't let her interfere with my plan.
    그녀가 내 일을 방해하게 놔두지 마세요.
- interfere in 간섭하다
  - eg. She interfered me in my affairs.
    그녀는 내 일을 간섭했습니다.
- check out 퇴숙 절차를 밟다 opp. check in

그 일이 아침식사 하러 레스토랑에 가거나 퇴숙 절차를 위해 기다리는 손님들에게 방해가 안 되기를 바랍니다.

itinerary
[aitínərèri]

n. 여행일정 a. 순회하는, 여정의

Please check your **itinerary** before departure.

- departure [dipá:rtʃər] n. 출발

출발 전에 여행일정을 확인해 주세요.

jet lag
[dʒét] [lǽg]

시차증

My husband couldn't sleep at all because of **jet lag**.

- lag [læg] n. (흐름 · 운동 등의) 지연, 지체

제 남편은 시차증 때문에 조금도 잠을 잘 수 없었어요.

landmark
[lǽndmɑːrk]

n. 명소, 유적, 주요 지형지물, 획기적인 사건, 육상목표

I read a guidebook to find out which famous London **landmarks** I should visit on my next trip.

- trip [trip] n. 짧은 여행, 소풍, 실족, 실언, 경쾌한 발걸음, 자극적인 경험

저는 다음 여행에서 런던의 어느 명소를 방문해야 할지를 알기 위해 안내서를 읽었습니다.

landscape
[lǽndskèip]

n. 풍경, 풍경화

cf. seascape [síːskèip] 바다 경치, 바다의 그림, 해경화

London's **landscape** has certainly changed in the past 70 years.

런던의 풍경은 지난 70년 동안 분명히 변해 왔습니다.

luggage
[lʌ́gidʒ]

n. 수하물, 여행용 짐, 눈 밑의 처진 살

Some people take short no-**luggage** trips with fewer clothes.

- clothes [klouðz] n. 의복, 세탁물, 담요
  cf. bed clothes: 침구

어떤 사람들은 옷도 거의 챙기지 않고 짐 없이 짧은 여행을 갑니다.

magnificent
[mægnífəsənt]

a. 장엄한, 막대한, 격조 높은, 훌륭한, 멋진

The view from the castle was **magnificent**.

그 성에서 본 관경은 장엄했습니다.

occupancy
[ɑ́kjəpənsi]

n. 점령, 점유, 거주

We will consider whether double **occupancy** is possible.
2인실로 사용이 가능한지 우리가 생각해 보겠습니다.

overseas
[òuvərsí:z]

ad. 해외에, 외국에 a. 외국의 n. 외국

This being my first trip **overseas**, I am all in a flurry with everything.
  - flurry [flə́:ri] n. 당황, 소동, 돌풍, 낭패 a. 당황한
이것이 나의 첫 해외여행이어서 모든 게 너무나 당황스럽군요.

permanent
[pə́:rmənənt]

a. 영속하는, 불변의, 내구성 있는

Does traveling outside the country affect my **permanent** resident status?
  - affect [əfékt] vt. 영향을 주다
국외로 여행하는 것이 영주권자로서의 제 지위에 영향을 미치게 되나요?

picturesque
[pìktʃərésk]

a. 그림 같은, 생생한

I have never seen such a **picturesque** view as this.
저는 이렇게 그림 같은 광경은 본 적이 없어요.

porter
[pɔ́:rtər]

n. 운반인, 짐꾼, 사환

Don't let a **porter** carry the backpack with your money.
돈이 든 당신의 배낭을 짐꾼이 운반하도록 하지 마세요.

portion
[pɔ́:rʃən]

n. 부분, 1인분, 몫, 운명, 운, 상속분, 지참금(dowry)

California has warm weather for a large **portion** of the year, but it also gets cold in December.

캘리포니아는 연중 대부분이 따뜻하지만 겨울에는 그곳도 추워집니다.

proximity
[prɑksíməti]

n. 근접, 가까움

They placed the passenger aircraft in close **proximity** to another plane.

- passenger [pǽsəndʒər] n. 승객

그들은 그 여객기를 다른 비행기와 매우 가까운 곳에 세웠습니다.

public
[pʌ́blik]

a. 일반인의, 공공의 n. 국민, 사회

Where can I find a **public** telephone?

- 공중전화: public telephone

    syn. pay phone, phone booth

- 휴대전화: cellular phone, cell phone, mobile phone,

    roam-a-phone

- 유선전화: landline phone

- 위성전화: satellite phone, sat phone

공중전화가 어디에 있나요?

publicize
[pʌ́bləsàiz]

vt. 선전하다, 광고하다

The board will meet with travel agents to **publicize** the tourist attractions of Peru.

- board [bɔ:rd] n. 위원회, 중역, 평의원, 회의, 받침, 판자
- travel agent [trǽvəl] [éidʒənt] 여행 안내업자, 여행사 직원
- tour operator [tuə:r] [ápərèitər] 관광 경영자, 여행 전문업자
- attraction [ətrǽkʃən] n. 볼거리, 매력적인 곳, 흡인, 유혹, 인력

vt. attract 마음을 끌다, 끌어들이다

그 위원회는 페루의 관광명소를 선전하기 위해 여행사 직원을 만날 것입니다.

---

quarantine desk
[kwɔ́:rəntì:n] [desk]

검역대

Because the nuts were not fresh, they passed the **quarantine desk**.

날것이 아니기 때문에 그 견과는 검역대를 통과했습니다.

---

reasonable
[rí:zənəbl]

a. 합리적인, 적당한, 타당한, (가격이) 적정한

Though our room rates are **reasonable**, we are struggling to compete with the nearby hotel.

- room rates 방값, 숙박료
- struggle to ~하려고 애쓰다, 노력하다, 고투하다
- compete with ~와 경쟁하다
- nearby [níərbái] a. 가까운 ad. 근처에

우리 숙박료가 합리적이긴 하지만 우리는 근처 호텔과 경쟁하기 위해 노력하는 중이에요.

renovation
[rénəvèiʃən]

n. 보수공사, 수리, 수선, 혁신, 쇄신, 원기 회복

Due to the ongoing **renovation** in the lobby, please do not enter the building through the east entrance.

- ongoing [ángòuiŋ] a. 진행하는, 전진하는
- entrance [éntrəns] n. 출입구, 현관, 입장, 취임

로비에서 보수공사가 진행 중이오니, 동쪽 출입구를 통해서는 건물에 들어오지 마시기 바랍니다.

reservation
[rèzəːrvéiʃən]

n. 예약, 보류, 지정석, 조건, 단서

I would like to confirm my **reservation** for April 1 through 7.

- confirm [kənfɔ́ːrm] vt. 확인하다, 확증하다, 증명하다

4월 1일에서 7일까지의 제 예약을 확인하고 싶습니다.

restore
[ristɔ́ːr]

vt. 복원하다, 재건하다, 되찾다, 원래 장소로 되돌리다

They have raised the balance of £7,000,000 to cover their commitment to **restore** the cathedral.

- raise [reiz] vt. 모금하다, 세우다, 불러내다, 올리다
- balance [bǽləns] n. 잔액, 수지, 차액, 평균
- commitment [kəmítmənt] n. 서약, 헌신, 수행, 실행, 위임, 참가, 책임
- cathedral [kəθíːdrəl] n. 대성당, 주교좌성당

그들은 성당을 재건하려는 서약을 감당하기 위해 7,000,000파운드의 액수를 모금했습니다.

round trip
[ráund] [trip]

왕복 여행

She wanted to do a **round trip** on her bicycle.

그녀는 자전거를 타고 왕복 여행을 하고자 했습니다.

savor
[séivə:r]

vt. 맛을 내다, 음미하다 vi. 기미가 있다, 느낌이 들다

I **savored** my quiet moments sipping Turkish coffee in the garden.

- sip [sip] vt. 한 모금씩 마시다, 홀짝이다, 흡수하다
- Turkish [tə́:rkiʃ] a. 터키식, 터키의

정원에서 터키식 커피를 한 모금씩 마시며 저는 제 고요한 시간을 음미했어요.

---

stunning
[stʌ́niŋ]

a. 아찔한, 기절할 만큼 근사한, 매력적인, 굉장히 예쁜

The salt desert, a place of **stunning** beauty and harsh realities, is one of the last great wildernesses of the world.

- desert [dézərt] n. 사막
- harsh [hɑ:rʃ] a. 거친, 사나운, 호된, 냉혹한
  opp. smooth
- wilderness [wíldə:rnis] n. 황야, 황무지, 미개지,
                                    사람이 살지 않는 곳,
                                    광대한 곳

그 소금 사막은 아찔한 아름다움과 냉혹한 현실의 장소로 세계에서 마지막 남은 대황야 중 하나입니다.

---

suite
[swi:t]

n. 한 벌, 모음곡, 붙은 방, 수행원

He stayed in the hotel's honeymoon **suite**.

- honeymoon [hʌ́nimù:n] n. 신혼여행

그는 호텔의 신혼여행용 스위트룸에 묵었습니다.

---

tourist
[túərist]

n. 관광객, 여행자, 원정경기 중인 운동선수

The souvenir shops open only on weekends once the **tourist** season is over.

- souvenir [sù:vəníə:r] n. 기념물, 선물, 유물
- weekends [wí:kèndz] n. 주말 cf. weekdays 주중

관광철이 끝나면 기념품 가게들은 주말에만 문을 엽니다.

unpack
[ʌnpǽk]

vt. vi. 풀다, 꺼내다

By the time I got to the hotel, I was too tired to **unpack**.

- tired [taiə:rd] a. 피곤한, 지친

호텔에 도착했을 때 전 너무 피곤해서 짐도 풀 수 없었어요.

여행을 의미하는 단어

- Travel   여행을 의미하는 가장 일반적인 단어. 다시 돌아오는 것보다는 이동 자체가 의미상 더
          비중을 지님
- Trip   비교적 짧은 기간 동안 특정한 목적을 지니고 가는 여행으로, 대개는 돌아오는 것의
          의미를 포함함
- Journey 상당히 먼 거리로 공간적 이동이 있는 여행을 지칭할 때 사용하는 표현
- Tour   일정한 시간 동안 여러 장소를 방문하고 마지막에는 원래 출발지로 돌아오는 여행을
          지칭하는 표현

> * travel agency, business trip, journey to the edge of the universe,
> virtual tour

다음에 해당하는 단어를 쓰시오.

• 즐거운, 재미있는, 유쾌한, 기분 전환이 되는: amu	amusing
• 수화물, 휴대장비, 가방: b	baggage
• 2백주기, 2백년 기념제, 2백주년의: bic	bicentennial
• 야영자, 캠프 생활자, 캠프용 트레일러: cam	camper
• 휴대하다, 옮기다, 따르다, 게재하다, 수반하다: ca	carry
• 휴대용, 휴대할 수 있는, 휴대용의: car	carry-on
• 해안의: coa	coastal
• 객실, 칸막이: com	compartment
• 접객 담당자, 수위, 아파트 관리인: con	concierge
• 간명한, 간결한: con	concise
• 정점에 이르다, 최고에 달하다, 끝나게 하다, 완성하다: cul	culminate
• 즐거운, 유쾌한, 매우 기쁜, 쾌적한: del	delightful
• 목적지, 도착지, 보낼 곳, 행선지, 목적, 의도, 용도: des	destination
• 유린하다, 황폐화시키다, 망연자실하게 하다: dev	devastate
• 입국 카드: dis c	disembarkation card
• 나누다, 분배하다: dis	distribute
• 마음을 빼앗기는, 몰두시키는: eng	engrossing
• 불꽃놀이, 재기가 번득임, 감정의 격발, 소동: fi	fireworks
• 오솔길, 보행자용 작은 길: fo	footpath
• 주차장, 차고, 자동차 수리소, 정비소: ga	garage
• 여행을 떠나다: hit	hit the road
• 객실관리, 가사, 경영, 관리, 가계: hou	housekeeping
• 좋지 못한, 날씨가 험한, 냉혹한, 무자비한: inc	inclement
• 만족시키다, 빠지다, 탐닉하다: ind	indulge
• ~하려고 생각하다, ~할 작정이다, 의도하다, 목적을 가지다: in	intend
• 간섭하다, 방해하다: int	interfere
• 여행일정, 순회하는, 여정의: iti	itinerary
• 시차증: jet	jet lag
• 명소, 유적, 주요 지형지물, 획기적인 사건, 육상목표: la	landmark
• 풍경, 풍경화: lan	landscape
• 수하물, 여행용 짐, 눈 밑의 처진 살: lug	luggage
• 장엄한, 막대한, 격조 높은, 훌륭한, 멋진: mag	magnificent
• 점령, 점유, 거주: occ	occupancy
• 해외에, 외국에, 외국의, 외국: ov	overseas
• 영속하는, 불변의, 내구성 있는: per	permanent

- 그림 같은, 생생한: pic   picturesque
- 운반인, 짐꾼, 사환: por   porter
- 부분, 1인분, 몫, 운명, 운, 상속분, 지참금: po   portion
- 근접, 가까움: pro   proximity
- 일반인의, 공공의, 국민, 사회: pu   public
- 선전하다, 광고하다: pub   publicize
- 검역대: qua   quarantine desk
- 합리적인, 적당한, 타당한, (가격이) 적정한: re   reasonable
- 보수공사, 수리, 수선, 혁신, 쇄신, 원기 회복: ren   renovation
- 예약, 보류, 지정석, 조건, 단서: re   reservation
- 복원하다, 재건하다, 되찾다, 원래 장소로 되돌리다: res   restore
- 왕복 여행: rou   round trip
- 맛을 내다, 음미하다, 기미가 있다, 느낌이 들다: sa   savor
- 아찔한, 기절할 만큼, 근사한, 매력적인, 굉장히 예쁜: stu   stunning
- 한 벌, 모음곡, 붙은 방, 수행원: s   suite
- 관광객, 여행자, 원정경기 중인 운동선수: tou   tourist
- 풀다, 꺼내다: unp   unpack

2. 식사에 관련된 어휘

abundant
[əbʌ́ndənt]

a. 많은, 풍부한, 풍성한

Thanks giving party food has a tendency to be very rich and **abundant**.

- tendency [téndənsi] n. 경향, 추세

추수 감사절 파티 음식은 매우 기름지고 풍성한 경향이 있습니다.

appetizer
[ǽpitàizər]

n. 식욕을 돋우는 음식, 식전의 음료, 식욕 촉진제

If we order an **appetizer**, it should be on the table no less than 10 minutes after we order it.

- no less than ~와 같은, ~와 마찬가지인

우리가 전채요리를 주문하면 주문한 뒤 거의 10분이면 식탁 위에 놓여야만 합니다.

They want to skip **appetizers** and head straight for the main dish.

- main dish [mein diʃ] 주요리 syn. main course

그들은 전채요리를 건너뛰고 곧장 주요리를 먹고자 했습니다.

artificially
[ɑ̀ːrtəfíʃəli]

ad. 인공적으로, 인위적으로, 부자연스럽게

That is an **artificially** flavored ice cream.

- flavored [fléivərd] a. 맛을 낸, 향기 있는, 풍미가 깃든

그것은 인공적으로 맛을 낸 아이스크림이에요.

assorted
[əsɔ́:rtid]

a. 다채로운, 조화를 이룬, 여러 종류의
cf. assort vt. 분류하다 vi. 조화를 이루다 (with)

The **assorted** seafood menu includes silver sardines, fish-stew, and steamed clams.
다채로운 해물 메뉴에는 은정어리, 생선 스튜, 그리고 찐 대합이 있습니다.

---

caterer
[kéitərər]

n. 요리 조달업체

Caterers are available in markets and near the wedding halls.
- available [əvéiləbəl] a. 이용할 수 있는,
손에 넣을 수 있는
요리 조달업체는 시장이나 예식장 근처에서 구할 수 있습니다.

---

catering
[kéitəriŋ]

n. 요식 조달업, 출장 연회업, 여객기 등에서의 음식 제공 업무

I received your contact information from Della Terra **Catering** Service in New York.
뉴욕의 델라 테라 출장요리 서비스로부터 당신의 연락처를 받았어요.

---

chop
[tʃɑp]

vt. 잘게 자르다, 저미다, 띄엄띄엄 말하다
vi. 베다, 갑자기 움직이다, 거칠어지다

To make Italian meat sauce, she needed the ground meat and the **chopped** vegetables.
- grind [graind] (p. pp. ground [graund]) vt. 갈다
- vegetable [védʒətəbəl] n. 채소, 활기가 없는 사람,
식물인간
이탈리안 미트 소스를 만들기 위해, 그녀는 갈아 둔 고기와 잘게 썬 채소가 필요했습니다.

cognizant
[kágnəzənt]

a. 인식하고 있는, 인식력 있는

I am **cognizant** of the ingredients you use.
 - ingredient [ingrí:diənt] n. 성분, 원료, 요인
저는 당신이 사용하는 재료를 알고 있어요.

complimentary
[kàmpləméntəri]

a. 칭찬의, 찬사의, 무료의, 우대의

I will send you a **complimentary** voucher to use at our restaurants.
 - voucher [váutʃər] n. 증서, 상품권, 할인권
우리 레스토랑에서 사용할 수 있는 무료 식사권을 보내드리겠습니다.

connoisseur
[kànəsə́:r]

n. 감식가, 전문가
cf. gourmet [gúərmei] n. 미식가

She was a **connoisseur** of food.
그는 음식에 대한 전문가였습니다.

container
[kəntéinər]

n. 그릇, 용기, 컨테이너

Food will last longer if it is kept in an airtight **container**.
 - airtight [ɛ́ərtàit] a. 공기가 통하지 않는, 밀폐한,
          공격할 틈이 없는
음식은 밀폐용기에 보관하면 더 오래 보존돼요.

cuisine
[kwizí:n]

n. 요리솜씨, 요리법, 조리실, 주방

I encourage you to try our **cuisine** and experience our award-winning food.
 - encourage [enkə́:ridʒ] vt. 격려하다, 고취하다
 - award-winning [əwɔ́:rd wíniŋ] 수상한
우리 요리솜씨를 맛보고 수상에 빛나는 음식을 경험하시길 바랍니다.

dent
[dent]

n. 옴폭 들어간 곳, 홈, 감소
vt. 손상시키다 vi. 우묵하게 파이다

The teakettle has a **dent** on its bottom.

- teakettle [tíːkètl] n. (차를 끓이는) 주전자

그 찻주전자 바닥에는 홈이 있습니다.

dessert
[dizə́ːrt]

n. 후식

I always enjoy plum pudding and green tea for **dessert**.

- plum [plʌm] n. 서양자두, 제과용 건포도

저는 언제나 디저트로는 자두푸딩과 녹차를 즐겨요.

dissipate
[dísəpèit]

vt. 흩뜨리다, 일소하다, 낭비하다 vi. 사라지다

Let the heat from cooking **dissipate**.

요리에서 열이 빠져나가가도록 하세요.

distilled
[distíld]

vt. 증류한, 증류 제조된

Distilled water is not recommended for brewing coffee.

- recommend [rèkəménd] vt. 추천하다
- brew [bruː] vt. 끓이다, 양조하다, (혼합음료를) 만들다

증류수는 커피를 끓이는 데 추천되지 않습니다.

feature
[fíːtʃər]

n. 특징, 특성, 이목구비

The most distinguishing **feature** is that the dumplings taste like fresh fruit.

- distinguishing [distíŋgwiʃiŋ] a. 두드러진, 눈에 띄는, 뚜렷한
- dumplings [dʌ́mpliŋz] n. 과일이 든 푸딩, 경단, 만두, 딤섬

가장 두드러진 특징은 그 푸딩이 산뜻한 과일 맛이 난다는 겁니다.

flavor
[fléivər]

n. 풍미, 맛, 멋, 운치 vt. 맛을 내다, 풍미를 곁들이다

The wine is deep red in color, has a lovely fruity **flavor**, and is indeed smooth.
그 와인은 짙은 붉은빛과 사랑스러운 과일 향을 지녔고 정말 감칠맛이 있어요.

This cake is full of **flavor** and stays fresh for several days.
이 케이크는 풍미가 가득하고 며칠씩 신선하게 보존돼요.

He **flavored** the soup with garlic and pepper.
그는 마늘과 후추로 수프를 양념했습니다.

flourish
[fláːriʃ]

vi. 번영하다, 번창하다 vt. 꾸미다

A **flourishing** seafood restaurant is located near my house.
번창하는 해산물 식당이 우리 집 근처에 있습니다.

flower arrangement
[fláuər] [əréindʒmənt]

꽃꽂이

Unique and lavish **flower arrangements** make dazzling table decorations.
- lavish [lǽviʃ] a. 풍성한, 아낌없는, 사치스러운
- dazzling [dǽzliŋ] a. 눈부신, 현혹하는
독특하고 풍성한 꽃꽂이가 눈부시게 탁자를 장식합니다.

greasy
[grí:si, -zi]

a. 기름기 많은, 미끄러운, 날씨가 우중충한, 아첨하는, 교활한

I like plump, **greasy** hot dogs loaded with toppings.

- plump [plʌmp] a. 통통한, 가득 찬, 부푼, 충만한, 살찐
- loaded [lóudid] a. 잔뜩 올려놓은, 짐을 실은, 장전한
  eg. a loaded bus 만원버스
- toppings [tápiŋz] n. 요리 위에 곁들인 것,
  꼭대기에 얹힌 것

저는 토핑이 잔뜩 올려진 통통하고 기름진 핫도그를 좋아해요.

I dislike **greasy** food and spending money on fattening snack.

저는 기름진 음식과 살찌는 간식에 돈 쓰는 걸 싫어해요.

How can I stop my face from being so **greasy**?

어떻게 해야 제 얼굴이 이리도 번들거리는 걸 막을까요?

He is very worried about his thin and **greasy** hair.

그 남자는 자신의 가늘고 기름기 많은 모발 때문에 걱정이 참 많아요.

indulge
[indʌ́ldʒ]

vi. 탐닉하다 (in) vt. 만족시키다, 충족시키다

They **indulged** in eating a lot of junk food.

그들은 많은 즉석식품을 먹는 데 빠져들었습니다.

lick
[lik]

vt. 핥다, 스치다 vi. 급속히 번지다

The baby **licked** the jam off the spoon.

그 아기는 숟가락의 잼을 핥아 먹었습니다.

molecular
[moulékjulər]

a. 분자의, 분자로 된

Molecular gastronomy is the science of preparing, serving, and enjoying food.

 - gastronomy [gæstránəmi] n. 미식학, 요리법

분자 요리*는 음식을 준비하고, 제공하고, 즐기는 과학입니다.

* 분자 요리: 과학자와 요리 전문가가 요리과정에서 일어나는 물리적·화학적 변화를 연구하여 요리를 개발하고 이해하는 훈련이나 적용

nutritious
[njutríʃəs]

a. 영양분이 많은, 영양가가 높은, 영양의

You should eat **nutritious** food for your health.

당신은 건강을 위해 영양가 높은 음식을 먹어야 해요.

A **nutritious** and balanced diet is a key to good health.

영양이 풍부하고 균형 잡힌 식사가 건강의 열쇠랍니다.

obfuscate
[ɑbfʌskèit]

vt. 어둡게 하다, 혼란스럽게 하다, 당혹스럽게 하다

When he was having a conversation with his friend over dinner, he **obfuscated** the controversial issue.

친구와 저녁을 먹으며 대화할 때, 그는 논쟁적인 주제에 대해 혼란스럽게 말했습니다.

organic
[ɔːrgǽnik]

a. 유기농의

We are really overstocked with these **organic** canned soups.

 - overstock [òʊvərstáːk] vt. 지나치게 사들이다

n. 공급과잉

우리에겐 정말로 이 유기농 통조림 수프가 너무 많이 쌓여 있어요.

outdated
[àutdéitid]

a. 날짜가 지난, 유효기간이 지난, 구식의,
   시대에 뒤떨어진, 쇠퇴한

Can **outdated** infant formula be fed?

- infant formula 유아용 조제유
    cf. formula [fɔ́:rmjələ] n. 공식, 방책, 비결
- be fed 먹이다 (feed-fed-fed)
유통 기한이 지난 조제유를 먹여도 되나요?

---

palate
[pǽlit]

n. 구개, 입천장, 미각, 취미, 기호, 감식안

Delights for both the eyes and **palate** await you.

- delight [diláit] n. 즐거움, 기쁨
눈과 입 모두의 즐거움이 당신을 기다립니다.

---

perishable
[périʃəbəl]

a. 썩기 쉬운, 말라 죽는, 죽을 운명의
cf. perish vi. 죽다, 썩다 vt. 못쓰게 하다

Fish is a highly **perishable** item.
생선은 매우 썩기 쉬운 품목입니다.

---

promptness
[prάmptnis]

n. 기민함, 신속함

Our customers often remark on the **promptness**
of our staff.

- customer [kʌ́stəmər] n. 손님, 고객, 단골, 거래처
우리 손님들은 직원의 기민함에 대해 종종 말하곤 합니다.

---

rare
[rɛə:r]

a. 살짝만 익힌, 진귀한

My husband ordered his steak **rare**.

   cf. rare, medium rare, medium, medium well done,
       well done
제 남편은 스테이크를 살짝만 익히도록 주문했어요.

The diamond on your ring seems to be very **rare**.
당신 반지에 있는 다이아몬드는 굉장히 진귀한 것 같네요.

raspberry
[ræzbèri]

n. 산딸기, 조소, 빨간빛

She had ice cream with **raspberry** syrup for dessert.

그녀는 디저트로 라즈베리 시럽을 곁들인 아이스크림을 먹었습니다.

refrigerator
[rifrídʒərèitər]

n. 냉장고, 냉각장치
abbr. fridge

There isn't any ice in the **refrigerator**.

냉장고에 얼음이 하나도 없어요.

The **refrigerator** allows the modern families to keep food fresh for much longer.

현대의 가정은 냉장고 덕분에 음식을 훨씬 더 오래 신선하게 유지할 수 있습니다.

ridiculously
[ridíkjələsli]

ad. 우습게, 어리석게, 엉뚱하게

They sell **ridiculously** expensive coffee.

- expensive [ikspénsiv] a. 비싼, 사치스러운, 돈이 드는

그들은 우스꽝스러울 만큼 비싼 커피를 팝니다.

soak
[souk]

vi. 젖다, 스미다 vt. 빨아들이다

I use a piece of bread as a sponge to **soak** up leftover fat.

저는 남은 기름기를 빨아들이기 위해 빵 조각을 스펀지처럼 사용합니다.

sparsely
[spɑ:rsli]

ad. 드문드문하게, 성기게

You can have lunch at the **sparsely** inhabited offshore island.

- inhabit [inhǽbit] vt. 살다, 거주하다
  eg. The neighborhood is inhabited by poor people.
  그 이웃에는 가난한 사람들이 살고 있습니다.
- offshore [ɔ́:fʃɔ́:r] a. 앞바다의 prep. 앞바다에서
             ad. 앞바다로

당신은 인적이 드문 앞바다의 섬에서 점심을 드실 수 있습니다.

staple foods
[stéipəl] [fu:dz]

주식

Staple foods include rice, beans, pasta, bread, and potatoes.

주식은 쌀, 콩, 파스타, 빵, 감자를 포함합니다.

storage
[stɔ́:ridʒ]

n. 보관, 저장소, 보관료

Mashed sweet potatoes may also be frozen for longer **storage**.

- frozen [fróuzən] a. 언, 결빙한, 극한의
  freeze-froze-frozen

더 오래 보관하기 위해 으깬 고구마 요리를 얼릴 수도 있습니다.

subsequent
[sʌ́bsikwənt]

a. 뒤의, 차후의, 후차적인

He designed a weight loss diet program without any **subsequent** discomfort.

- discomfort [diskʌ́mfərt] n. 불쾌, 불안, 곤란

그는 후차적인 불편 없이 체중을 감량할 수 있는 식사 프로그램을 고안했습니다.

supply
[səplái]

n. 재고품, 군수품, 지출 vt. 공급하다

Our school **supplies** food to the students.
- supply 사물 to 사람 ~을 ~에게 공급하다
우리 학교는 학생에게 급식을 합니다.

top-of-the-line

a. 최고급품의, 최신식의

I decided to buy a **top-of-the-line** refrigerator for
my newly remodeled kitchen.
새롭게 개조한 제 부엌을 위해 최고급 냉장고를 사기로
결정했습니다.

traditional
[trədíʃənəl]

a. 전통의, 전통적인

Kimchi and bulgogi are Korean **traditional** foods.
- food [fu:d] n. 영양물, 양식, 음식
    pl. 요리
김치와 불고기는 한국의 전통 요리입니다.

unique
[juːníːk]

a. 유일한, 독특한, 진기한

The restaurant guarantess a **unique** experience
and attentive service.
- attentive [əténtiv] a. 주의 깊은, 세심한
그 레스토랑은 독특한 경험과 세심한 서비스를
약속합니다.

unlimited
[ʌnlímitid]

a. 무제한의

They will serve **unlimited** draft beer.
- draft beer [dræft] [biər] 생맥주
그들은 생맥주를 무제한으로 제공할 것입니다.

utensil
[ju:ténsəl]

n. (가정용) 기구, 교회용 기구, 유용한 사람,
　이용당하는 사람

Eating **utensils** have been arranged on a tray.
식사도구들이 쟁반에 정리되어 있습니다.

I want to buy small kitchen appliances and
cooking **utensils**.
　- appliance [əpláiəns] n. 용품, 기구, 설비
저는 주방용 작은 가전제품과 조리도구를 사고 싶어요.

utmost
[ʌ́tmòust]

a. 최고의, 최대한의

Don't forget to drop by our wonderful restaurant
to experience the **utmost** dining pleasure.
　- drop by 들르다
식사의 즐거움을 최고로 경험할 수 있는 우리의 멋진
레스토랑에 잊지 말고 꼭 들러 주세요.

주방용품(Kitchen Utensil)에 관련된 단어

- 깡통 따개 can opener
- 병 따개 bottle opener
- 강판 grater
- 플라스틱 저장용기
  plastic storage container
- 믹스용 그릇 mixing bowl
- 찜통 steamer
- 프라이팬 frying pan
- 구이용 팬 roasting pan
- 구이용 쇠선반 roasting rack
- 석쇠 grill
- 냄비 pot
- 뚜껑 있는 찜 냄비 casserole
- 국자 ladle
- 나무 숟가락 wooden spoon
- 마늘 압착기 garlic press
- 주걱 spatula

- 식칼 chef's knife
- 육류용 칼 carving knife
- 고기/뼈칼 cleaver
- 과도 paring knife
- 채소 껍질 제거기 vegetable peeler
- 여과기 colander
- 뒤집개 turner
- 달걀 거품기 eggbeater
- 거품기 whisk
- 체 strainer
- 집게 tongs
- 뚜껑 lid
- 내열 장갑 oven glove
- 냄비 집게 pot holders
- 밀방망이 rolling pin
- 양념통 spice box
- 아이스크림을 떠내는 숟가락
  ice cream scoop

다음에 해당하는 단어를 쓰시오.

- 많은, 풍부한, 풍성한: abu   abundant
- 식욕을 돋우는 음식, 식전의 음료, 식욕 촉진제: ap   appetizer
- 인공적으로, 인위적으로, 부자연스럽게: art   artificially
- 다채로운, 조화를 이룬, 여러 종류의: ass   assorted
- 요리 조달업체: ca   caterer
- 요식 조달업, 출장 연회업, 여객기 등에서의 음식 제공 업무: ca   catering
- 잘게 자르다, 저미다, 띄엄띄엄 말하다, 베다: ch   chop
- 인식하고 있는, 인식력 있는: cog   cognizant
- 칭찬의, 찬사의, 무료의, 우대의: com   complimentary
- 감식가, 전문가: con   connoisseur
- 그릇, 용기, 컨테이너: con   container
- 요리솜씨, 요리법, 조리실, 주방: cu   cuisine
- 옴폭 들어간 곳, 흠, 감소, 손상시키다, 우묵하게 파이다: d   dent
- 후식: d   dessert
- 흩뜨리다, 일소하다, 낭비하다, 사라지다: dis   dissipate
- 증류한, 증류 제조된: dis   distilled
- 특징, 특성, 이목구비: fe   feature
- 풍미, 맛, 멋, 운치, 맛을 내다, 풍미를 곁들이다: fl   flavor
- 번영하다, 번창하다, 꾸미다: flo   flourish
- 꽃꽂이: flo   ar   flower arrangement
- 기름기 많은, 미끄러운, 날씨가 우중충한, 아첨하는, 교활한: gr   greasy
- 탐닉하다, 만족시키다, 충족시키다: in   indulge
- 핥다, 스치다, 급속히 번지다: li   lick
- 분자의, 분자로 된: mol   molecular
- 영양분이 많은, 영양가가 높은, 영양의: nut   nutritious
- 어둡게 하다, 혼란스럽게 하다, 당혹스럽게 하다: obf   obfuscate
- 유기농의: or   organic
- 날짜가 지난, 유효기간이 지난, 구식의, 시대에 뒤떨어진, 쇠퇴한: out   outdated
- 구개, 입천장, 미각, 취미, 기호, 감식안: pal   palate
- 썩기 쉬운, 말라 죽는, 죽을 운명의: per   perishable
- 기민함, 신속함: pro   promptness
- 살짝만 익힌, 진귀한: r   rare
- 산딸기, 조소, 빨간빛: ra   raspberry
- 냉장고, 냉각장치: re   refrigerator
- 우습게, 어리석게, 엉뚱하게: rid   ridiculously

- 젖다, 스미다, 빨아들이다: s soak
- 드문드문하게, 성기게: spa sparsely
- 주식: sta   f staple foods
- 보관, 저장소, 보관료: sto storage
- 뒤의, 차후의, 후차적인: sub subsequent
- 재고품, 군수품, 지출, 공급하다: sup supply
- 최고급품의, 최신식의: top top-of-the-line
- 전통의, 전통적인: tra traditional
- 유일한, 독특한, 진기한: un unique
- 무제한의: un unlimited
- (가정용) 기구, 교회용 기구, 유용한 사람, 이용당하는 사람: ut utensil
- 최고의, 최대한의: ut utmost

3. 소비와 구매에 관련된 어휘

advisable
[ædváizəvəl]

a. 바람직한, 합당한

It is **advisable** to buy a windows license key to install the latest version of Windows.
- license [láisəns] n. 면허, 허가 vt. 인가하다
- install [instɔ́:l] vt. 설치하다
- latest [léitist] a. 최신의
- version [vɔ́:rʒən] n. 판, 변형, 이형

최신 버전의 윈도우를 설치하기 위해서는 윈도우 인증키를 구매하는 것이 바람직합니다.

apparel
[əpǽrəl]

n. 의복

I tried mix and match from the large selection of sophisticated men's **apparel** in downtown.
- mix and match 어울리지 않을 법한 것들의 맞춤
- selection [silékʃən] n. 선택, 선택권, 발췌물
- sophisticated [səfistəkèitid] a. 정교한, 고급의,
  순진하지 않은
- downtown [dáuntáun] n. 도심지, 중심가
  [dáuntáun] ad. 도시에
  [dáuntàun] a. 도시의

저는 시내에 있는 세련된 남성복점에서 다양한 품목들의 믹스앤매치를 시도해 보았습니다.

astute
[əstjúːt]

a. 예리한, 기민한, 빈틈없는, 교활한

The **astute** clerk said that she had never seen this book before and wished to know what shelf it had come from.
- clerk [kləːrk] n. 점원, 사원, 판매원
- shelf [ʃelf] (pl. shelves [ʃelvz]) n. 선반

그 예리한 점원은 이 책을 전에는 본 적이 없다며 그것이 어느 선반에서 나온 건지를 알고 싶어했습니다.

bargain
[báːrgən]

n. 할인된 제품, 싼 물건, 떨이, 매매, 거래, 계약조건

I tried to find new items or special **bargains**.
- item [áitəm] n. 품목, 항목, 기사, 물건

저는 새로운 품목이나 특별 할인 제품을 찾으려고 노력했어요.

bother
[báðəːr]

vt. 괴롭히다, 걱정하다, 성가시게 하다
vi. 안달하다, ~하려 애쓰다

Don't **bother** trying to buy anything right before holidays.
- holiday [hálədèi] n. 휴일, 휴가, 휴가철, 휴가 여행

휴일 직전에 무언가를 사려고 애쓰며 안달하지 마세요.

breakthrough
[bréikθrùː]

n. 돌파구, 획기적인 약진, 비약적인 발전

Breakthrough ideas which appeal to our customers do not come from single individuals.
- appeal to ~에게 호소하다, ~을 매혹시키다, 항소하다
- customer [kʌ́stəmər] n. 고객
- single [síŋɡəl] a. 혼자의, 하나의, 단일한, 고립된, 홀로 있는
- individual [ìndəvídʒuəl] a. 개인, 개체, 단위, 단일체

고객에게 호소할 돌파력 있는 생각은 한 사람으로부터 비롯되는 것이 아닙니다.

bull market
[bul] [mɑ́:rkit]

상승장세

The **bull market** in organic products will show the great first step toward a change of food system.

- organic [ɔ:rgǽnik] a. 유기농의
- product [prɑ́dəkt] n. 제품, 생산품

유기농 제품의 상승장세는 식량 체계의 변화를 향한 위대한 첫걸음을 보여 줄 것입니다.

business hours
[bíznis] [áuərz]

영업시간

Business hours for the department store are subject to change without advance notice.

- department store [dipɑ́:rtmənt] [stɔ́:r] 백화점
- be subject to ~을 할 수 있다, ~을 조건으로 하다, ~을 하지 않으면 안 된다
- advance notice [ædvǽns] [nóutis] 사전통보, 예고

그 백화점의 영업시간은 사전 예고 없이 변경될 수 있습니다.

cautious
[kɔ́:ʃəs]

a. 주의 깊은, 신중한, 조심스러운

Whenever she buys something, she gets overly **cautious**.

무언가를 살 때마다 그녀는 지나치게 신중해집니다.

collateral
[kəlǽtərəl]

n. 담보, 저장물 a. 평행한, 부수적인

She used her house as a **collateral** to buy a car.

그녀는 차를 사기 위해 집을 담보로 제공했습니다.

confidence
[kánfidəns]

n. 신용, 확신, 대담, 비밀

Consumer **confidence** rose by four points in October after the index reached its lowest level in March.

- consumer confidence 소비 심리, 소비자 신뢰
  cf. consumer confidence index 소비자 신뢰 지수
  (경기에 대한 소비자의 견해를 드러내는 지수)
- index [índeks] (pl. es, -dices [-disìːz]) n. 지표, 색인

소비 심리는 3월에 그 지표가 최저 수준에 도달한 이후 10월에 4포인트가 상승했습니다.

count on

의지하다, 의존하다

She heavily **counts on** the product reviews every time she shops online.

- heavily [hévili] ad. 무겁게, 몹시, 심하게

그녀는 인터넷 쇼핑을 할 때마다 상품평에 많이 의존합니다.

dilute
[dilúːt]

a. 희석한, 싱거운 vt. 희석하다 vi. 없어지다

I would like to buy a more concentrated and less **diluted** wine.

- concentrated [kánsəntrèitid] a. 농축된, 응집된, 집중한

저는 더 농축되고 덜 희석된 와인을 사고 싶어요.

dwindle
[dwíndl]

vi. 작아지다, 축소되다, 줄어들다
vt. 적어지게 하다, 축소시키다

Some of the stores were forced to close for several days as stocks **dwindled**.

- be forced to 억지로 ~하게 되다, ~하도록 강요되다,
  ~하지 않을 수 없게 되다
- close [klouz] vt. 닫다, 폐쇄하다 vi. 닫히다, 끝나다
- stock [stɑk] n. 재고

몇몇 가게는 재고량이 줄어들어 며칠간 문을 닫아야 했습니다.

eagerness
[í:gərnis]

n. 열심, 열망

I was deeply impressed by the store employees'
professionalism and **eagerness** to serve.
- be impressed by ~에 감명을 받다
- employee [implɔ́ii:] n. 직원
- professionalism [prəféʃənəlizəm] n. 전문가 기질,
전문적 기술,
전문 지식, 전문성
- serve [sə:rv] vt. 봉사하다, 손님의 시중을 들다,
도움이 되다
저는 그 가게 직원들의 전문성과 손님을 응대하는
열의에 깊은 감명을 받았습니다.

early adopter
[ɔ́:rli] [ədáptər]

얼리 어댑터(새 상품 사용 애호가)

As an **early adopter**, she often mocks those people
who have not jumped aboard yet.
- mock [mɑk] vt. 조롱하다, 무시하다, 실망시키다
n. 조롱, 놀림감
- jump aboard 편승하다, 가담하다
얼리 어댑터로서 그녀는 아직도 그에 편승하지 않은
사람들을 종종 무시하곤 합니다.

fake
[feik]

a. 위조의 n. 모조품 vt. 위조하다
syn. replica [réplikə] n. 위조품

There may be people who try to buy **fake**
watches.
- watch [wɑtʃ] n. 손목시계
cf. clock 탁상시계, wall clock 벽시계
가짜 시계를 사려고 애쓰는 사람들이 있을 수도
있습니다.

fitting room
[fítiŋ] [rum]

탈의실

syn. trial room

After I had tried on the cardigan in the **fitting room**, I decided to buy it.
- cardigan [ká:rdigən] n. 카디건
- decide to ~하기로 결정하다

탈의실에서 카디건을 입어 본 다음 저는 그것을 사려고 결정했어요.

housewares
[háuswɛ̀ərz]

n. 가정용품

I am looking for cheap **housewares** websites.

저는 저렴한 가정용품 사이트를 찾고 있습니다.

inflammable
[inflǽməbl]

a. 타기 쉬운, 인화성의, 가연성의

syn. flammable [flǽməbl]

Instead of that shaggy carpet, I would like to buy a non**inflammable** and antibacterial rug.
- shaggy [ʃǽgi] a. 털이 많은, 털이 덥수룩한,
  보풀이 많은
- carpet [ká:rpit] n. 융단, 양탄자,
  깔개 (바닥의 전체를 덮음)
- noninflammable a. 쉽게 타지 않는
- antibacterial [æ̀ntibæktíəriəl] a. 항균성의
- rug [rʌg] n. 융단, 덮개 (바닥의 일부를 덮음), 깔개

저 털이 덥수룩한 카펫보다는 쉽게 타지 않고 항균성 있는 깔개를 사고 싶네요.

infuriate
[infjúərièit]

vt. 격분시키다

I have struggled not to **infuriate** my customers and lose them.

- struggle not to ~하지 않기 위해 분투하다, ~하지 않으려고 몹시 애쓰다
- customer [kʌstəmər] n. 고객

저는 고객을 화나게 하여 그들을 잃지 않도록 애써 왔습니다.

insinuate
[insínjuèit]

vt. 넌지시 말하다

They **insinuated** that the high product quality is not compatible with such an economic price.

- product [prádəkt] n. 제품
- quality [kwáləti] n. 품질
- be compatible with ~와 양립 가능하다
- economic [i:kənámik] a. 경제적인, 저렴한
- price [prais] n. 가격

그들은 높은 품질이 그렇게 저렴한 가격과는 양립 가능하지 않음을 넌지시 말했습니다.

keep track of

기록하다, 자국을 밟다, ~을 계속 알고 있다

You need to **keep track of** your order status using the tracking number.

- order [ɔ́:rdər] n. 주문, 명령
- status [stéitəs] n. 상태
- tracking number 배송추적 번호

당신은 배송추적 번호를 이용해서 당신의 주문 상태를 알 필요가 있습니다.

loathe
[louð]

vt. 몹시 싫어하다, 질색하다
a. loath [louθ] 싫어하는, 꺼리는

He finally bought a cell phone despite the fact that he still **loathes** gadgets.

- buy (p. pp. bought-bought) vt. 사다
- cell phone 전화 exp. cellular phone
- gadget [gǽdʒit] n. 장치

그는 기계장치를 여전히 싫어함에도 불구하고 마침내 휴대전화는 사게 되었습니다.

memorial service
[mimɔ́:riəl] [sə́:rvis]

추모식, 추도식

She bought appropriate clothes to attend a **memorial service.**

- buy [bai] (p. pp. bought [bɔːt]) vt. 사다, 구입하다
                                        n. 구매
- appropriate [əpróupriət] a. 적절한
              [əpróuprièit] vt. 충당하다, 전유하다
- clothes [klouðz] n. 옷, 의상
- attend [əténd] vt. 참석하다, 출석하다

그녀는 추모식에 참석하기 위해 적합한 의상을 구입했습니다.

mindful
[máindfəl]

a. 주의 깊은, 정신 차리는, 마음에 두는

As a salesperson, she is always **mindful** of her own attitude and how it affects her customers.

- salesperson [séilzpə:rsn] n. 판매원, 판매사원
- attitude [ǽtitjù:d] n. 태도
- affect [əfékt] vt. 영향을 미치다, ~인 체하다,
                    ~을 가장하다
         [ǽfekt] n. 감동, 정서

판매원으로서 그녀는 자신의 태도에 주의하고 그것이 손님들에게 미치는 영향을 항상 염두에 두고 있습니다.

miscellaneous
[mìsəléiniəs]

a. 다양한

They bought **miscellaneous** USB devices from the top-rated store.
- USB(Universal Serial Bus)
  컴퓨터와 주변 장치를 접속하는 규격/통로
- device [diváis] n. 장치
- top-rated [tɑp réitid] a. 최고 등급의
그들은 최고 등급의 가게에서 다양한 USB 장치를 샀습니다.

monetary
[mánətèri]

a. 금전의, 재정의

Consumer price inflation responds to changes in **monetary** policy measures.
- consumer [kənsú:mər] n. 소비자
- price [prais] n. 물가, 가격
- inflation [infléiʃən] n. 통화팽창, 물가상승, 부풀림
- policy [páləsi] n. 정책
- measures [méʒə:rz] n. 수단, 방책, 조처
소비자 물가 상승은 통화 정책 수단의 변화에 반응합니다.

monumental
[mànjəméntl]

a. 기념되는, 기념비적인

We rented a luxury car and enjoyed the stunning **monumental** beauty of the city.
- luxury [lʌ́kʃəri] n. 사치, 호사 a. 고급의, 사치스러운
- stunning [stʌ́niŋ] a. 놀라운, 경탄할 만한
우리는 고급 승용차를 빌려 그 도시의 놀랍고 기념비적인 아름다움을 즐겼습니다.

off-peak
[ɔ́:f-pi:k]

a. 한산할 때의

I usually shop during **off-peak** times.
저는 대체로 한산할 때 장을 봅니다.

overpriced
[òuvərpráist]

a. 값이 과한
overprice vt. 과하게 값을 매기다,
　　　　　　너무 비싼 값을 매기다

Customers start complaining about the company's
overpriced items.
- start to ~하기 시작하다
- complain about ~에 대해 불평하다
- item [áitəm] n. 품목
고객들이 그 회사의 값이 지나치게 과한 품목들에 대해
불평하기 시작합니다.

purchase
[pə́:rtʃəs]

vt. 구입하다, 사들이다, 매수하다, ~의 구매력을 갖다
n. 구입, 획득

I received your e-mail dated October 3 indicating
that you would like to **purchase** tickets for the
event.
- receive [risí:v] vt. vi. 받다, 수령하다, 이해하다,
　　　　　　　　　접대하다
- dated [déitid] a. 날짜가 있는, 날짜가 붙은, ~일자의
- indicate [índikèit] vt. 가리키다, 나타내다, 암시하다
　　　　　　　　　vi. 지시를 내다
그 행사의 표를 구매하고자 하는 뜻을 밝힌 당신의
10월 3일자 전자우편을 받았습니다.

quota
[kwóutə]

n. 할당량

This is the time to apply for import **quota** for
grain.
- apply for ~에 지원하다, ~을 신청하다
- import [ímpɔ:rt] n. 수입
　　　　　[impɔ́:rt] vt. 수입하다 vi. 중요하다
- grain [grein] n. 곡물
지금이 곡물 수입 할당량을 신청할 시기입니다.

quote
[kwout]

n. 견적액

I had compared **quotes** from three car insurance companies before I signed the vehicle insurance contract.

- compare [kəmpéər] vt. 비교하다 vi. 필적하다(with)
- car insurance company 자동차 보험회사
- sign [sain] vt. 서명하다, 서명하여 계약하다
- vehicle [ví:ikəl] n. 탈것, 자동차
- contract [kántrækt] n. 계약서

저는 자동차 보험 계약서에 서명하기 전에 세 개의 자동차 회사로부터 온 견적액을 비교해 보았습니다.

ratio
[réiʃou]

n. 비율

Since 2002, the insider buy **ratio** for leisure sector kept decreasing from 43% high to a current 13%.

- insider [ìnsáidər] n. 내막을 아는 사람, 내부자
- buy ratio [bai] [réiʃou] 구매 비율
- leisure [lí:ʒə:r] n. 여가
- sector [séktə:r] n. 분야, 구역, 영역, 작전 지구
- decrease [dikrí:s] vi. 감소하다, 저하되다

  vt. 감소시키다, 줄이다
- current [kə́:rənt] a. 일반적인, 현재의, 지금의

레저 분야에서 내부자의 구매 비율은 2002년 이래 최고 43%에서 현재 13%까지 지속적으로 감소하고 있습니다.

regrettable
[rigrétəbəl]

a. 유감스러운, 후회스러운

Successful people do not have a habit of making **regrettable** purchases.

- successful [səksésfəl] a. 성공한, 성공적인
- habit [hǽbit] n. 습관
- purchase [pə́:rtʃəs] n. 구매, 구입 vt. 구입하다, 사다

성공한 사람들은 후회스러운 구매를 하는 습관을 갖고 있지 않습니다.

sales clerk
[seilz] [klə:rk]

판매사원

I told the **sales clerk** that I wanted to take the magazine for 3 months for free.

- magazine [mǽgəzí:n] n. 잡지

저는 판매사원에게 그 잡지를 3개월간 무료로 받고 싶다고 말했습니다.

salon
[səlάn, sǽlɔn]

n. 가게, ~실, 객실, 응접실, 명사들의 모임

In order to get the best of beauty services, she looked out for the top beauty **salons**.

- look out 바라보다, 주의하다, 찾아내다, 찾다

최상의 미용 서비스를 받기 위해 그녀는 최고의 미용실을 찾았습니다.

skyrocket
[skaírὰkit]

vt. 치솟게 하다 vi. 급상승하다

The prices of other commodities have also **skyrocketed**.

- price [prais] n. 가격
- commodity [kəmάdəti] n. 일용품, 필수품, 상품, 물자

다른 일용품의 가격 역시 치솟았습니다.

speak on the phone

통화하다

You can place an order or **speak** to a representative **on the phone**.

- place an order 주문하다
- representative [rèprizéntətiv] n. 대표, 사원

당신은 전화로 주문을 하거나 사원과 통화를 할 수 있습니다.

stand in line

줄을 서 있다

I had to **stand in line** for two hours and a half to buy the baseball game tickets.

저는 야구 경기 표를 사기 위해 2시간 반이나 줄을 서 있어야만 했습니다.

sternly
[stə:rnli]

ad. 엄격하게, 확고하게, 준엄하게, 피할 수 없이

Be sure to buy from perfectly good and **sternly** reliable wholesalers.

- perfectly [pə:rfíktli] ad. 완벽하게
- reliable [riláiəbəl] a. 신뢰할 만한
- wholesaler [houlseilər] n. 도매상

꼭 완전히 바르고 확고하게 신뢰할 수 있는 도매상에게서 구매하십시오.

thermostat
[θə́:rməstæt]

n. 온도조절 장치

I need a standard **thermostat** to set my house temperature lower.

- standard [stǽndə:rd] n. 기준, 표준
            a. 표준의, 우수한, 공인된
- temperature [témpərətʃuə:r] n. 온도

저는 우리 집의 온도를 더 낮게 설정할 표준형 온도 조절 장치가 필요합니다.

thrifty
[θrífti]

a. 검소한

She will not buy such an expensive fine article, for she is very **thrifty**.

- expensive [ikspénsiv] a. 비싼
- fine article [fain] [ɑ́:rtikl] 명품

그녀는 매우 검소하기 때문에 그렇게 비싼 명품을 사지 않을 것입니다.

trash bin
[træʃ] [bin]

쓰레기통

She wants to buy a **trash bin** lid for covering the oval trash bin.

- lid [lid] n. 뚜껑
- cover [kʌvər] vt. 덮다, 감추다
- oval [óuvəl] a. 타원형

그녀는 그 타원형 쓰레기통을 덮을 쓰레기통 뚜껑을 사고자 합니다.

upbeat
[ʌ́pbì:t]

a. 경쾌한, 낙관적인, 여린박, 상승경향

I would like to buy a delicate yet **upbeat** music album.

- delicate [délikət] a. 섬세한, 고운, 우아한, 정교한

저는 섬세하지만 경쾌한 음반을 사고 싶습니다.

vendor
[véndər]

n. 행상인, 노점상, 판매인, 매각인

For the past years, she has been working as a street **vendor** selling hats and gloves.

- street vendor 거리의 행상인, 노점상

지난 몇 년 동안 그녀는 모자와 장갑을 파는 노점상으로 일하고 있었습니다.

wane
[wein]

n. 감소, 쇠퇴 vi. 작아지다, 약해지다

Wine consumption in Italy is generally on the **wane**.

- wine [wain] n. 포도주
- consumption [kənsʌ́mpʃən] n. 소비
- generally [ʤénərəli] ad. 대체적으로

이탈리아에서 포도주 소비는 대체적으로 감소 추세입니다.

warning label
[wɔ́:rniŋ] [léibəl]

경고 딱지

More than half of the participants reported that cigarette **warning labels** had motivated them to quit smoking.

- participant [pɑ:rtísəpənt] n. 참가자 a. 참여하는
- report [ripɔ́:rt] vt. 보고하다
- cigarette [sìgərét] n. 담배
- motivate [móutəvèit] vt. 동기를 주다, 움직이다, 자극하다
- quit [kwit] vt. 그만두다, 끊다, 중지하다, 단념하다

참가자의 반 이상이 담배의 경고 딱지가 담배를 끊도록 자극했다고 말했습니다.

workmanship
[wɔ́:rkmənʃip]

n. 기량, 솜씨

He was extremely happy to have the silver letter opener with great **workmanship**.

- extremely [ikstrí:mli] ad. 극도로, 지극히, 몹시, 대단히
- letter opener [létə:r] [óupənər] 편지 개봉용 칼, 편지칼

그는 대단한 솜씨가 담긴 은제 편지칼을 갖게 되어 매우 기뻤습니다.

zealous
[zéləs]

a. 열심인, 열광적인, 열성적인

The over**zealous** salesperson was trying to persuade the customer with her fragrance.

- salesperson [séilzpɔ̀:rsn] n. 판매원
- try to ~하려고 노력하다
- persuade [pə:rswéid] vt. 설득하다
- fragrance [fréigrəns] n. 향기, 향수

그 과도하게 열성적인 판매원은 향내를 풍기며 고객을 설득하려 노력했습니다.

다음에 해당하는 단어를 쓰시오.

• 바람직한, 합당한: ad	advisable
• 의복: a	apparel
• 예리한, 기민한, 빈틈없는, 교활한: a	astute
• 할인된 제품, 싼 물건, 떨이, 매매, 거래, 계약조건: ba	bargain
• 괴롭히다, 걱정하다, 성가시게 하다, 안달하다, ~하려 애쓰다: b	bother
• 돌파구, 획기적인 약진, 비약적인 발전: b	breakthrough
• 상승장세: b　m	bull market
• 영업시간: b　　h	business hours
• 주의 깊은, 신중한, 조심스러운: c	cautious
• 담보, 저장물, 평행한, 부수적인: col	collateral
• 신용, 확신, 대담, 비밀: c	confidence
• 의지하다, 의존하다: c　　o	count on
• 희석한, 싱거운, 희석하다, 없어지다: di	dilute
• 작아지다, 축소되다, 줄어들다, 적어지게 하다, 축소시키다: d	dwindle
• 열심, 열망: e	eagerness
• 얼리 어댑터(새 상품 사용 애호가): e　　a	early adopter
• 위조의, 모조품, 위조하다: f	fake
• 탈의실: f　　r	fitting room
• 가정용품: h	housewares
• 타기 쉬운, 인화성의, 가연성의: i	inflammable
• 격분시키다: in	infuriate
• 넌지시 말하다: in	insinuate
• 기록하다, 자국을 밟다, ~을 계속 알고 있다: k　　t　　o	keep the track of
• 몹시 싫어하다, 질색하다: l	loathe
• 추모식, 추도식: m　　　s	memorial service
• 주의 깊은, 정신 차리는, 마음에 두는: min	mindful
• 다양한: mis	miscellaneous
• 금전의, 재정의: mon	monetary
• 기념되는, 기념비적인: mon	monumental
• 한산할 때의: o	off-peak
• 값이 과한: o	overpriced
• 구입하다, 사들이다, 매수하다, ~의 구매력을 갖다, 구입, 획득: pur	purchase
• 할당량: q	quota
• 견적액: q	quote
• 비율: r	ratio

- 유감스러운, 후회스러운: reg   regrettable
- 판매사원: s   c   sales clerk
- 가게, ~실, 객실, 응접실, 명사들의 모임: s   salon
- 치솟게 하다, 급상승하다: s   skyrocket
- 통화하다: s o t p   speak on the phone
- 줄을 서 있다: s   i l   stand in line
- 엄격하게, 확고하게, 준엄하게, 피할 수 없이: s   sternly
- 온도조절 장치: t   thermostat
- 검소한: t   thrifty
- 쓰레기통: t b   trash bin
- 경쾌한, 낙관적인, 여린박, 상승경향: u   upbeat
- 행상인, 노점상, 판매인, 매각인: v   vendor
- 감소, 쇠퇴, 작아지다, 약해지다: w   wane
- 경고 딱지: w   l   warning label
- 기량, 솜씨: w   workmanship
- 열심인, 열광적인, 열성적인: z   zealous

4. 건설과 교통, 통신에 관련된 어휘

access
[ǽkses]

n. 수단, 접근, 출입, 발작, 개방 vt. 접근하다, 들어가다

Wireless internet **access** makes web searching possible from phones and roaming mobile computers.
 - wireless internet access 무선 인터넷 접근/사용
무선 인터넷 사용은 전화와 이동식 로밍 컴퓨터에서 인터넷 탐색을 가능하게 해줍니다.

accessible
[æksésəbəl]

a. 접근 가능한, 이해하기 쉬운, 편한, 구하기 쉬운

Highway 140 is not **accessible** by Exit 3A due to road construction.
도로 공사로 인해 3A 출구로는 140번 고속도로로 접근이 불가합니다.

My house is not **accessible** by car.
제 집은 차로는 갈 수 없습니다.

airsickness
[έərsiknis]

n. 항공병, 비행기 멀미

I was seated next to the person who suffers from intense **airsickness**.
 - be seated 앉게 되다
 - suffer [sʌ́fər] vt. 경험하다, 참다
              vi. ~으로 고통을 겪다, 병들다(from, with)
 - intense [inténs] a. 격렬한, 심한, 맹렬한, 일사불란한
저는 심한 비행기 멀미로 고생하는 사람 옆에 앉게 되었습니다.

aisle seat
[ail] [si:t]

통로 쪽 좌석
opp. window seat

I was asked to trade an **aisle seat** for a window seat.

- trade [treid] vt. vi. 매매하다, 거래하다, 바꾸다

저는 통로 쪽 좌석을 창문 쪽 자리로 바꿔달라고 요청받았습니다.

alliance
[əláiəns]

n. 동맹, 협약, 제휴, 관계

It was the world's second largest airline **alliance**.

그것은 세계 제2의 항공 제휴였습니다.

aviation
[èiviéiʃən]

n. 비행, 비행술, 항공기

We provide **aviation** pilots with a practical approach to weather.

- practical [præktikəl] a. 실용적인, 실제의,
경험이 풍부한

우리는 비행사에게 날씨에 대한 실제적인 접근법을 제공합니다.

barge
[ba:rdʒ]

n. 거룻배, 바지, 유람선 vt. 거룻배로 나르다
vi. 느릿느릿 움직이다

Barges carry a wide range of products.

- a wide range of 다양한

거룻배는 다양한 제품을 운반합니다.

bicycle rack
[báisikəl] [ræk]

자전거 보관대

They agreed on funding to install five new **bicycle racks** in town.

- fund [fʌnd] vt. 투자하다, 자금을 대다
- install [instɔ́:l] vt. 설치하다, 비치하다, 임명하다

그들은 마을에 다섯 대의 새 자전거 보관대를 설치할 기금을 마련하도록 동의했습니다.

boarding pass
[bɔ́:rdiŋ] [pæs]

탑승권

Show your **boarding pass** when you enter the security area.

- enter [éntər] vt. 들어가다, 입장하다
- security area [sikjúəriti] [έəriə] 보안구역, 경비구역

경비구역으로 들어갈 때는 탑승권을 보여주세요.

bypass
[báipæs]

n. 우회도로, 보조도로, 보조수로
vt. 우회하다, 회선 사용을 피하다, 앞지르다

Before we knew it, we had arrived at Lexington Street, a large intersection leading to a **bypass**.

- intersection [intərsékʃən] n. 교차로, 교차점
- lead to ~로 가다, ~로 이끌다

우리가 알기도 전에 우회도로로 가는 커다란 교차로인 렉싱턴 거리에 도착했습니다.

Due to construction, we will also **bypass** Riverside.

공사로 인해, 우리도 리버사이드를 우회할 것입니다.

Is there a mobile internet service I can purchase to **bypass** the hotel internet service?

- mobile internet service 이동/무선 인터넷 서비스

호텔의 인터넷 서비스 회선 사용을 피하기 위해 제가 구입할 수 있는 무선 인터넷 서비스가 있나요?

carriage
[kǽridʒ]

n. 차, 차량, 마차, 운반, 운임, 몸가짐

They could ride on a traditional white horse and **carriage**.

- traditional [trədíʃənəl] a. 전통적인, 관습의, 인습의

그들은 전통적인 하얀 말과 마차에 탈 수 있었습니다.

characteristic
[kæ̀riktərístik]

n. 특성, 특징 a. 특질의, 독자적인, 고유한

The **characteristics** of bricks reflect the way they were manufactured.

- manufacture [mæ̀njəfǽktʃəːr] vt. 제조하다,
　　　　　　　　　　　　　만들어 내다,
　　　　　　　　　　　　　날조하다

벽돌의 특징은 그것이 제조된 방식을 반영합니다.

chauffeur
[ʃóufər]

n. 운전사(주로 자가용의 고용 기사)

We provide prestige cars and premium **chauffeur** service.

- prestige [préstidʒ] n. 위신, 명성, 신망, 세력
　　　　　　　　　a. 뛰어난, 고가의, 특제의
- premium [príːmiəm] a. 아주 높은, 고급의
　　　　　　　　　n. 할증금, 보상금, 수수료

우리는 고급 자동차와 뛰어난 기사 서비스를 제공합니다.

clearance
[klíərəns]

n. 관제승인, 출항허가, 제거, 정리, 어음 교환,
　청산거래 완료, 퇴직허가

I hope this plane gets **clearance** to fly soon.

cf. clearance inwards 입항절차

　　clearance outwards 출항절차

　　clearance notice 출항통지

　　security clearance 기밀취급 허가

곧 비행할 수 있도록 이 비행기가 관제승인을 받았으면 합니다.

congestion
[kəndʒéstʃən]

n. 인구과잉, 밀집, 혼잡, 폭주, 과잉

The area has lots of traffic **congestion** and commuting is stressful.

- commuting [kəmjútiŋ] n. 통근, 변환
- stressful [strésfəl] a. 긴장이 많은, 스트레스가 많은

그 지역은 교통체증이 심해 통근 스트레스가 많습니다.

construction
[kənstrʌ́kʃən]

n. 건설, 공사, 건축물, 구문, 구조

When does Mr. Jacobus predict the **construction** of the building will be finished?

- predict [pridíkt] vt. 예상하다, 내다보다
  vi. 예언하다

자코부스 씨는 이 건물 공사가 언제 완료될 거라고 예상하나요?

This sentence **construction** is perfectly correct.

이 문장의 구조는 완벽하게 바릅니다.

crew
[kru:]

n. 승무원, 패거리, 한패

The passengers and **crew** are in the cabin.

- passenger [pǽsəndʒər] n. 승객
- cabin [kǽbin] n. 객실, 함장실, 조종실, 오두막

승객과 승무원은 객실에 있습니다.

crosswalk
[krɔ́:swɔ:k]

n. 횡단보도

Drivers should slow down when they approach a **crosswalk**.

- slow down 속도를 늦추다
- approach [əpróutʃ] vt. 다가가다, 접근하다, 착수하다
  vi. 가까워지다

운전자들은 횡단보도에 다가갈 때 속도를 늦춰야 합니다.

deck
[dek]

n. 갑판 vt. 갑판을 대다, 장식하다

Waves are crashing against the **deck**.
- crash [kræʃ] vi. 산산이 부서지다, 요란한 소리를
내며 돌진하다, (파도가) 치다
vt. 쨍그랑 깨뜨리다 n. 충돌
갑판을 향해 파도가 치고 있습니다.

When he got to the **deck** of the ship, it was
shrouded in thick smoke.
- shroud [ʃraud] vt. 감싸다, 덮다, 가리다
n. 수의, 가리개, 장막
그가 배의 갑판에 도착했을 때, 그곳은 짙은 연기로
덮여 있었습니다.

She was **decked** out in her Sunday best.
그녀는 가장 좋은 옷으로 차려 입고 있었습니다.

dependability
[dipèndəbíləti]

n. 신뢰할 수 있음, 확실성

We will save you up to 80 percent on international
phone calls, while giving you maximum clarity
and **dependability**.
- international phone calls 국제 전화
- maximum clarity 최고의 통화 품질
우리는 최고의 통화 품질과 신뢰성을 제공하면서, 국제
전화료의 80%까지를 절약하게 해줄 겁니다.

disembark
[dìsembá:rk]

vi. 양륙하다, 승객이 내리다
opp. embark 출항하다
vt. 상륙시키다, 양륙시키다

Many ships were not allowed to **disembark** in the country.

- be allowed to ~이 허용되다, ~하도록 허락을 받다
많은 배들이 그 나라에 양륙 허가를 받지 못했습니다.

What time do we expect to **disembark** from the plane?
우리가 언제 비행기에서 내릴 예정인가요?

fuel-efficiency
[fjú:əl-ifíʃənsi]

n. 연료 효율성, 연비

A survey performed by CAR magazine shows that customers prefer **fuel-efficiency** over size or price when purchasing a new automobile.

- survey [sə́:rvei] n. 조사, 측량, 개관
- purchase [pə́:rtʃəs] vt. 사다, 구입하다, 획득하다
카 매거진이 수행한 조사는 고객들이 새 차를 구입할 때 크기나 가격보다 연료 효율성을 선호한다는 것을 보여줍니다.

hijacker
[háidʒækər]

n. 공중 납치범, 비행기 나포자, 수송 중인 화물 강탈자

The crew members didn't comply with the **hijackers'** demands.

- crew members 승무원들
- comply with 동의하다, 승낙하다, 요구에 응하다
그 승무원들은 공중 납치범의 요구에 응하지 않았습니다.

innovation
[ìnouvéiʃən]

n. 쇄신, 혁신, 새로운 도입
innovate vt. 받아들이다, 도입하다
　　　　vi. 쇄신하다, 혁신하다 (in/on)

The award is given to an individual or organization that demonstrates **innovation** in the field of public transportation.

- organization [ɔ̀:rgənizéiʃən] n. 조직, 단체, 유기체, 생물체
- demonstrate [démənstrèit] vt. 증명하다, 증거가 되다, 시범교수하다, 드러내다
- public transportation 대중교통, 공공 교통수단

그 상은 대중교통 분야에서 혁신을 보여준 개인이나 기관에 매년 주어집니다.

inspection
[inspékʃən]

n. 검사, 조사, 사찰, 점검, 열람

Please have your tickets out and ready for **inspection**.
표를 꺼내 검표를 준비해 주세요.

intersection
[intərsekʃékʃən]

n. 교차로, 교차지점, 사거리

People are crossing the street at the **intersection**.
사람들은 교차로에서 길을 건너고 있습니다.

Go straight, cross the railroad tracks, and turn right at the second **intersection** onto Bates Street.

- railroad tracks 기차선로
- onto ~ 위에, 위로

　eg. He stepped onto the platform.
　　그는 플랫폼으로 발을 내딛었습니다.

똑바로 가서 기차선로를 지나 두 번째 교차로에서 베이츠 길 방향으로 우회전하세요.

jaywalk
[dʒéiwɔ̀:k]

vi. 무단횡단하다

Jaywalking, that is, crossing roads outside crosswalks is exceedingly dangerous.

- crosswalk [crósswɔ̀:k] n. 횡단보도
- exceedingly [iksí:diŋli] ad. 대단히, 몹시, 매우

무단횡단, 다시 말해, 횡단보도 밖에서 길을 건너는 것은 극도로 위험합니다.

junction
[dʒʌ́ŋkʃən]

n. 환승역, 나들목, 교차점

I live a few miles from Broadway **Junction** and have been there numerous times.

cf. 1 mile은 대략 1.609km

1 yard(yd)는 약 91.4cm

1 yard = 3 ft = 36 in

1 foot(ft)는 약 30.48cm

1 inch(in)는 2.54cm

1 pound(lb)는 약 0.453kg

1 ounce(oz)는 1/16pound(lb) 약 28.3g

액량은 1/16pint(pt), 약 29.6cc (미)

1/20pint(pt), 약 28.4cc (영)

1 pint(pt)는 약 0.47liter (미), 약 0.57liter (영)

1 gallon(gal)는 약 3.8liter (미), 약 4.5liter (영)

- numerous [njú:mərəs] a. 수많은, 다수의, 운율이 있는

저는 브로드웨이 환승역에서 몇 마일 떨어진 곳에 살고 있고 그곳에 여러 번 가보았어요.

layover
[léiòuvə:r]

n. 중단, 도중하차

syn. stopover n. 단기체류, 도중하차

What shall I do if I have an evening **layover** at Incheon airport?

인천공항에서 저녁에 잠깐 내리게 되면 어떻게 할까요?

lengthen
[léŋkθən]

vt. 늘이다, 연장하다
vi. 길어지다, 늘어다 ~로 되다(into)

The chief administrator of the airport announced that there were plans to **lengthen** the main runway.
- administrator [ædmínəstrèitər] n. 관리자, 행정관
- announce [ənáuns] vt. 알리다, 고지하다
  cf. announce for ~의 지지 선언을 하다
- runway [rʌ́nwèi] n. 활주로, 패션쇼의 스테이지,
  무대에서 관람석으로 가는 통로
그 공항의 최고 관리자는 주활주로를 연장할 계획이 있음을 발표했습니다.

life preserver
[láif] [prizə́:rvə:r]

구명기구

Wearing a **life preserver** didn't make me feel any safer.
구명기구를 착용해도 더 안전한 느낌이 들지는 않았습니다.

parking garage
[pá:rkiŋ] [gərá:ʒ]

차고

This is the list of **parking garages** near Oregon Convention Center.
이것이 오레곤 컨벤션 센터 근처의 주차장 목록입니다.

pedestrian
[pədéstriən]

n. 보행자, 도보 여행자, 잘 걷는 사람

Many **pedestrians** are involved in road accidents which often result in a serious injury or death.
- be involved in ~에 말려들다, ~에 연루되다
- result in ~을 초래하다
- serious [síəriəs] a. 진지한, 엄숙한, 중대한, 심각한
- injury [índʒəri] n. 상해, 상처, 손상
많은 보행자가 심각한 부상이나 죽음에 이르는 교통사고를 당합니다.

repave
[ri:péiv]

vt. 도로를 재포장하다

The city should decide which roads to be **repaved** this summer.

- decide [disáid] vt. vi. 결정하다, 결심하다

그 도시는 올 여름에 어느 도로를 재포장해야 할지를 결정해야 합니다.

roaming
[roumiŋ]

n. 로밍

roam vi. 거닐다, 돌아다니다, 배회하다

Roaming is a term referring to the extension of connectivity service in a location that is different from the home location where the service was registered.

- term [tə:rm] n. 용어
- refer to ~을 지칭하다
- extension [iksténʃən] n. 확장, 연장, 증축
- connectivity service 연결 서비스
- register [rédʒəstə:r] vi. vt. 등록하다, 기록하다, 기재하다
  n. 기록부, 등기

로밍이란 서비스가 등록된 원래 장소와는 다른 장소에 연결 서비스가 확장된 것을 지칭하는 용어입니다.

spot
[spɑ:t]

n. 자리, 점, 얼룩, 부위

This is the **spot** where car accidents occur from one moment to the next.

- from one moment to the next 빈번히, 곧잘

여기가 자동차 사고가 빈번하게 발생하는 장소입니다.

sweep
[swi:p]

vt. vi. 쓸다, 청소하다

cf. sweep-swept-swept

A man was **sweeping** the walkway.

- walkway [wɔ́:kwèi] n. 인도, 산책길, 보도

한 남자가 인도를 쓸고 있었습니다.

Almost 30 volunteers **swept** up the fallen leaves in Central Park.

- volunteer [vàləntíər] n. 자원봉사자, 자원병, 독지가,
  자생식물

거의 30명이나 되는 자원봉사자가 센트럴파크의 낙엽을 쓸었습니다.

touch down
[tʌtʃ] [daun]

착륙하다, 접안하다, 지상에 닿다

The Air France aircraft could not **touch down** at J.F.K International Airport safely.

- aircraft [ɛ́ərkræ̀ft] n. 항공기

에어 프랑스 항공기가 J.F.K 국제공항에 안전하게 착륙하지 못했습니다.

tow
[tou]

n. 견인, 예항, 예인선 vt. 끌다

The city bus was **towed** out of the snow.

그 시내버스는 견인되어 눈에서 빠져나왔습니다.

transfer
[trænsfɔ́:r]

vi. 갈아타다 vt. 옮기다, 바꾸다, 양도하다

She took the streetcar and **transferred** to the subway.
- streetcar [strí:tkὰ:r] n. 시가전차, 노면전차
                        syn. tram(car)
그녀는 시가전차를 탔다가 지하철로 갈아탔습니다.

Mr. Simpson has been **transferred** from the branch office to the head office.
- branch office 지사
- head office 본사
심슨 씨는 지사에서 본사로 자리를 옮겼어요.

turbulence
[tɔ́:rbjələns]

n. 거침, 소란, 교란, 난기류

I didn't check for **turbulence** potential before my flight.
- flight [flait] n. 비상, 비행
저는 비행 전에 난기류 가능성에 대해서 점검하지 않았습니다.

unleaded fuel
[ʌnlédid] [fjú:əl]

무연휘발유
cf. unleaded a. 납성분을 제거한, 무연의

This car is optimized to run on the least expensive regular **unleaded fuel.**
- optimize [áptəmàiz] vi. 낙관하다
                        vt. 최대한 활용하다
이 차는 가장 저렴한 일반 무연휘발유로 주행하기에 최적화되어 있습니다.

vehicle
[ví:ikəl]

n. 탈것, 전달수단, 운송수단

The man is parking a **vehicle.**
그 남자는 자동차를 주차 중입니다.

Language is a **vehicle** of thoughts.
언어는 사고의 전달수단입니다.

다음에 해당하는 단어를 쓰시오.

• 수단, 접근, 출입, 발작, 개방, 접근하다, 들어가다: ac	access
• 접근 가능한, 이해하기 쉬운, 편한, 구하기 쉬운: ac	accessible
• 항공병, 비행기 멀미: air	airsickness
• 통로 쪽 좌석: ais	aisle seat
• 동맹, 협약, 제휴, 관계: all	alliance
• 비행, 비행술, 항공기: avi	aviation
• 거룻배, 바지, 유람선, 거룻배로 나르다, 느릿느릿 움직이다: bar	barge
• 자전거 보관대: bi	bicycle rack
• 탑승권: boa	boarding pass
• 우회도로, 보조도로, 보조수로, 우회하다, 앞지르다: by	bypass
• 차, 차량, 마차, 운반, 운임, 몸가짐: car	carriage
• 특성, 특징, 특질의, 독자적인, 고유한: cha	characteristic
• 운전사(주로 자가용의 고용 기사): cha	chauffeur
• 관제승인, 출항허가, 제거, 정리, 어음 교환, 퇴직허가: cle	clearance
• 인구과잉, 밀집, 혼잡, 폭주, 과잉: con	congestion
• 건설, 공사, 건축물, 구문, 구조: con	construction
• 승무원, 패거리, 한패: cr	crew
• 횡단보도: cro	crosswalk
• 갑판, 갑판을 대다, 장식하다: d	deck
• 신뢰할 수 있음, 확실성: dep	dependability
• 양륙하다, 승객이 내리다, 상륙시키다, 양륙시키다: dis	disembark
• 연료 효율성, 연비: fu	fuel-efficiency
• 공중 납치범, 비행기 나포자, 수송 중인 화물 강탈자: hij	hijacker
• 쇄신, 혁신, 새로운 도입: in	innovation
• 검사, 조사, 사찰, 점검, 열람: ins	inspection
• 교차로, 교차지점, 사거리: int	intersection
• 무단횡단하다: jay	jaywalk
• 환승역, 나들목, 교차점: ju	junction
• 중단, 도중하차: lay	layover
• 늘이다, 연장하다, 길어지다, 늘어나 ~로 되다: le	lengthen
• 구명기구: lif	life preserver
• 차고: par	parking garage
• 보행자, 도보 여행자, 잘 걷는 사람: ped	pedestrian
• 도로를 재포장하다: rep	repave
• 로밍: r	roaming

- 자리, 점, 얼룩, 부위: sp   spot
- 쓸다, 청소하다: s   sweep
- 착륙하다, 접안하다, 지상에 닿다: tou   touch down
- 견인, 예항, 예인선, 끌다: t   tow
- 갈아타다, 옮기다, 바꾸다, 양도하다: tr   transfer
- 거침, 소란, 교란, 난기류: tur   turbulence
- 무연휘발유: unl   unleaded fuel
- 탈것, 전달수단, 운송수단: ve   vehicle

5. 주택과 환경, 기후에 관련된 어휘

allocation
[æ̀ləkéiʃən]

n. 할당, 배당, 배치

They are interested in the **allocation** of space in the house on modern architecture.

- modern [mádə:rn] a. 현대의, 근대의, 신식의
- architecture [á:rkətèktʃər] n. 건축술, 건축양식, 구조, 설계

그들은 근대 건축에서 집 안의 공간 배치에 관심이 있습니다.

amenity
[əménəti]

n. 생활 편의시설, 상냥함, 쾌적함, 예의

No notice was taken of **amenity** loss.

생활 편의시설이 없어지는 데 대해 아무도 주목하지 않았습니다.

annually
[ǽnjuəli]

ad. 해마다
syn. yearly a. annual

The river floods **annually** around the same time of year, so it is predictable.
- predictable [pridíktəbəl] a. 예언할 수 있는,
  예상 가능한, 범용한

그 강은 해마다 거의 같은 시기에 범람해서 예측이 가능합니다.

The International Salvage Union (ISU) announced the results of its **annual** pollution prevention survey.
- International Salvage Union 국제해난구조협회
- slavage [sǽlvidʒ] n. 해난구조, 인양, 인명구조
- announce [ənáuns] vt. 고지하다, 발표하다
- result [rizʌ́lt] n. 결과, 결의, 성적
  cf. result from ~에서 유래하다(원인)
      result in ~로 귀착되다(결과)
- pollution prevention survey 오염 대책 조사,
  오염 방지 조사
- pollution [pəlú:ʃən] n. 오염, 모독, 타락, 불결
  vt. pollute
- prevention [privénʃən] n. 방지, 예방, 방해
  vt. prevent
- survey [sə:rvéi] n. 조사, 측량, 개관, 전망
  vt. vi. 내려다보다, 조사하다

국제해난구조협회는 연간 오염 대책 조사 결과를 발표했습니다.

architect
[ά:rkitèkt]

n. 건축사, 설계사, 건설자

cf. the (Great) Architect 조물주

architectural [à:rkitéktʃərəl] a. 건축학(술)의

The **architect** drafted the blueprints for the department store.

- draft [dræft] n. 도안, 초안, 초고, 설계도
    vt. 설계도를 그리다, 입안하다
    vi. 기술을 연마하다
- blueprint [blú:prìnt]n. 청사진
    vt. 설계도를 만들다,
        면밀한 계획을 세우다
- department store 백화점

그 건축가는 백화점의 청사진을 그렸습니다.

archway
[ά:rtʃwèi]

n. 아치길, 아치 아래의 통로

There used to be an ancient stone **archway** in this thickly wooded forest.

- ancient [éinʃənt] a. 옛날의, 고대의, 고령의
- thickly [θíkli] ad. 두껍게, 울창하게, 굵게
- forest [fɔ́(:)rist] n. 숲, 삼림, 임야

예전에 이 나무가 울창한 숲에는 오래된 돌 아치통로가 있었습니다.

asymmetric
[èisimétrik]

a. 비대칭적인, 불균형의

opp. symmetric [simétrik] a. 균형 잡힌, 대칭의

The **asymmetric** building layout seems tactically more advantageous.

- layout [léiàut] n. 설계, 구획, 배치
- tactically [tǽktikəli] a. 전략적으로, 책략적으로
- advantageous [ædvəntéidʒəs] a. 유리한, 형편이 좋은

비대칭적인 건물 설계가 전략적으로 더 이로워 보입니다.

blow up
[blou]

폭파하다, 쏘다, 관통하다

The tornado **blew up** a house with a direct hit.
토네이도가 직접 강타하여 집을 날려버렸습니다.

brick
[brik]

n. 벽돌, 집짓기, 혹평

They need the best and safest way to replace a
damaged **brick** in a wall.

- safe-safer-safest
- replace [ripléis] vt. 교체하다, 제자리에 놓다,
  복직시키다
- damage [dǽmidʒ] n. 손해, 손상 vt. 손해를 입히다

그들에겐 담에서 손상된 벽돌을 교체하는 가장 좋고
안전한 방법이 필요합니다.

building coveragze
[bíldiŋ] [kʌ́vəridʒ]

건폐율

These structures have a maximum **building
coverage** of no more than 30% of the site area.

- structure [strʌ́ktʃəːr] n. 건축물, 구조, 건조물
- no more than 단지, 고작
  cf. no more ~ than ~이 아닌 것은 ~이 아닌 것과 같다
- site area [sait] [ɛ́əriə] 용지 면적

이 건축물은 용지 면적 중 30%만 건폐율로 갖고
있습니다.

contaminate
[kəntǽmənèit]

vt. 더럽히다, 오염시키다

This area must be **contaminated** with radioactive
substances.

- radioactive [rèidiouǽktiv] a. 방사능의, 방사성의
- substance [sʌ́bstəns] n. 물질, 물체, 실질, 요점

이 지역은 방사능 물질에 오염된 것이 틀림없습니다.

courtyard
[kɔ́ːrtjɑ̀ːrd]

n. 안뜰, 안마당

My hope is to have a low cost and a beautiful garden **courtyard**.
- cost [kɔːst] n. 비용, 가격

제 희망은 저비용의 아름다운 정원 안뜰을 가지는 것입니다.

creature
[kríːtʃər]

n. 동물, 어떤 사람, 창조물, 생명이 있는 존재

A **creature** is moving quickly across the roof.
- roof [ruːf, ruf] n. 지붕, 정상, (비유적으로) 집

어떤 생물이 지붕을 가로질러 빠르게 움직이고 있습니다.

density
[dénsəti]

n. 밀집상태, 밀도, 아둔함, 조밀함

The **density** of population in certain area depends on various factors.
- depend on ~에 의지하다, ~에 따르다
- various [véəriəs] a. 여러 가지의, 여러 방면의
- factor [fǽktər] n. 요인, 인자, 요소

특정 지역의 인구 밀도는 여러 요인에 따릅니다.

deposit
[dipázit]

n. 보증금, 예금, 공탁금, 계약금, 퇴적물, 저장소, 착수금, 기탁금
vt. 예금하다, 맡기다, 두다, 아래에 놓다, 퇴적시키다

You have to pay a $3,000 **deposit** equivalent to three months' rent.
- equivalent [ikwívələnt] a. 상당한, 동등한, 같은 뜻인, 대등한
  n. equivalence
- rent [rent] n. 집세, 방세, 소작료
  vt. 임차하다, 임대하다

당신은 석 달치 집세에 해당하는 3,000달러의 보증금을 지불해야 합니다.

dispense
[dispéns]

vt. 분배하다, 조제하다, 나누어주다, 베풀다

With sensor taps, water is **dispensed** automatically.

- sensor [sénsər] n. 감지기, 감지장치
- automatically [ɔ̀:təmǽtikəli] ad. 자동으로

감지 꼭지가 있어 물이 자동으로 나옵니다.

domicile
[dάməsàil]

vt. 거주를 정하다 vi. 살다(in, at) n. 거주지

He **domiciles** himself in Seoul.

그는 서울에 살고 있습니다.

My **domicile** of origin is Kwang-ju.

- one's domicile of origin 본적지

저의 본적은 광주입니다.

endangered
[indéindʒərd]

a. 위험에 처한, 멸종될 위기에 이른

There are only a few **endangered** condors left in the area.

- condor [kάndər] n. 콘도르(주로 남미에 서식하는 대형 독수리)

그 지역에는 멸종위기에 처한 콘도르가 몇 마리만 남아 있습니다.

environment
[inváiərənmənt]

n. 환경, 포위, 둘러쌈

a. environmental [invàiərənméntl]

We have to protect the **environment** from pollution.

- protect A from B   A를 B로부터 보호하다
- pollution [pəlú:ʃən] n. 오염, 환경파괴, 공해, 불결

우리는 환경을 오염되지 않게 보호해야 합니다.

One of the most difficult hurdles for **environmental** campaigns to overcome is the fact that a lot of their issues seem overly technical to the common people.

- hurdle [hə:rdl] n. 장애물 vt. 뛰어넘다
  vi. 장애물 경주를 하다
- campaign [kæmpéin] n. 군사행동, 정치운동, 출정,
  사회운동
  vi. 종군하다, 참여하다
- overcome [òuvərkʌ́m] vt. vi. 극복하다
- issue [íʃu:] n. 논쟁점, 출구, 발행, 결과
  vt. 발포하다, 발행하다, 분출하다
  vi. 유래하다, 나오다, 일어나다
- overly [óuvərli] ad. 과도하게, 지나치게, 경솔하게,
  천박하게
- technical [téknikəl] a. 전문적인, 기술의, 공업의,
  인위적인, 법률상 성립되는,
  형식적인
- common [kɑ́:mən] a. 공통의, 공유의, 일반의, 협력의

환경운동이 극복해야 할 가장 어려운 장애 중 하나는 그들의 많은 논쟁점이 보통 사람에게는 지나치게 기술적으로 보인다는 사실입니다.

established
[istǽbliʃt]

a. 확립된, 인정된, 만성의, 국교의
vt. establish

This custom is not firmly **established** in agricultural districts.
- custom [kʌ́stəm] n. 관습, 관례, 관세
  a. customary
- firmly [fə:rmli] ad. 확고하게, 단단하게, 굳게
  a. firm
- agricultural [æ̀grikʌ́ltʃərəl] a. 농업의, 농학의
  n. agriculture
- district [dístrikt] n. 지역, 지구, 선거구, 자치구

이 관습은 농경지대에서는 확고하게 확립되지 않았습니다.

filtering
[fíltəriŋ]

n. 여과, 필터, 거르개

Please replace the **filtering** cartridge.
- replace [ripléis] vt. 교체하다, 대체하다, 바꾸다
- cartridge [kɑ́:rtridʒ] n. 카트리지, 탄약통, 약포,
  끼우는 방식의 용기

여과용 카트리지를 교체해 주세요.

floor plan
[flɔ:r] [plæn]

평면도

We would like to know how to make a **floor plan** for an eco-friendly house.
- eco-friendly [èko-fréndli] a. 친환경적인

우리는 친환경적인 집 평면도를 만드는 법을 알고자 합니다.

forecast

[fɔːrkǽst]

n. 예측, 예보 vt. vi. 예측하다

According to the weather **forecast**, a strong typhoon is coming our way.

- according to ~에 따르면
- typhoon [taifúːn] n. 태풍

일기 예보에 따르면 강한 태풍이 우리 쪽으로 오고 있습니다.

Do you check the weather **forecast** in your area every day?

- area [ɛ́əriə] a. 지역, 지방, 면적

당신은 당신 지역의 일기 예보를 매일 확인하시나요?

furnishing

[fəːrniʃiŋ]

n. 가구의 비치 pl. 가구, 비품, 가구회사

United Corporate **Furnishings** is the most preferred office-furniture vendor for several of the area's largest corporations.

- corporate [kɔ́ːrpərət] a. 법인의, 단체의
  n. 법인 발행 채권
- preferred [prifɔ́ːrd] a. 선호되는, 우선권을 가진,
  선취권이 있는,
  발탁된, 승진한, 우선한
- office-furniture 사무용 가구
- vendor [véndər] n. 판매인, 매각인, 노점상인
  opp. vendee [vendíː] n. 매수인
- corporation [kɔ̀ːrpəréiʃən] n. 유한회사, 주식회사, 조합,
  법인

유나이티드 코퍼레이트 퍼니싱은 그 지역의 여러 큰 회사에서 가장 선호되는 사무용 가구 판매점입니다.

geographic
[ʤìːəgrǽfik]

a. 지리학의, 지리적인

When you buy a house, you should consider
geographic location and the weather.

- consider [kənsídər] vt. 고려하다, 간주하다
- location [loukéiʃən] n. 위치, 장소

집을 사려고 하면 지리적 위치와 날씨를 고려해야만
합니다.

gravel
[grǽvəl]

n. 자갈

Choosing **gravel** or grass for your yard depends
on your taste.

- depend on ~에 달려 있다, 좌우되다

정원에 깔 자갈이나 잔디를 고르는 것은 당신의 취향에
달려 있습니다.

initial
[iníʃəl]

a. 처음의, 최초의 n. 고유명사의 머리글자
vt. 머리글자를 넣다 vi. 머리글자를 쓰다

He offered to replace the shelves, but did not
know how to address the **initial** problem of
adjusting them.

- offer to ~하려고 하다, ~하겠다고 제안하다
- replace [ripléis] vt. 교체하다, 대신하다
- shelf [ʃelf] n. 선반, 여울목, 암초 pl. shelves
- address [ədrés] vt. 다루다, 말하다, 연설하다
     [ǽdres] n. 주소, 연설, 구혼, 솜씨
- adjust [ədʒʌ́st] vt. 맞추다, 조정하다, 결정하다

그는 선반을 교체하겠다고 제안했지만 선반을 맞추는
처음 문제도 어떻게 다뤄야 할지를 몰랐습니다.

meteorological
[mìːtiərəládʒikəl]

a. 기상의, 기상학의
a. meteorological chart 기상도

A big step for the **meteorological** society was taken when the first radio broadcasts of weather forecasts were transmitted.
- broadcast [brɔ́ːdkæ̀st] n. 방송, 방영
  vt. vi. 방송하다, 널리 알리다
- transmit [trænsmít] vt. 보내다, 발송하다, 전하다
  vi. 자손에게 전해지다,
    신호를 보내다 (to)
  n. transmission

기상 학회의 큰 진보는 첫 라디오 일기 예보 방송이 송출되었을 때 이루어졌습니다.

occupy
[ɑːkjupai]

vt. 차지하다, 사용하다, 점령하다, 전념하다, 종사하다
n. occupation [ɑ̀ːkjupéiʃən]

The table seemed to **occupy** most of the room.
탁자가 방의 대부분을 차지하는 것처럼 보였습니다.

He **occupied** himself in writing an article.
- occupied oneself in ~ing ~하는 중이다,
    ~에 종사하다
- article [ɑ́ːrtikl] n. 논문, 논설, 기사, 품목, 조항, 계약,
    관사

그는 논문을 쓰느라 전념 중입니다.

plumbing
[plʌ́miŋ]

n. 배관, 급수, 배관공사, 수심측량

We need to repair the **plumbing** systems.
- repair [ripéəːr] vt. 수선하다, 회복하다, 고치다

우리는 배관 체계를 고칠 필요가 있습니다.

pollutant
[pəlú:tənt]

n. 오염물질

This filter reduces indoor **pollutants**.
- filter [fíltər] n. 여과기
- reduce [ridjú:s] vt. 감소시키다, 떨어뜨리다
  vi. 감소되다, 줄어들다, 쇠약해지다
- indoor [índɔ̀:r] a. 실내의, 옥내의

이 여과기는 실내 오염물질을 감소시킵니다.

precipitation
[prisìpətéiʃən]

n. 강수량, 투하, 낙하, 돌진, 경솔, 침전

Snow is also a form of **precipitation**.
눈 또한 강수의 일종입니다.

premises
[prémisiz]

n. 토지, 집과 대지
cf. premise [prémis] n. (논리) 전제

They need a bigger **premises**, which means a
higher cost.
그들은 더 큰 토지를 필요로 하는데, 그것은 더 높은
비용을 의미합니다.

private
residence
[práivit] [rézidəns]

개인 주택

He built his dream **private residence** in San
Francisco.
그는 꿈에 그리던 개인 주택을 샌프란시스코에
지었습니다.

promote
[prəmóut]

vt. 진척시키다, 촉진하다, 장려하다, 승진시키다

Solar power is heavily **promoted** as a clean and renewable source of energy.

- solar power 태양열 발전
- heavily [hévili] ad. 몹시, 무겁게, 짙게, 빽빽하게, 힘겹게
- renewable [rinjúəbəl] a. 재생 가능한, 되살릴 수 있는
- source of energy 에너지원

태양열 발전은 깨끗하고 재생 가능한 에너지원으로 매우 장려됩니다.

---

proof
[pru:f]

n. 증거(물), 증명, 입증
vt. vi. prove

A panel of scientists says the **proof** of global warming is clear.

- panel [pǽnl] n. 위원단, 토론자, 조사원단, 틀, 판벽, 연속만화, 구획
- scientist [sáiəntist] n. 과학자
- global [glóubəl] a. 지구의, 전 세계의, 전체적인, 공 모양의 n. globe
- warming [wɔ́:rmiŋ] n. 온난화, 가온
- clear [kliər] a. 명백한, 이해된, 결백한, 맑은, 이상 없는, 자유로운

어떤 과학자 위원단은 지구 온난화의 증거가 명백하다고 말합니다.

---

property
[prápərti]

n. 재산, 소유물, 부동산, 소유권

Parks are communal **property** for all the people to enjoy.

- communal [kəmjú:nl] a. 공공의, 자치 단체의

공원은 모든 사람이 즐겨야 할 공공의 재산입니다.

qualify
[kwáləfài]

vi. 자격을 따다, 적격이 되다 (for)
vt. 자격을 주다, 적합하게 하다
cf. qualification [kwàləfikéiʃən] n. 자질, 적성
　　　　　　　　　　　　　pl. 자격요건

If you live in the area, you **qualify** for a parking permit.

- parking permit 주차 허가

당신이 이 지역에서 산다면 주차 허가를 받을 자격이 있습니다.

real estate
[rí:əl] [istéit]

부동산, 토지, 집

The advertisement is for **real estate**.

- advertisement [ædvərtáizmənt] n. 광고, 선전, 통고,
　　　　　　　　　　　　　　　　　　공시

그 광고는 부동산에 관한 것입니다.

rebuild
[ri:bíld]

vt. 재건하다, 다시 짓다

A week after tsunami, they began to **rebuild** their apartments.

- tsunami [tsuná:mi] n. 쓰나미, 지진에 의한 해일

쓰나미가 지나고 일주일 뒤 그들은 아파트를 다시 짓기 시작했습니다.

recondition
[rì:kəndíʃən]

vt. 수리하다, (반응을) 회복시키다

The seller has done some **reconditioning** of his house.

그 판매자는 그의 집을 조금 수리했습니다.

region
[rí:dʒən]

n. 지방, 지역, 영역, 부위, 구(區)

How do I know what **region** she lives in?

그녀가 어느 지역에 사는지 어떻게 해야 알 수
있을까요?

The taiga is a forest of the cold subarctic **region.**
- taiga [táiga] n. 타이가. 시베리아 · 북미의 상록
   침엽수림대
- subactic [sʌbá:rktik] a. 아(亞) 북극의

타이가는 추운 아북극 삼림 지대입니다.

renewal
[rinjú:əl]

n. 재개발, 재정비, 부활, 소생

The house **renewal** will undoubtedly improve the
quality of housing.
- undoubtedly [ʌndáutidli] ad. 틀림없이, 확실히

주택 재정비는 틀림없이 주거의 질을 향상시킬
것입니다.

residential
[rèzidénʃəl]

a. 거주용, 주거의, 숙박 설비가 있는

The goal of **residential** hotel is to provide
unparalleled service for our guests.
- provide [prəváid] vt. 제공하다, 공급하다
              vi. 대비하다, 부양하다, 규정하다
- unparalleled [ʌnpǽrəlèld] a. 비할 데 없는, 전대미문의,
                           미증유의

그 주거용 호텔의 목표는 고객을 위해 비할 데 없는
서비스를 제공하는 것입니다.

rooftop
[rú:ftàp]

n. 지붕, 옥상 a. 지붕의, 옥상의

My place has **rooftop** ventilation system.
- ventilation [vèntəléiʃən] n. 통풍, 유통, 표출, 논의

우리 집은 지붕에 환기 장치가 있습니다.

security
[sikjúəriti]

n. 보안, 방위, 안전, 무사 pl. 유가증권
a. secure

By the time the article on home **security** devices appeared, the pricing information was already outdated.

- by the time ~할 무렵에, ~할 즈음에
- article [á:rtikl] n. 기사
- device [diváis] n. 장치, 설비, 고안, 계획
- appear on ~에 나타나다
- pricing information 가격결정 정보
  cf. price information 가격정보

가정용 보안장치에 대한 기사가 나타났을 무렵에, 가격결정 정보는 이미 진부해져 버렸습니다.

sewer
[sú:ər, sjúər]

n. 하수구
cf. sewer [sóuər] n. 재봉사

A disgusting smell is coming from the **sewer**.
역겨운 냄새가 하수구로부터 올라오고 있습니다.

shade
[ʃeid]

n. 그늘 vt. 그늘지게 하다 vi. 조금씩 변하다, 연해가다

The tree supplies us fine **shade** in the summer.
그 나무는 여름에 우리에게 멋진 그늘을 제공합니다.

sheltered
[ʃéltə:rd]

a. 보호된, 보호의

This **sheltered** housing is accommodation that is specifically provided for older people.

- specifically [spisífikəli] ad. 특히, 본질적으로, 명확하게
- accommodation [əkàmədéifən] n. 수용시설, 숙박설비, 적응, 조화, 편의
- be provided for ~을 위해 제공되다

이 보호시설은 특별히 노인을 위해 제공되는 수용시설입니다.

shockproof
[ʃákprù:f]

a. 내진성의

We provide good quality prefab houses equipped with **shockproof** and windproof function.

- prefab [prí:fæb] a. 조립식의 ext. prefabricated
- equipped with ~을 갖추다, ~을 지니다
- windproof [wíndprù:f] a. 방풍의
- function [fʌ́ŋkʃən] n. 기능, 구실, 직무

우리는 내진과 방풍 기능이 갖춰진 고품질의 조립식 집을 공급합니다.

solar power
[sóulər] [páuər]

태양열 발전
cf. solar calendar 태양력, solar spots 흑점

Advocates of **solar power** say it is clean, quiet and highly reliable.

- advocate [ǽdvəkit] n. 옹호자, 지지자
                          vt. 옹호하다, 주장하다
- highly [háili] ad. 대단히, 고도로, 격찬하여, 고가로
- reliable [riláiəbəl] a. 신뢰할 만한, 믿음직한, 확실한,
                                  의지할 만한

태양열 발전의 옹호자는 그것이 깨끗하고, 조용하며, 대단히 신뢰할 만하다고 말합니다.

tenant
[ténənt]

n. 세입자, 거주자, 소작인

Under the provisions of the lease, the **tenant** is responsible for repairs.

- provision [prəvíʒən] n. 조항, 조건, 규정, 준비, 공급,
  성직자의 서임
- lease [li:s] n. 임대차계약, 차용계약, 차용증서
  vt. 임대하다, 임차하다
- responsible [rispánsəbəl] a. 책임을 져야 할, 신뢰할 수
  있는 n. responsibility
- repair [ripéə:r] n. 수리, 수선 vt. 정정하다, 고치다
  vi. 종종 가다 (to)
  eg. I repaired to the shop for tools.
  저는 도구를 구하러 그 가게에 종종 갔습니다.

그 임대차계약 규정하에는, 세입자가 수리의 책임을
집니다.

unoccupied
[ʌnákjəpàid]

a. 임자 없는, 사람이 살고 있지 않은, 할 일이 없는,
한가한

The **unoccupied** premises were used to provide temporary accommodation for hopeless patients.

- premises [prémisiz] n. 토지, 집과 대지
- temporary [témpərèri] a. 일시적인, 덧없는, 임시의
- accommodation [əkàmədéiʃən] n. 숙박, 수용, 편의,
  융통
- hopeless [hóuplis] a. 가망 없는, 희망 없는, 절망적인

그 임자 없는 토지는 가망 없는 환자에게 임시 숙소를
제공하는 데 사용되었습니다.

unsanitary
[ʌnsǽnətèri]

a. 비위생적인, 건강에 좋지 않은, 불결한

We were disappointed to see the unsafe and **unsanitary** housing.

- disappoint [dìsəpɔ́int] vt. 낙담시키다, 실망시키다,
  좌절시키다
- unsafe [ʌnséif] a. 불안한, 위험한, 믿을 수 없는
- housing [háuziŋ] n. 주택, 주택공급, 주택건설, 수용소

그 불안하고 불결한 주택을 보고 우리는 실망했습니다.

urban
[ə́:rbən]

a. 도시의, 도회지에 사는

These gadgets were made to fit your **urban** lifestyle.

- gadget [gǽdʒit] n. 장치, 도구, 묘안

이 장치들은 당신의 도시 생활방식에 맞게 만들어졌습니다.

기후와 환경에 관련된 단어

- 우박 hail [heil]
- 습한 humid [hjúːmid]
- 산성비 acid rain [ǽsid] [rein]
- 억수같이 쏟아지는 torrential [tɔːrénʃəl]
- 소나기 rain shower [rein] [ʃáuər]
- 폭풍우 rainstorm [reinstɔːrm]
- 뇌우 thunderstorm [θʌndərstɔ́ːrm]
- 가뭄 drought [draut]
- 폭풍의 stormy [stɔ́ːrmi]
- 폭풍 windstorm [wíndstɔ̀ːrm]
- 한파 cold wave [kould] [weiv]
- 무더위 heat wave [hiːt] [weiv]
- 폭염 scorching heat wave
  [skɔ́ːrʧiŋ] [hiːt] [weiv]
- 열대야 tropical night [trǽpikəl] [nait]
- 혹한의 freezing [fríːziŋ]
- 눈보라 blizzard [blízərd]
- 호우 downpour [daun] [pɔːr]

- 흐린 hazy [héizi]
- 오존층 ozone layer [óuzoun] [léiər]
- 방사능 낙진 radioactive fallout
  [réidiòuǽktiv] [fɔːlaut]
- 방사능 대피시설 fallout shelter
  [fɔːlaut] [ʃéltər]
- 화산폭발 volcanic eruption
  [vɔlkǽnik] [irʌ́pʃən]
- 지진 earthquake [əːrθkweik]
- 쓰나미 tsunami [tsunáːmi]
- 지진의 seismic [sáizmik]
- 눈사태 avalanche [ǽvəlænʧ]
- 산사태 landslide [lǽndslaid]
- 섭씨 Celsius/centigrade
  [sélsiəs/séntəgrèid]
- 화씨 Fahrenheit [fǽrənhàit]
- $°C = (°F - 32) \times 5/9$

다음에 해당하는 단어를 쓰시오.

- 할당, 배당, 배치: all   allocation
- 생활 편의시설, 상냥함, 쾌적함, 예의: am   amenity
- 해마다: an   annually
- 건축사, 설계사, 건설자: ar   architect
- 아치길, 아치 아래의 통로: arc   archway
- 비대칭적인, 불균형의: asy   asymmetric
- 폭파하다, 쏘다, 관통하다: bl   blow up
- 벽돌, 집짓기, 흑평: br   brick
- 건폐율: bui   building coverage
- 더럽히다, 오염시키다: con   contaminate
- 안뜰, 안마당: cou   courtyard
- 동물, 어떤 사람, 창조물, 생명이 있는 존재: cr   creature
- 밀집상태, 밀도, 아둔함, 조밀함: den   density
- 보증금, 예금, 공탁금, 계약금, 퇴적물, 저장소, 예금하다, 맡기다: de   deposit
- 분배하다, 조제하다, 나누어주다, 베풀다: dis   dispense
- 거주를 정하다, 살다, 거주지: do   domicile
- 위험에 처한, 멸종될 위기에 이른: en   endangered
- 환경, 포위, 둘러쌈: en   environment
- 확립된, 인정된, 만성의, 국교의: est   established
- 여과, 필터, 거르개: fi   filtering
- 평면도: flo   floor plan
- 예측, 예보, 예측하다: fo   forecast
- 가구의 비치, 가구, 비품, 가구회사: fu   furnishing
- 지리학의, 지리적인: geo   geographic
- 자갈: gr   gravel
- 처음의, 최초의, 고유명사의 머리글자, 머리글자를 넣다: in   initial
- 기상의, 기상학의: mete   meteorological
- 차지하다, 사용하다, 점령하다, 전념하다, 종사하다: oc   occupy
- 배관, 급수, 배관공사, 수심측량: pl   plumbing
- 오염물질: pol   pollutant
- 강수량, 투하, 낙하, 돌진, 경솔, 침전: pre   precipitation
- 토지, 집과 대지: pre   premises
- 개인 주택: pri   private residence
- 진척시키다, 촉진하다, 장려하다, 승진시키다: pr   promote
- 증거(물), 증명, 입증: pr   proof

- 재산, 소유물, 부동산, 소유권: pr — property
- 자격을 따다, 적격이 되다, 자격을 주다, 적합하게 하다: qu — qualify
- 부동산, 토지, 집: r　　e — real estate
- 재건하다, 다시 짓다: reb — rebuild
- 수리하다, (반응을) 회복시키다: rec — recondition
- 지방, 지역, 영역, 부위, 구(區): re — region
- 재개발, 재정비, 부활, 소생: ren — renewal
- 거주용, 주거의, 숙박 설비가 있는: re — residential
- 지붕, 옥상, 지붕의, 옥상의: roo — rooftop
- 보안, 방위, 안전, 무사, 유가증권: se — security
- 하수구: se — sewer
- 그늘, 그늘지게 하다, 조금씩 변하다, 연해가다: sh — shade
- 보호된, 보호의: she — sheltered
- 내진성의: sho — shockproof
- 태양열 발전: s　　p — solar power
- 세입자, 거주자, 소작인: te — tenant
- 임자 없는, 사람이 살고 있지 않은, 할 일이 없는, 한가한: uno — unoccupied
- 비위생적인, 건강에 좋지 않은, 불결한: uns — unsanitary
- 도시의, 도회지에 사는: urb — urban

복습 문제 1-5

다음 설명에 맞는 단어를 보기에서 찾으시오.

1. oily in appearance, texture, or manner
2. to convey from one person, place, or situation to another
3. a sudden occurrence of many things at once
4. a separate division or section
5. to prepare and distribute

보기   a. compartment   b. dispense   c. transfer   d. greasy   e. flurry

다음 빈칸에 적절한 단어를 보기에서 찾으시오.

6. Where can I find a _____ telephone?
7. I want to buy small kitchen appliances and cooking _____.
8. I would like to confirm my _____ for April 1 through 7.
9. The view from the castle was _____.
10. Kimchi and bulgogi are Korean _____ foods.

보기   a. utensils   b. reservation   c. magnificent   d. traditional   e. public

문장의 밑줄 친 부분의 의미에 가까운 단어를 보기에서 찾으시오.

11. The area has lots of traffic congestion and commuting is stressful.
12. Our flight attendants will be distributing headphones in a moment.
13. I encourage you to try our cuisine and experience our award-winning food.
14. We will save you up to 80 percent on international phone calls, while giving you maximum clarity and dependability.
15. Solar power is heavily promoted as a clean and renewable source of energy.

보기   a. cooking   b. jam   c. reliability   d. giving   e. encouraged

다음 문장을 해석하시오

16. I need easy vegetarian recipes for campers.

17. Our concierge team is more than happy to recommend tourist activities.

18. Our customers often remark on the promptness of our staff.

19. I usually shop during off-peak times.

20. The tornado blew up ahouse with a direct hit.

다음 문장을 작문하시오.

21. 제 남편은 스테이크를 살짝만 익히도록 주문했어요.

22. 표를 꺼내 검표를 준비해 주세요.

23. 탁자가 방의 대부분을 차지하는 것처럼 보였습니다.

24. 무언가를 살 때마다 그녀는 지나치게 신중해집니다.

25. 우리에겐 정말로 이 유기농 통조림 수프가 너무 많이 쌓여 있어요.

25. We are really overstocked with these organic canned soups.
24. Whenever she buys something, she gets overly cautious.
23. The table seemed to occupy most of the room.
22. Please have your tickets out and ready for inspection.
21. My husband ordered his steak rare.

20. 토네이도가 직격으로 집을 날려버렸습니다.
19. 저는 대개로 한산한 때 장을 봅니다.
18. 우리 고객들은 자주 지원의 기민함에 대해 좋은 말씀을 하십니다.
17. 우리 컨시어지 팀은 관광 활동을 기꺼이 추천해 드립니다.
16. 저는 야영객들을 위한 쉬운 채식주의자용 조리법이 필요합니다.

9. c   10. d   11. b   12. d   13. a   14. c   15. c
1. d   2. c   3. c   4. a   5. b   6. c   7. a   8. b

정답

6. 인체와 건강, 의약에 관련된 어휘 A

antibiotic
[æ̀ntibaiátik]

a. 항생의, 항생물질의 n. 항생제

Some **antibiotics** are considered safe during pregnancy.
- consider [kənsídər] vt. 간주하다
- pregnancy [prégnənsi] n. 임신
어떤 항생제는 임신 중에도 안전한 것으로 간주됩니다.

appendix
[əpéndiks]

n. 맹장, 충수, 부록

The doctor removed Robert's **appendix**.
그 의사는 로버트의 맹장을 잘라냈습니다.

avian
[éiviən]

a. 조류의, 새의

The Asia-Pacific nations will take part in an exercise to prevent the spread of **avian** flu.
- Asia-Pacific 아시아 태평양 지역의
- take part in ~에 참여하다
- exercise [éksərsàiz] n. 행사, 실습, 운동, 활용, 예배, 식
- flu [flu:] n. 인플루엔자, 독감
    exp. influenza
- avian flu 조류 독감
그 아시아 태평양 국가들은 전염성 조류 독감의 확산 방지를 위한 행사에 참석할 것입니다.

cancer
[kǽnsər]

n. 암, 암종

She received an award for her notable achievements in **cancer** research.
- receive [risí:v] vt. 받다, 수령하다, 수용하다, 맞이하다, 접대하다
- award [əwɔ́:rd] n. 상 vt. 수여하다, 지급하다
- notable [nóutəbl] a. 주목할 만한, 유명한, 감지할 수 있는
  n. 유명한 사람, 명사
- achievement [ətʃí:vmənt] n. 성취, 업적, 학력

그녀는 암 연구에서 주목할 만한 성과로 상을 받았습니다.

chronic
[kránik]

a. 만성의, 오래 끄는, 상습적인 n. 만성병 환자

She has had a **chronic** cough for two months.
- cough [kɔ(:)f] n. 기침

그녀는 두 달간 만성적인 기침을 하고 있습니다.

consequently
[kánsikwèntli]

ad. 그 결과, 따라서

She lost a lot of weight and **consequently** felt better.
- weight [weit] n. 무게, 체중, 부담, 무거운 짐, 압박
- feel better 기분이 나아지다

그녀는 체중을 많이 감량했고 그 결과 기분이 나아졌습니다.

consider
[kənsídər]

vt. 고려하다, 간주하다, 숙고하다

Please **consider** purchasing a high-quality home blood pressure monitor.
- purchase [pɔ́:rtʃəs] vt. 사다, 구입하다 n. 구매
- high-quality a. 고품질의, 품질 좋은
- blood pressure 혈압
- monitor [mánitər] n. 기록장치, 탐지장치, 감독자

부디 고품질 혈압계 구입을 고려해 주세요.

consumption
[kənsʌ́mpʃən]

n. 소비, 소모, 폐결핵

Obesity and diabetes are linked to soda **consumption**.
  - obesity [oubí:səti] n. 비만, 비대
  - diabetes [dàiəbí:tis] n. 당뇨병
  - be linked to ~와 연관되다
  - soda [sóudə] n. 탄산수, 소다수, 소다
비만과 당뇨는 탄산수 소비와 연관됩니다.

Tuberculosis has been called **consumption**, as it seemed to consume people from within.
  - tuberculosis [tjubə̀:rkjəlóusis] n. 결핵, 특히 폐결핵
          ab. TB
  - consume [kənsú:m] vt. 소진시키다, 소모하다,
                낭비하다, 다 태워버리다
  - from within 안에서부터, 내부에서부터
폐결핵은 사람을 안에서부터 소진시키는 듯 보였기 때문에 소모를 뜻하는 컨섬션이라 불렸습니다.

diagnosis
[dàiəgnóusis]

n. 진단, 원인분석, 식별
pl. diagnoses

Around the time of the **diagnosis** of her dementia, she underwent a surgical operation.
  - dementia [diménʃə, -ʃiə] n. 치매
  - undergo-underwent-undergone
    vt. 받다, 입다, 경험하다, 당하다
  - surgical operation [sə́:rdʒikəl] [ɑ̀pəréiʃən] 수술
치매를 진단받은 그 즈음에 그녀는 수술을 받았습니다.

donor
[dóunər]

n. 기부자, 기증자, 헌혈자, 제공자
opp. donee vt. donate n. donation 기부

We need a **donor** to perform the transplant program.
그 이식 프로그램을 이행하기 위해서는 기증자가 필요합니다.

Children should honor father's wishes about kidney **donation**.
- wish [wiʃ] n. 희망, 소망, 요청
            vt. 바라다 vi. 기원하다(for)
- honor [ánər] vt. 존중하다 n. 명예
- kidney [kídni] n. 사람의 신장, 동물의 콩팥, 성질
자녀들은 부친의 신장 기증 의사를 존중해야만 합니다.

dose
[dous]

n. 1회분 복용량

The doctor prescribed a low **dose** of estrogen.
- prescribe [priskráib] vt. 처방하다
- estrogen [éstrədʒən] n. 여성호르몬
그 의사는 저용량의 여성호르몬을 처방했습니다.

emergency
[imə́:rdʒənsi]

n. 응급상황, 비상사태

If you have a medical **emergency**, please call First Aid Center or 911.
- medical [médikəl] a. 의료적
  medicine [médəsən] n. 약, 의학, 치료, 주술
- First Aid Center 응급 의료 센터
의료적인 응급상황을 맞으면 응급 의료 센터나 911로 전화하세요.

fatigue
[fətí:g]

n. 피로, 피곤 a. 잡역의, 작업의

There are various factors responsible for people feeling **fatigue**.

- factor [fǽktər] n. 인자, 요인
- be responsible for ~에 책임이 있다, ~의 원인이 되다

사람들이 피곤을 느끼게 되는 데는 여러 요인이 있습니다.

immune
[imjú:n]

a. 면역의, 면제의 n. 면역자, 면제자

Exercise may have influence on your **immune** system.

- exercise [éksərsàiz] n. 운동
- have influence on ~에 영향을 주다

운동은 당신의 면역체계에 영향을 줄 수 있습니다.

inhalation
[ìnhəléiʃən]

n. 흡입, 흡입제

The doctor describes asthma medications delivered by **inhalation**.

- asthma [ǽzmə] n. 천식
- medication [mèdəkéiʃən] n. 투약, 약물치료
- deliver [dilívər] vt. 뿜어내다, 가하다, 사출하다,
   배달하다, 주다

의사는 흡입제로 투여되는 천식 치료제에 대해 설명했습니다.

medicinal
[mədísənəl]

a. 의약의, 약효가 있는, 병을 고치는

Walnuts and tomatoes are considered as **medicinal** foods.

- walnut [wɔ́:lnʌt] n. 호두

호두와 토마토는 약용 식품으로 간주됩니다.

misuse

n. [misjú:s] 오용 vt. [misjú:z] 오용하다, 남용하다

Drug **misuse** can be a serious problem not only for the misuser but also for the family.
 - drug [drʌg] n. 약물
 - serious [síəriəs] a. 심각한
 - misuser [misjú:zər] n. 오남용자
약물 오남용은 오남용자뿐 아니라 가족에게도 심각한 문제가 될 수 있습니다.

mitigate
[mítəgèit]

vt. 완화하다

If you are interested in how exercise **mitigates** your pain, consult your doctor about setting up an exercise program.
 - be interested in ~에 흥미를 가지다
 - consult [kənsʌ́lt] vt. vi. 의뢰하다, 협의하다, 참고하다
　　　　　　　n. 상담, 협의
 - set up 세우다, 제안하다, 올리다, 걸다
운동이 통증을 완화시키는 법에 관심이 있다면, 운동 프로그램을 만드는 것에 대해 의사와 상의하십시오.

moderate
[mádərèit]

a. 적절한, 온건한, 삼가는, 웬만한, 보통의
n. 온건주의자, 중간파 vt. 절제하다, 완화하다
vi. 누그러지다, 조용해지다

Moderate amount of sleep helps you look and feel better.
 - amount [əmáunt] n. 양, 총액, 합계
적절한 수면의 양은 당신이 더 멋져 보이고 기분 좋아지게 도와줍니다.

nursing
[nə́:rsiŋ]

a. 수유하는, 간호하는 n. 보육, 간호

She attended online **nursing** school and got a
nursing degree.
- attend [əténd] vt. 출석하다
- online [ánláin] a. 온라인의 ad. 인터넷으로
- degree [digrí:] n. 학위

그녀는 온라인으로 간호학교에 출석했고 간호 학위를
취득했습니다.

paralysis
[pərǽləsis]

n. 마비, 불수, 무기력, 정체

The patient has experienced temporary **paralysis**
during panic attacks.
- patient [peiʃənt] n. 환자 a. 인내심 강한
- temporary [témpəreri] a. 일시의, 임시의
  n. 임시변통, 임시고용인
- panic attack [pǽnik] [ətǽk] 공황발작

그 환자는 공황발작 중에 일시적인 마비를
경험했습니다.

pharmaceutical
[fὰ:rməsú:tikəl]

a. 제약의, 약제의 n. 조합약, 제약
syn. pharmaceutic

The section has described main problems
associated with **pharmaceutical** registration and
production.
- section [sékʃən] n. 항목, 구역, 부문, 구획, 절단
- describe [diskráib] vt. 설명하다, 기술하다, 묘사하다,
  그리다
  n. description a. descriptive
- registration [rèdʒəstréiʃən] n. 등록, 등기, 기입
  vt. register
  cf. registrar [rédʒistrὰ:r] n. 기록계원, 등기 담당관,
  사무계, 접수계

그 항목은 약제의 등록과 생산에 관련된 주요 문제들을
서술하고 있습니다.

physician
[fizíʃən]

n. 의사, 내과의사
cf. physicist 물리학자

Lily Williams has finished her internship at Parkland Hospital and is now working as a **physician** in a private practice.
- private practice 개인병원, 개업 의원

릴리 윌리엄스는 파크랜드 병원에서 인턴을 마쳤고 지금 개인병원에서 의사로 일하고 있습니다.

reflection
[riflékʃən]

n. 거울 등에 비친 영상, 숙고, 반영, 반사, 사상

A woman is looking at her **reflection**.
한 여자가 자신의 영상을 보고 있습니다.

remedy
[rémədi]

n. 치료, 의약, 구제책, 배상

He reported natural **remedies** for several diseases and disorders.
- report [ripɔ́:rt] vt. 보고하다
- natural [nǽtʃərəl] a. 자연적인, 천연의, 자연스러운
- disease [dizí:z] n. 질병
- disorder [disɔ́:rdər] n. 질환, 장애

그는 몇몇 질병과 질환에 대해 천연 치료법을 보고했습니다.

routine
[ru:tí:n]

a. 정기적인 n. 판에 박힌 일, 일상, 통로

We recommend **routine** dentist visits to maintain good dental health.
- recommend [rèkəménd] vt. 추천하다
                            n. recommendation
- maintain [meintéin] vt. 지속하다, 간수하다, 보유하다
- dental health [déntl] [helθ] 치아 건강

우리는 양호한 치아 건강을 유지하기 위해 정기적인 치과 방문을 권장합니다.

similar
[símələ:r]

a. 비슷한, 유사한

Soy contains two substances that are **similar** to estrogen.

- soy, soybean 콩
- contain [kəntéin] vt. 담고 있다, 포함하다, 억누르다, 참다
- substance [sʌ́bstəns] n. 물질, 요지, 실질, 요점
  a. substantial 실속이 있는, 내용이 풍부한
- estrogen [éstrədʒən] n. 여성호르몬

콩은 여성호르몬과 유사한 두 가지 물질을 갖고 있습니다.

surgical
[sə́:rdʒikəl]

a. 외과의, 수술의
n. surgery 수술, surgeon 외과의사

The **surgical** operation resulted in success.

- operation [à:pəréiʃn] n. 수술
- result in 결과를 낳다
- success [səksés] n. 성공

수술은 성공적으로 되었습니다.

Appendectomy is apparently considered to be the most common emergency **surgery** in the world.

- appendectomy [æ̀pəndéktəmi] n. 충양돌기 절제 수술, 맹장수술
- apparently [əpǽrəntli] ad. 일견, 언뜻 보기에, 외관상으로
- consider [kənsídər] vt. 간주하다, 숙고하다, 고려하다
- common [kámən] a. 보편적인, 공유하는, 공통의
- emergency [imə́:rdʒənsi] n. 응급, 위급, 비상사태

충양돌기 절제 수술은 일견 세계에서 가장 흔한 응급 수술로 간주됩니다.

symptom
[símptəm]

n. 증상

This is the information about stomach cancer **symptoms**, causes and stages.

 - stomach cancer [stʌ́mək] [kǽnsər] 위암

이것은 위암의 증상, 원인, 그리고 단계에 관한 정보입니다.

typically
[típikəli]

ad. 대개, 일반적으로, 전형적으로, 특징적으로, 늘 그렇듯이

Growing pains **typically** end by the teen years.

 - growing pains 성장통
 - teen years 십대(주로 13-19세 thirteen-nineteen)

성장통은 십대 무렵 대개 없어집니다.

volunteer
[vὰləntíər]

a. 자발적인, 자원해서 봉사하는
n. 지원자, 독지가, 자원자
vt. vi. 자원봉사하다, 자진하다, 지원하다

Volunteer doctors are offering free Pap tests.

 - Pap test 세포 검사

자원봉사 의사들이 무료 세포 검사를 제공하고 있습니다.

She **volunteers** in the kitchen at the local community center several times a year.

그녀는 지역 문화센터의 주방에서 1년에 몇 번씩 자원봉사를 합니다.

병명

- 감기 cold [kóʊld]
- 독감 influenza [ìnfluénzə]
- 폐렴 pneumonia [njumóuniə]
- 천식 asthma [ǽzmə]
- 홍역 measles [mí:zəlz]
- 유행성 이하선염 mumps [mʌmps]
- 고혈압 hypertension [háipərtènʃən]
- 저혈압 hypotension [hàipətènʃən]
- 관절염 arthritis [ɑ:rθráitis]
- 류마티스 관절염 rheumatoid arthritis
  [rú:mətɔid] [ɑ:rθráitis]
- 결막염 conjunctivitis [kəndʒʌŋktəváitis]
- 뇌염 encephalitis [insèfəláitis]
- 일사병 sunstroke [sʌnstròuk]
- 열사병 heatstroke [hí:tstròuk]
- 동상 frostbite [frɔ́:stbàit]
- 정신병 psychosis [saikóusis]
- 치매 dementia [diménʃiə]
- 백혈병 leukemia [lu:kí:miə]
- 건강염려증 hypochondria [hàipəkándriə]

- 우울증 depression [dipréʃən]
- 과대망상증 delusion [dilú:ʒən]
- 치질 hemorrhoids [hémərɔ̀idz]
- 소화불량 dyspepsia [dispépʃə]
  indigestion [indidʒéstʃən]
- 식욕부진 anorexia [æ̀nəréksiə]
- 식중독 food poisoning [fu:d] [pɔ́izəniŋ]
- 충치 cavity [kǽvəti]
- 귀앓이 earache [íərèik]
- 탈골 disarticulation [disɑ:rtikjəléiʃən]
- 골절 fracture [frǽktʃə:r]
- 접질림 sprain [sprein]
- 불면증 insomnia [insɑ́mniə]
- 기억상실증, 건망증 amnesia [æmní:ʒə]
- 마비 paralysis [pərǽləsis]
- 졸도 fainting [féintiŋ]
- 혼수상태 coma [kóumə]
- 뇌사상태 brain death [brein] [deθ]
- 변비 constipation [kànstəpéiʃən]
- 설사 diarrhea [daiərí:ə]

신체부위

- 심장 heart [hɑ:rt]
- 간 liver [lívər]
- 위 stomach [stʌ́mək]
- 대장 large intestine [lɑ:rdʒ] [intéstin]
- 소장 small intestine [smɔ:l] [intéstin]
- 십이지장 duodenum [djù:oudí:nəm]
- 직장 rectum [réktəm]
- 항문 anus [éinəs]
- 관절 joint [dʒɔint]
  articulation [ɑ:rtìkjəléiʃən]
- 뼈 bone [boun]

- 골격 skeleton [skélətn]
- 손바닥 palm [pɑ:m]
- 손등 the back of the hand
- 치아 tooth [tu:θ] pl. teeth [ti:θ]
- 어금니 moral tooth [móulər] [tu:θ]
- 송곳니 cuspid [kʌ́spid]
- 앞니 front tooth [frʌnt] [tu:θ]
  foretooth [fɔ́:rtu:θ]
  incisor [insáizər]
- 손톱 fingernail [fíŋgərnèil]
- 발톱 toenail [tóunèil]

- 발바닥 sole [soul]
- 발목 ankle [ǽŋkl]
- 손목 wrist [rist]
- 팔꿈치 elbow [élbou]
- 발등 instep [ínstep̀]
- 정강이 shin [ʃin]

- 종아리 calf [kæf, kɑ:f]
- 허벅지 thigh [θai]
- 고관절 hip joint [hip] [dʒɔint]
- 허리 waist [weist]
- 등 back [bæk]
- 척추, 등뼈 spine [spain]

통증호소

- 아프다 hurt (사람)
  eg. Which tooth hurts you?
- (사람) feel (have) pain in
  eg. I have pain in my stomach.
- 쑤시면서 저리다 (사람) feel pain in
  eg. She felt pain in her joint.
- 저려서 따끔거리다 have pins and needles
  eg. The old man has pins and needles
  in his legs.
- 쥐가 나듯 저리다 be asleep
  eg. My feet are asleep.
- 추워서 저리다 be numb with
  eg. My hands and legs are numb
  with cold.

- 치통 toothache [tu:θèik]
- 복통 stomachache [stʌ́məkèik]
- 두통 headache [hédèik]
- 요통 back pain [bæk] [pein]
  backache [bǽkèik]
- 생리통 menstrual pain [ménstruəl] [pein]
- 산고 labor pains [léibər] [peinz]
  birth pangs [bə:rθ] [pæŋz]
- ~을 앓고 있다
  (사람) suffer from 병명
  (사람) have a 병명
  eg. He has a toothache. She suffers
  from back pain.

다음에 해당하는 단어를 쓰시오.

- 항생의, 항생물질의, 항생제: ant   antibiotic
- 맹장, 충수, 부록: ap   appendix
- 조류의, 새의: av   avian
- 암, 암종: c   cancer
- 만성의, 오래 끄는, 상습적인, 만성병 환자: chr   chronic
- 그 결과, 따라서: con   consequently
- 고려하다, 간주하다, 숙고하다: con   consider
- 소비, 소모, 폐결핵: con   consumption
- 진단, 원인분석, 식별: dia   diagnosis
- 기부자, 기증자, 헌혈자, 제공자: do   donor
- 1회분 복용량: d   dose
- 응급상황, 비상사태: em   emergency
- 피로, 피곤, 잡역의, 작업의: fat   fatigue
- 면역의, 면제의, 면역자, 면제자: im   immune
- 흡입, 흡입제: inh   inhalation
- 의약의, 약효가 있는, 병을 고치는: med   medicinal
- 오용, 오용하다, 남용하다: mis   misuse
- 완화하다: mit   mitigate
- 적절한, 온건한, 삼가는, 온건주의자, 누그러지다: mo   moderate
- 수유하는, 간호하는, 보육, 간호: nur   nursing
- 마비, 불수, 무기력, 정체: par   paralysis
- 제약의, 약제의, 조합약, 제약: phar   pharmaceutical
- 의사, 내과의사: ph   physician
- 거울 등에 비친 영상, 숙고, 반영, 반사, 사상: re   reflection
- 치료, 의약, 구제책, 배상: rem   remedy
- 정기적인, 판에 박힌 일, 일상, 통로: ro   routine
- 비슷한, 유사한: si   similar
- 외과의, 수술의: su   surgical
- 증상: sym   symptom
- 대개, 일반적으로, 전형적으로, 특징적으로, 늘 그렇듯이: typ   typically
- 자발적인, 지원자, 독지가, 자원봉사하다: vol   volunteer

7. 인체와 건강, 의약에 관련된 어휘 B

aggravate
[ǽgrəvèit]

vt. 악화시키다

We are trying to discover all **aggravating** factors associated with heart disease.

- discover [diskʌ́vər] vt. vi. 발견하다
- factor [fǽktər] n. 요소, 인자
- associated with ~와 연관된
- heart disease [hɑːrt] [dizíːz] 심장질환

우리는 심장질환을 악화시키는 것과 관련된 모든 인자를 발견하기 위해 노력 중입니다.

aggressive
[əgrésiv]

a. 적극적인, 공격적인, 침략적인, 호전적인

The women receive **aggressive** breast cancer treatment based on their diagnosis and evaluation of biopsy results.

- receive [risíːv] vt. vi. 받다
- breast cancer [brest] [kǽnsər] 유방암
- based on ~에 바탕을 둔, ~을 토대로 한
- diagnosis [dàiəgnóusis] n. 진단
- evaluation [ivæ̀ljuèiʃən] n. 평가
- biopsy [báiɑpsi] n. 생체조직 현미경 검사, 생검법

그 여성들은 진단과 생검법 결과 평가를 토대로 적극적인 유방암 치료를 받았습니다.

aging
[éidʒiŋ]

a. 나이가 들어가는 n. 노화, 숙성, 나이 먹음

If you can deny **aging**, you may feel that you can deny death as well.

- deny [dinái] vt. 부정하다, 부인하다, 거절하다, 물리치다, 믿지 않다

당신이 노화를 물리치면 죽음 역시 물리칠 수 있다고 느낄 수도 있을 것입니다.

ailment
[éilmənt]

n. 만성병, 불안정

In many cases, fatigue is not linked to an **ailment**.

- fatigue [fətí:g] n. 피로

많은 경우에 피로는 만성병과 연관되지 않습니다.

allergic
[əlɔ́:rdʒik]

a. 알레르기가 있는, 몹시 싫은

She described her body's **allergic** reaction to seasonal allergens in the air.

- describe [diskráib] vt. 설명하다, 묘사하다
- reaction [ri:ǽkʃən] n. 반응
- seasonal [sí:zənəl] a. 계절의, 주기적인
- allergen [ǽlərdʒèn] n. 알레르기 유발 물질

그녀는 공기 중에 계절성 알레르기 유발 물질에 대한 자신의 알레르기 반응을 설명했습니다.

coherent
[kouhíərənt]

a. 분명한, 조리 있는, 이치가 닿는

Patients with cancer are subjected to blood tests, but there is no **coherent** accord on how frequently the tests should happen.

- cancer [kǽnsər] n. 암
- be subjected to ~하기 쉬운, ~을 필요로 하는
  ~을 받지 않으면 안 되는
- blood test [blʌd] [test] 피검사
- accord [əkɔ́:rd] n. 일치, 조화, 협정, 강화
- frequently [frí:kwəntli] ad. 빈번하게

암 환자는 피검사를 받아야 하지만, 그 검사가 얼마나 자주 있어야 하는지에 대해서는 분명히 일치된 바가 없습니다.

contagious
[kəntéidʒəs]

a. 전염성의

The disease is highly **contagious** and can spread by contact via any bodily fluid.

- spread [spred] vi. 확산되다, 퍼지다 vt. 퍼뜨리다
- by contact 접촉으로
- via [váiə, ví:ə] prep. ~을 매개로 하여, ~을 거쳐,
  ~을 경유하여
- bodily fluid [bádəli] [flú:id] 체액

그 질병은 매우 전염성이 높아 어떤 체액을 매개로 접촉해도 확산될 수 있습니다.

dehydration
[di:haidréiʃən]

n. 탈수증

Dehydration can be caused by excessive use of alcohol and caffeine.

- be caused by ~에 의해 초래되다, ~에 의해 야기되다
- excessive [iksésiv] a. 과도한

탈수증은 알코올이나 카페인의 과도한 사용에 의해 초래될 수 있습니다.

endeavor
[endévər]

vt. vi. 노력하다 n. 노력

Even in a hopeless case, we should **endeavor** to prolong life.
- hopeless [hóuplis] a. 가망 없는, 절망적인
- prolong [proulɔ́:ŋ] vt. 늘이다, 연장하다, 오래 끌다

절망적인 경우에라도, 우리는 생명을 연장하도록 노력해야만 합니다.

expedite
[ékspədàit]

vt. 재촉하다, 촉진하다, 파견하다, 급송하다

Can technology **expedite** the colon cancer screening process?

기술로 대장암 검진 과정이 촉진될 수 있을까요?

fitness
[fítnis]

n. 적절, 적합성, 타당성, 건강, 건강상태

Lancaster **Fitness** Center provides a complete solution for you to reach your weight loss and health goals.
- provide [prəváid] vt. 제공하다 vi. 대비하다
- complete solution [kəmplí:t] [səlú:ʃən]
  　　　　완전한 해결책
- weight loss [weit] [lɔ(:)s] 체중 감량
- health goal [helθ] [goul] 건강 목표

랭커스터 운동센터는 당신이 원하는 체중 감량과 건강 목표에 도달할 수 있도록 완전한 해결책을 제공합니다.

genetic research
[dʒinétik] [risɔ́:rtʃ]

유전학적 연구

There is some **genetic research** going on to solve causes of human obesity.
- go on 진행되다
- cause [kɔ:z] n. 원인 vt. 초래하다
- obesity [oubí:səti] n. 비만

인간의 비만에 대한 원인을 찾기 위해서 몇몇 유전학적 연구가 진행되고 있습니다.

germ
[dʒəːrm]

n. 세균

Even after brushing the teeth, many **germs** are still left in your mouth.

- brush the teeth 이를 닦다

이를 닦고 난 후에도 많은 세균들이 여전히 당신의 입 안에 남아 있습니다.

hiccup
[híkʌp]

n. 딸꾹질

It is not true that surprising the person with **hiccup** will help it disappear.

- surprise [sərpráiz] vt. 놀라게 하다 n. 놀람
- disappear [dìsəpíər] vi. 사라지다

딸꾹질을 하는 사람을 놀라게 하는 것이 딸꾹질을 사라지도록 돕는다는 것은 사실이 아닙니다.

hold a blood drive

헌혈 캠페인을 벌이다

Our high school **held a blood drive** last week.

우리 고등학교는 지난주에 헌혈 캠페인을 벌였습니다.

hygiene
[háidʒiːn]

n. 위생

She pays very careful attention to her personal **hygiene**.

- careful [kɛ́ərfəl] a. 꼼꼼한, 신중한, 주의 깊은
- attention [əténʃən] n. 주의

그녀는 개인위생에 매우 세심한 주의를 기울입니다.

imminent

[ímənənt]

a. 절박한, 급박한

Although no leukemia cells were seen, leukemic relapse seemed **imminent**.

- leukemia [lu:kí:miə] n. 백혈병

        a. leukemic 벽혈병의

- cell [sel] n. 세포
- relapse [rilǽps] n. 재발, 타락, 거슬러 올라감

백혈병 세포가 보이지는 않았지만 백혈병 재발이 임박해 보였습니다.

infectious disease

[infékʃəs] [dizí:z]

전염병, 감염성 질환

Common **infectious diseases** are tuberculosis, malaria, and AIDS.

- common [kámən] a. 흔한
- tuberculosis [tjubə̀:rkjəlóusis] n. 결핵

흔한 감염성 질환은 결핵, 말라리아, 그리고 에이즈가 있습니다.

injection

[indʒékʃən]

n. 주입, 주사, 투입

This is a leukemia patient who has to be given a chemotherapy **injection**.

- leukemia [lu:kí:miə] n. 백혈병
- chemotherapy [kèmouθérəpi] n. 화학요법

이 분은 화학요법 주사치료를 받아야 할 백혈병 환자입니다.

intoxication
[intὰksikéiʃən]

n. 중독, 흥분, 도취

People who suffer from alcohol **intoxication** exhibit loose muscle tone.

- exhibit [igzíbit] vt. 전시하다, 나타내다
  vi. 전람회를 열다, 출품하다
- loose [lu:s] a. 느슨한, 엉성한, 헐거운
- muscle tone [mʌ́səl] [toun] 근긴장도

알코올 중독으로 고생하는 사람들은 근긴장도가 약한 것으로 나타납니다.

latent
[léitənt]

a. 숨어 있는, 잠재된, 잠복성의

Some people with **latent** tuberculosis infection may develop the active disease later in their lives.

- tuberculosis [tjubɔ̀:rkjəlóusis] n. 결핵
- infection [infékʃən] n. 감염
- develop [divéləp] vt. 발전시키다, 개발하다
  vi. 나타나다, 발생하다
- active disease [ǽktiv] [dizí:z] 활동성 질환

잠복성 결핵 감염이 있는 사람은 차후에 활동성 질환이 생길 수 있습니다.

legible
[lédʒəbəl]

a. 읽기 쉬운, 훤히 알 수 있는, 명료한

As instruction can have serious consequences for the patient, it must be **legible**.

- instruction [instrʌ́kʃən] n. 설명서, 지시사항,
  취급 안내서, 교훈, 훈련
- serious [síəriəs] a. 심각한
- consequence [kánsikwèns] n. 결과

설명서는 환자에게 심각한 결과를 가져올 수 있으므로 읽기 쉬워야 합니다.

life expectancy
[laif] [ikspéktənsi]

기대 수명, 평균 수명

This study will show you how your family history
and personal lifestyle affect your **life expectancy**.

- family history [fǽməli] [hístəri] 가족력
- personal lifestyle [pə́:rsənəl] [láifstàil]
  개인적인 생활방식,
  자신만의 삶의 방식
- affect [əfékt] vt. 영향을 주다

이 연구는 가족력과 개인의 생활방식이 당신의 기대
수명에 어떤 영향을 미치는지를 보여 줄 것입니다.

life span
[laif] [spæn]

수명

Human **life span** has increased over the years.

- increase [inkrí:s] vi. 증가하다, 증진하다
  vt. 늘리다, 증대하다

인간의 수명은 여러 해에 걸쳐 증가해 왔습니다.

lose one's temper
[témpə:r]

화를 내다, 울화통을 터뜨리다

Whenever he **loses his temper**, his blood pressure
shoots up.

- blood pressure [blʌd] [préʃər] 혈압
- shoot up 치솟다, 급등하다, 마구 쏘아대다

화를 낼 때마다 그의 혈압이 치솟습니다.

ointment
[ɔ́intmənt]

n. 연고

This scar care **ointment** is particularly useful for
children and women.

- scar [skɑ:r] n. 상처

이 상처치료 연고는 아동과 여성에게 특히 유용합니다.

overdose
[óuvərdòus]

n. 과다 복용

Vitamin **overdose** can lead to toxity and other health problems.

   - toxity [táksəti] n. 독성

비타민 과다 복용은 독성과 다른 건강상의 문제를 야기할 수 있습니다.

overtime work
[óuvərtàim] [wəːrk]

초과근무, 과로
syn. overwork
cf. death from overwork 과로사

There are many studies suggesting a high risk of cardiovascular problems with excess **overtime work**.

   - suggest [səgdʒést] vt. 제안하다, 암시하다, 시사하다
   - cardiovascular [kὰːrdiouvǽskjələr] a. 심혈관의
   - excess [iksés] a. 과도한, 제한초과의, 여분의, 지나친
                n. 잉여, 과다

지나친 과로로 심혈관 질환의 위험성이 높아질 수 있음을 시사하는 연구들이 많이 있습니다.

painkiller
[péinkìlər]

n. 진통제

Finding the right **painkiller** for a headache is rather difficult.

   - headache [hédèik] n. 두통

두통에 적합한 진통제를 찾는 것은 상당히 어렵습니다.

perspire
[pərspáiər]

vi. 땀을 흘리다, 증발하다 vt. 분비하다

Competitive sports help you **perspire** and lose weight.

   - competitive [kəmpétətiv] a. 경쟁적인

경쟁적인 운동은 땀을 흘리고 체중을 감량하는 데 도움을 줍니다.

precaution
[prikɔ́:ʃən]

n. 예방책

What were some good **precautions** to keep infants from getting H1N1 flu?
- infant [ínfənt] n. 유아
- H1N1 flu 신종 인플루엔자 A형

유아들이 신종 인플루엔자 A형에 감염되지 않도록 하는 좋은 예방책은 무엇이었을까요?

---

prescription
[priskrípʃən]

n. 명령, 처방, 규정, 시효
vt. vi. prescribe

They give exercise **prescriptions** for patients with diabetes.
- diabetes [dàiəbí:tis] n. 당뇨병

그들은 당뇨병이 있는 환자들을 위한 운동처방을 제공합니다.

---

prestigious
[prestídʒiəs]

a. 명성 있는, 칭송받는, 존경받는

UCSF Medical Center continues to receive top marks as one of the most **prestigious** hospitals in the world.
- medical center [médikəl] [séntər] 종합병원, 의료센터
- continue to 계속해서 ~하다

UCSF 의료센터는 세계에서 가장 명성 있는 병원 중의 하나로 계속해서 최고점을 받습니다.

---

quarantine
[kwɔ́:rəntì:n]

n. 격리, 검역

Quarantine rules and regulations for travelers are in the process of revision.
- regulation [règjəléiʃən] n. 규정
- traveler [trǽvələr] n. 여행객
- in the process of ~의 과정 중에, ~의 진행 중에

여행객을 위한 검역 규칙과 규정의 개정이 진행 중입니다.

recuperate
[rikjú:pərèit]

vi. 회복하다 vt. 회복시키다

He did not yet **recuperate** from his previous illness.

그는 이전의 질환으로부터 아직 회복하지 못했습니다.

rejuvenate
[ridʒú:vənèit]

vt. 다시 젊어지게 하다 vi. 회복하다, 회춘하다

They report that exercise in old age can **rejuvenate** human brain.

그들은 노년기의 운동이 인간의 뇌를 다시 젊어지게 할 수 있다고 보고합니다.

repository
[ripázitɔ̀:ri]

n. 저장소, 진열소, 매점, 박물관, 막역한 친구

The drug **repository** program is for accepting drugs and dispensing them to special patients in need.

- accept [æksépt] vt. vi. 받아들이다, 수락하다

- drug [drʌg] n. 약물

- dispense [dispéns] vt. 분배하다, 나누어 주다

약물 저장 프로그램은 약물을 받아 도움이 필요한 특별 환자들에게 나누어 주기 위한 것입니다.

respiratory system
[réspərətɔ:ri] [sístəm]

호흡기관

The function of the **respiratory system** is to supply oxygen to the blood.

- supply A to(for) B   A를 B에게 공급하다

- oxygen [áksidʒən] n. 산소

호흡기관의 기능은 피에 산소를 공급하는 것입니다.

respire
[rispáiə:r]

vi. 호흡하다, 숨쉬다 vt. 들이마시다, 발산하다

He felt so much difficulty to **respire** while in bed.

그는 침상에 있는 동안 호흡에 많은 곤란을 느꼈습니다.

robust
[roubÁst]

a. 튼튼한, 강한, 난폭한

This program is intended to produce healthy
children who would become **robust** adults.

- be intended to ~하도록 의도하다
- produce [prədjúːs] vt. vi. 배출하다, 생산하다
- adult [ədΛlt, ǽdΛlt] n. 성인

이 프로그램은 튼튼한 성인이 될 건강한 아이들을
길러내는 것을 의도합니다.

saturated fat
[sǽtʃərèitid] [fæt]

포화지방

He explained the role of **saturated fat** in heart
disease risk.

- heart disease [hɑːrt] [dizíːz] 심장질환
- risk [risk] n. 위험

그는 심장질환의 위험에 있어서 포화지방의 작용을
설명했습니다.

seasickness
[síːsiknis]

n. 뱃멀미

Nelson loved the ships and the sea, but suffered
from terrible **seasickness** all his life.

- suffer from ~을 겪다, ~으로 고생하다
- terrible [térəbəl] a. 끔찍한
- all one's life 평생동안

넬슨은 배와 바다를 사랑했지만 평생동안 끔찍한
뱃멀미로 고생했습니다.

side effect
[said] [ifékt]

부작용

Several diet pills have severe **side effects**.

- miracle [mírəkəl] n. 기적
  a. miraculous [mirǽkjələs] 불가사의한

몇몇 다이어트 약은 심각한 부작용이 있습니다.

sneeze
[sni:z]

vi. 재채기하다

I usually **sneeze** when I inhale pollen or dust.
- inhale [inhéil] vt. vi. 들이마시다, 흡입하다
  opp. exhale [ekshéil, igzéil]
- pollen [pálən] n. 꽃가루
- dust [dʌst] n. 먼지

저는 대체로 꽃가루와 먼지를 들이마시면 재채기를
합니다.

sophisticated
[səfístəkèitid]

a. 정교한, 고급인, 복잡한

This procedure is the combination of two
sophisticated techniques of surgery.
- procedure [prəsí:dʒər] n. 순서, 절차, 조치
- combination [kàmbənéiʃən] n. 조합
- technique [tekní:k] n. 기술
- surgery [sə́:rdʒəri] n. 수술

이 절차는 두 가지 정교한 수술 기술을 조합한
것입니다.

sterilize
[stérəlàiz]

vt. 살균하다, 소독하다, 철거하다

These nurses **sterilize** surgical instruments to
prevent infections.
- surgical instrument [sə́:rdʒikəl] [ínstrəmənt]
                      수술 기구
- infection [infékʃən] n. 감염

이 간호사들은 감염을 막기 위해 수술 기구를
소독합니다.

sunbathe

[sΛnbèið]

vi. 일광욕을 하다

To ensure optimum levels of vitamin D, people need to **sunbathe** more often than not.

- ensure [enʃúər] vt. 확실하게 하다, 확보하다
- optimum [úptəməm] a. 최적의, 가장 알맞은
  syn. optimal
  n. 최적조건
- more often than not 종종, 자주

비타민 D의 적정한 수준을 확보하기 위해 사람들은 종종 일광욕을 할 필요가 있습니다.

susceptible

[səséptəbəl]

a. 느끼기 쉬운, 다감한, ~에 걸리기 쉬운

HIV patients are **susceptible** to other infectious agents.

- HIV(human immunodeficiency virus) 인류 면역 결핍 바이러스 / AIDS(acquired immunodeficiency [immune deficiency] syndrome) 후천성 면역 결핍증
- infectious [infékʃəs] a. 전염성의, 감염성의
- agent [éidʒənt] n. 인자, 요인, 동인

HIV 환자는 다른 감염 인자에도 취약합니다.

tablet

[tǽblit]

n. 알약

I got the instruction to take **tablets** after meals.

- instruction [instrΛkʃən] n. 설명, 안내, 설명서
- meal [mi:l] n. 식사

저는 식후에 알약을 먹으라는 설명을 들었습니다.

treatment
[trí:tmənt]

n. 치료, 처치, 대우

The principal **treatment** for alcoholism is psychological therapy.

- principal [prínsəpəl] a. 주요한
- alcoholism [ǽlkəhɔ(:)lìzəm] n. 알코올 중독
- psychological therapy [sàikəlɑ́dʒikəl] [θérəpi] 심리치료

알코올 중독의 주요한 치료는 심리치료입니다.

vaccination
[væksənéiʃən]

n. 백신, 예방접종

They gave emergency **vaccinations** against foot-and-mouth disease virus.

- emergency [imə́:rdʒənsi] n. 응급
- foot-and-mouth disease 구제역

그들은 구제역 바이러스에 대한 응급 백신을 접종했습니다.

veterinarian
[vètərənéəriən]

n. 수의사

Veterinarians often ask for stool samples from dogs for health checks.

- stool sample [stu:l] [sǽmpəl] 대변 샘플
  cf. urine sample [júərin] [sǽmpəl] 소변 샘플
- health check [helθ] [tʃek] 건강검진

수의사는 개의 건강검진을 위해 종종 대변 샘플을 요구합니다.

다음에 해당하는 단어를 쓰시오.

• 악화시키다: agg	aggravate
• 적극적인, 공격적인, 침략적인, 호전적인: agg	aggressive
• 나이가 들어가는, 노화, 숙성, 나이 먹음: a	aging
• 만성병, 불안정: ail	ailment
• 알레르기가 있는, 몹시 싫은: all	allergic
• 분명한, 조리 있는, 이치가 닿는: coh	coherent
• 전염성의: cont	contagious
• 탈수증: deh	dehydration
• 노력하다, 노력: end	endeavor
• 재촉하다, 촉진하다, 파견하다, 급송하다: ex	expedite
• 적절, 적합성, 타당성, 건강, 건강상태: fi	fitness
• 유전학적 연구: gen r	genetic research
• 세균: g	germ
• 딸꾹질: hi	hiccup
• 헌혈 캠페인을 벌이다: hold a	hold a blood drive
• 위생: hyg	hygiene
• 절박한, 급박한: imm	imminent
• 전염병, 감염성 질환: inf d	infectious disease
• 주입, 주사, 투입: inj	injection
• 중독, 흥분, 도취: int	intoxication
• 숨어 있는, 잠재된, 잠복성의: lat	latent
• 읽기 쉬운, 훤히 알 수 있는, 명료한: leg	legible
• 기대 수명, 평균 수명: life e	life expectancy
• 수명: life s	life span
• 화를 내다, 울화통을 터뜨리다: lose	lose one's temper
• 연고: oin	ointment
• 과다 복용: ove	overdose
• 초과근무, 과로: over w	overtime work
• 진통제: pai	painkiller
• 땀을 흘리다, 증발하다, 분비하다: per	perspire
• 예방책: pre	precaution
• 명령, 처방, 규정, 시효: pre	prescription
• 명성 있는, 칭송받는, 존경받는: pre	prestigious
• 격리, 검역: qua	quarantine
• 회복하다, 회복시키다: rec	recuperate

- 다시 젊어지게 하다, 회복하다, 회춘하다: rej — rejuvenate
- 저장소, 진열소, 매점, 박물관, 막역한 친구: res — repository
- 호흡기관: res　　s — respiratory system
- 호흡하다, 숨쉬다, 들이마시다, 발산하다: res — respire
- 튼튼한, 강한, 난폭한: rob — robust
- 포화지방: sat　　f — saturated fat
- 뱃멀미: sea — seasickness
- 부작용: s — side effect
- 재채기하다: sn — sneeze
- 정교한, 고급인, 복잡한: sop — sophisticated
- 살균하다, 소독하다, 철거하다: ste — sterilize
- 일광욕을 하다: sun — sunbathe
- 느끼기 쉬운, 다감한, ~에 걸리기 쉬운: sus — susceptible
- 알약: t — tablet
- 치료, 처치, 대우: t — treatment
- 백신, 예방접종: vac — vaccination
- 수의사: ver — veterinarian

8. 학문과 교육에 관련된 어휘

admission
[ædmíʃən, ad-]

n. 입학, 허가, 입장료, 용인, 승인

I am committed to ensuring the **admissions** officer system to be firmly rooted in **admissions** to college level courses.

- commit [kəmít] vt. 헌신하다, 약속하다, 위임하다, 범하다, 저지르다, 공언하다
- be committed to ~에 전념하다
- ensure [enʃúər] vt. 확실히 하다, 확보하다, 보증하다, 지키다
- admissions officer system 입학 사정관 제도
- firmly [fə́:rmli] ad. 견고하게, 단호하게, 굳게, 단단히
- rooted [rú:tid] a. 뿌리가 깊은, 뿌리를 박은, 뿌리가 있는

저는 대학 수준 과정의 입시에서 입학 사정관 제도가 확실히 깊이 뿌리내리도록 하기 위해 헌신하고 있습니다.

alongside
[əlɔːŋsáid]

ad. prep. 나란히, 옆에, 곁에

The authors will be in a position to withdraw the manuscript if they do not wish to see it published **alongside** the reviews.

- author [ɔ́ːθər] n. 저자, 작가, 창조자, 저술가
- position [pəzíʃən] n. 위치, 지위, 신분 상태
- withdraw [wiðdrɔ́ː] vt. 철회하다, 회수하다
  vi. 움츠리다, 물러나다
- manuscript [mǽnjəskrìpt] n. 원고, 사본, 필사본
- publish [pʌ́bliʃ] vt. vi. 출판하다, 발표하다, 공표하다
- review [rivjúː] n. 논평, 조사, 검사, 반성, 복습

원고가 논평과 나란히 출판되는 것을 바라지 않으면 저자는 원고를 철회할 수 있게 됩니다.

annotated
[ǽnətèitid]

a. 주석 달린
vt. vi. annotate [ǽnətéit]

This is an **annotated** bibliography of dissertations in the area of Creative Writing.

- bibliography [bibliágrəfi] n. 참고문헌
- dissertation [dìsərtéiʃən] n. 논문
- in the area of ~ 분야에, ~ 범위에

이것은 문학창작 분야의 논문에 있는 주석 달린 참고문헌입니다.

approximately
[əpráksəmitli]

ad. 대략, 대체로

The test will last **approximately** 1 hour.
그 시험은 대략 1시간이 걸릴 것입니다.

calculate
[kǽlkjəlèit]

vt. 계산하다, 예측하다, 어림하다, 추정하다

Calculate the average mark for each class.

- average mark 평균 점수, 평점

각 학급의 평균 점수를 내세요.

certificate
[sərtífəkit]

n. 증명서, 수료 증명서, 검정서
cf. degree [digrí:] n. 학위

A university degree is preferred, but candidates
with secondary school **certificates** are also eligible.

- preferred [pri:fə́:rd] a. 우선적으로 고려되는,
  우선권이 있는, 선호되는
- candidate [kǽndidèit, dət] n. 지망자, 후보자, 지원자
- secondary school certificate 중등학교 수료 증명서
- eligible [élidʒəbəl] a. 자격 있는, 바람직한, 적격인
  eg. a woman of eligible age 묘령의 여성
대학 학위가 선호되지만 중 · 고등학교 수료 증명서를
소지한 지원자도 자격이 있습니다.

collaborate
[kəlǽbərèit]

vi. 협동하다, 협력하다

We plan to organize a group of professionals
who **collaborate** to invent masterful solutions for
information management.

- organize [ɔ́:rgənàiz] vt. 조직하다
- professional [prəféʃənəl] n. 전문가 a. 직업상의
- invent [invént] vt. 발명하다, 고안하다
- masterful [mǽstə:rfəl] a. 노련한, 교묘한, 능숙한
- solution [səlú:ʃən] n. 해결책, 방책
- information management 정보 처리
우리는 정보 처리를 위한 능숙한 방책을 고안하는 데
협력할 전문가 집단을 구성하고자 합니다.

comprehension
[kʌ̀mprihénʃən]

n. 이해력, 함축, 내포, 포용주의
vt. comprehend

Your lecture is above my **comprehension**.
당신의 강의는 제가 이해하기 어렵습니다.

confirmation
[kànfərméiʃən]

n. 확인서, 확인편지, 확인서류, 확립, 확증, 인가, 비준
vt. confirm a. confirmable

The secretary will provide you with **confirmation** and your new student ID card.
- secretary [sékrətèri] n. 비서, 서기, 사무관
- provide A with B: A에게 B를 공급하다, 제공하다
- student ID card 학생증
  ID: exp. identification

비서가 당신에게 확인서류와 새 학생증을 줄 것입니다.

demonstrate
[démənstrèit]

vt. 보여주다, 증명하다, 입증하다
vi. 시위를 하다, 데모하다

In this part of the test, you will **demonstrate** your ability to understand spoken English.
- ability [əbíləti] n. 능력, 재능, 기량
- spoken English 구두 영어, 말해진 영어

시험의 이 부분에서 당신은 구두 영어를 이해하는 능력을 보여주게 될 것입니다.

diminish
[dəmíniʃ]

vt. vi. 줄이다, 감소시키다

When students **diminish** the fear of math, they can easily find solutions to math problems.
- fear [fiər] n. 공포
- easily [í:zəli] ad. 쉽게
- solution [səlú:ʃən] n. 해결책

수학에 대한 공포를 줄이면, 학생들은 쉽게 수학 문제의 해법을 찾을 수 있습니다.

disorientation
[disɔ́:riəntéiʃən]

n. 혼미, 방향감각의 상실, 혼란

She did her research on how **disorientation** affects ADHD.

그녀는 혼란이 ADHD에 영향을 미치는 양상을 연구했습니다.

ecological
[ì:kəládʒikəl]

a. 생태학의, 생태의, 생태환경의

The award is given to an outstanding **ecological** research paper published by a younger researcher.

- outstanding [àutstǽndiŋ] a. 뛰어난, 걸출한, 돌출한,
  미결의
- research paper 연구 논문
- published [pʌ́bliʃt] a. 출판된
- younger researcher 젊은 학자, 대개 연구경력 10년
  이하의 학자들을 일컬음

그 상은 젊은 학자가 출판한 뛰어난 생태학 연구 논문에 주어집니다.

editorial
[èdətɔ́:riəl]

a. 편집의, 사설의, 논설의

The **editorial** board is composed of 12 professors with wide-ranging of expertise.

- board [bɔ:rd] n. 부, 무대, 판자, 식탁, 회, 회의, 입장권
- be composed of ~으로 구성되다
- professor [prəfésər] n. 교수, 선생, 신앙고백자, 공언자
- wide-ranging 광범위한
- expertise [èkspə:rtí:z] n. 전문지식, 전문가의 의견

편집위원회는 광범위한 전문지식을 갖춘 12명의 교수들로 구성되어 있습니다.

enrollment
[inróulmənt]

n. 등록생, 입학, 등록

My English course has an **enrollment** of 300 students.

제 영어 수업에는 300명의 등록 학생이 있습니다.

faculty
[fǽkəlti]

n. 능력, 재능, 학부의 교수단

She is a part-time **faculty** member at The University of Notre Dame.
- part-time [pá:rt-tàim] a. 시간제의, 비상근의
  ad. 시간제로
  n. 시간제, 시간제 근무

그녀는 노트르담 대학의 시간강사입니다.

inaccuracy
[inǽkjurəsi]

n. 잘못, 틀림, 부정확
pl. inaccuracies a. inaccurate

The calculations that you did contained a few **inaccuracies**.
- calculation [kæ̀lkjəléiʃən] n. 계산, 타산, 추정
- contain [kəntéin] vt. 담다, 포함하다, 견제하다

당신이 한 계산에는 몇 가지 틀린 것이 있었습니다.

inquiry
[inkwáiəri, ìnkwəri]

n. 질문, 연구, 탐구, 조사, 취조, 조회

This paper focuses on the role of **inquiry** as teaching technique.
- paper [péipər] n. 신문, 서류, 논문, 시험 문제
- focus [fóukəs] vi. 초점을 맞추다(on)
  vt. 초점을 맞추다 n. 초점, 중점
- teaching technique 지도 기술
  cf. teaching method 교수법

이 논문은 질문이 지도 기술로서 갖는 역할에 초점을 맞춥니다.

intercept
[ìntərsépt]

vt. 도중에 막다, 가로채다
n. 차단, 방해, 요격, 가로채기

The missile **intercept** program was proposed by a group of Dutch scientists.

- be proposed by ~에 의해 제안되다
- a group of 한 무리의, 한 집단의

그 미사일 요격 프로그램은 네덜란드 과학자 집단이 제안했습니다.

introductory
[ìntrədʌ́ktəri]

a. 예비의, 입문의

I would like to have some information about your **introductory** course in word-processing.

- information [ìnfərméiʃən] n. 정보, 지식, 자료, 견문,
  보도, 보고
- introductory course 입문 과정, 초보 과정
- word-processing 문서작성, 문서처리

저는 이곳의 문서작성 입문과정에 관해 몇몇 정보를 얻고 싶어요.

leading
[líːdiŋ]

a. 일류의, 통솔력 있는 n. 지도, 선두

She is one of the **leading** experts in early childhood education.

- expert [ékspəːrt] n. 전문가, 달인, 명인
- early childhood education 유아교육

그녀는 유아교육에서 선두적인 전문가 중 하나입니다.

lecture
[léktʃər]

n. 강의, 강연, 잔소리

Registrations for the next **lecture** series must be received by the end of this week.

- series [síəri:z] n. 연속, 일련, 총서
- registration [rèdʒəstréiʃən] n. 등록, 기입, 표시
  - vt. vi. register
  - cf. registrar [rédʒəstrὰ:r] n. 등록원, 기록원, 호적계원
- receive [risí:v] vt. vi. 받다, 수령하다, 이해하다, 접대하다
  - n. reception [risépʃən] 받아들임, 수취, 응접, 환영회, 접수, 가입

다음 강연 시리즈의 등록은 이번 주말까지 해야 합니다.

letterhead
[létə:rhèd]

n. 윗부분에 회사명이나 소재지 등을 인쇄한 문구가 있는 편지지

Remember to use official **letterhead** when you write the recommendation letter.

- official [əfíʃəl] a. 공식적인
- recommendation letter [rèkəmendéiʃən] [létə:r] 추천서

그 추천서를 쓸 때는 공식적인 인쇄문구 편지지를 사용할 것을 명심하십시오.

mark
[mɑ:rk]

vt. 표시하다, 채점하다 vi. 주목하다

Find the number of the question on your answer sheet and **mark** your answer.

- answer sheet 답안지

답지에서 문제의 번호를 찾아 답을 표시하세요.

obsolete
[ὰbsəlí:t]

a. 시대에 뒤떨어진, 구식의, 쓸모 없게 된

Is lecture-style teaching at universities **obsolete**?

- lecture-style [léktʃə:r-stail] 강의식

대학에서 강의식의 수업은 시대에 뒤떨어지는 것일까요?

preamble
[príːæmbəl]

n. 전문, 서문, 머리말

In the **preamble** to the first edition, the writer devoted a whole section to ideas on liberty.
- devote [divóut] vt. 바치다, 헌신하다, 쏟다
- liberty [líbəːrti] n. 자유

초판본에서 그 저자는 서문의 전부를 자유에 관한 사상에 할애했습니다.

prerequisite
[priːrékwəzit]

a. 선수의, 필수의 n. 기초필수 과목

Some courses have **prerequisites** included with the course description.

어떤 과목은 과목 설명에 기초필수 과목을 포함하고 있습니다.

proficiency
[prəfíʃənsi]

n. 숙달, 능숙

He reached a reasonable level of **proficiency** in his English.
- reach [riːtʃ] vt. ~에 도달하다, 손을 뻗다,
          마음을 움직이다
- reasonable [ríːzənəbəl] a. 적절한, 온당한, 이치에 맞는,
          분별력 있는
- level [lévəl] n. 수준

그는 영어가 적절히 숙달된 수준에 도달했습니다.

prospective
[prəspéktiv]

a. 장래의, 유망한, 예기되는, 곧 있을, 다가오는

The Office of Financial Aid provides valuable information to **prospective** students and their parents.
- The Office of Financial Aid
    장학금/학자금 지원부서, 학비에 대한 부담을 덜어
    주기 위한 대학 내 재정 지원부서
- valuable [væljuːəbəl] a. 소중한

학자금 지원부서는 예비 신입생과 학부모님께 소중한 정보를 제공합니다.

reception
[risépʃən]

n. 접수, 응접, 받아들임, 환영
cf. receptionist 응접계원, 접수원

After you fill out your application, please return it to the **reception** office.
원서 작성 후에는 접수처에 제출해 주세요.

recognize
[rékəgnàiz]

vt. 표창하다, 알아보다, 인정하다, 승인하다, 감사하다
vi. 서약서를 제출하다, 서약하다

You need to complete the form and explain why this person should be **recognized**.
- complete [kəmplíːt] vt. 채우다, 완성하다, 완료하다
  a. 완전한, 전면적인,
     흠잡을 데 없는
  n. completion [kəmplíːʃən]
- explain [ikspléin] vt. 설명하다
  n. explanation [èksplənéiʃən]
당신은 서식을 채우고 이 사람이 표창을 받아야만 하는 이유를 설명해야 됩니다.

registration
[rèdʒəstréiʃən]

n. 등록, 등기, 신고, 기입, 표시

Registration will begin on July 1 and end on August 24.
등록은 7월 1일에 시작해서 8월 24일에 끝날 것입니다.

revision
[rivíʒən]

n. 수정, 개정, 복습, 시험공부, 검토

This article about television addiction is inadequate and needs **revision**.

- article [áːrtikl] n. 논문, 기사, 논설, 물건
- addiction [ədíkʃən] n. 중독, 탐닉
- television addiction 텔레비전 중독
- inadequate [inǽdikwit] a. 불충분한, 부적당한, 미숙한
- need 필요로 하다, 요구하다

텔레비전 중독에 관한 이 논문은 불충분하고 수정이 요구됩니다.

It is not a wise idea to leave your exam **revision** until the last minute if you want to achieve good grades.

- wise [waiz] a. 슬기로운, 현명한, 박식한
- exam revision 시험공부, 시험대비 복습
- until the last minute 마지막 순간까지
- achieve [ətʃíːv] vt. 이루다, 달성하다
  vi. 목적을 이루다
- grade [greid] n. 점수, 성적, 등급 vt. 등급을 매기다
  vi. ~등급이다, 차츰 변화되다(into)

좋은 점수를 받기 원한다면 마지막 순간까지 시험공부를 미루는 것은 현명한 생각이 아닙니다.

scholarship
[skálə:rʃip]

n. 장학금, 학문, 학식

He was granted a large **scholarship** from an academic institution.

- grant [grænt] vt. 주다, 수여하다
  n. 허가, 인가
- academic [æ̀kədémik] a. 학술의, 학문의, 학회의,
  대학의
- institution [ìnstətjúːʃən] n. 기관, 관례, 협회

그는 학회로부터 큰 액수의 장학금을 받았습니다.

sentence
[séntəns]

n. 문장, 글, 형벌, 판결 vt. 판결을 내리다

Grammatically the **sentence** is all right, but it is hardly idiomatic.

- idiomatic [idiəmǽtik] a. 관용어적인, 널리 쓰이는,
  특이한

문법적으로 그 문장은 괜찮지만 거의 쓰이지는 않습니다.

significant
[signífikənt]

a. 중요한, 의미심장한, 함축성 있는, 나타내는, 심각한

This function plays a **significant** role in modern mathematical physics.

- function [fʌ́ŋkʃən] n. 함수, 기능, 의식, 행사
  vi. 작용하다, 구실하다
- role [roul] n. 역할, 임무, 배역
- modern [mɑ́dəːrn] a. 현대의, 근대의, 신식의
- mathematical [mæ̀θəmǽtiəl] a. 수학의
  syn. mathematic n. mathematics
- physics [fíziks] n. 물리학, 물리적 현상, 자연과학
- mathematical physics 수리 물리학

이 함수는 현대 수리 물리학에서 중요한 역할을 합니다.

There was one **significant** abnormality.

- abnormality [æ̀bnɔːrmǽləti] n. 기형, 불구, 이상,
  변칙, 변태

심각한 기형 하나가 있었습니다.

specimen
[spésəmən]

n. 시료, 표본, 견본

She supplied **specimens** for lab analysis.

- lab [læb] n. 실험실, 연구실
  exp. laboratory [lǽbərətɔ̀ːri]

그녀는 실험실 분석을 위해 시료를 제공했습니다.

statement
[stéitmənt]

n. 진술, 설명, 신고

You should select only one **statement** that best describes what you see in the picture.
- select [silékt] vt. 선택하다, 고르다, 선발하다

당신은 사진에서 본 것을 가장 잘 묘사하는 단 하나의 설명만 골라야 합니다.

submission
[səbmíʃən]

n. 제출물, 복종, 항복, 기탁, 제출, 의뢰

Three copies of each **submission** must be supplied.
- copy [kápi] n. 사본, 부, 원고 pl. copies
- supply [səplái] vt. 공급하다, 지불하다, 보충하다
  vi. 대리를 맡다

각 제출물에 대한 세 개의 사본이 제공되어야만 합니다.

tenure
[ténjuə:r]

n. 보유권, 종신 재직권

The professor had applied for **tenure** but it was turned down.
- apply for ~에 지원하다
- turn down 거절하다, 거부하다

그 교수는 종신 재직권에 지원했지만 거부되었습니다.

verify
[vérəfài]

vt. 입증하다, 확인하다, 검증하다

Additional research was undertaken to **verify** those findings.
- additional [ədíʃənəl] a. 부가의, 추가의, 특별한
  eg. additional budget 추가 예산
- research [risə́:rtʃ] n. 연구, 조사 vt. 연구하다
  vi. research (into)
- undertake [ʌ̀ndərtéik] vt. 착수하다, 기도하다, 떠맡다
  undertake-undertook-undertaken
- findings [fáindiŋz] n. 조사결과, 발견, 소견

그 조사결과를 검증하기 위해 추가적인 연구가 착수되었습니다.

waive
[weiv]

vt. 포기하다, 보류하다, 철회하다, 적용하지 않다, 생략하다

This scheme is to **waive** university tuition for poor students.

- scheme [ski:m] n. 계획, 기획, 약도, 설계
- tuition [tjuːíʃən] n. 수업, 교수, 수업료

이 계획은 가난한 학생들에게 대학 수험료를 면제해 주기 위한 것입니다.

다음에 해당하는 단어를 쓰시오.

- 입학, 허가, 입장료, 용인, 승인: adm · · · · · · · · · · · · · admission
- 나란히, 옆에, 곁에: al · · · · · · · · · · · · · · · · · alongside
- 주석 달린: an · · · · · · · · · · · · · · · · · · · annotated
- 대략, 대체로: appr · · · · · · · · · · · · · · · · approximately
- 계산하다, 예측하다, 어림하다, 추정하다: ca · · · · · · · · calculate
- 증명서, 수료 증명서, 검정서: cer · · · · · · · · · · · · certificate
- 협동하다, 협력하다: col · · · · · · · · · · · · · · · collaborate
- 이해력, 함축, 내포, 포용주의: com · · · · · · · · · comprehension
- 확인서, 확인편지, 확인서류, 확립, 확증, 인가, 비준: con · · · confirmation
- 보여주다, 증명하다, 입증하다, 시위를 하다, 데모하다: dem · · demonstrate
- 드러내다, 논증하다, 설명하다, 시위 운동을 하다: dem · · · demonstrate
- 줄이다, 감소시키다: dim · · · · · · · · · · · · · · · diminish
- 혼미, 방향감각의 상실, 혼란: dis · · · · · · · · · · disorientation
- 생태학의, 생태의, 생태환경의: eco · · · · · · · · · · · ecological
- 편집의, 사설의, 논설의: ed · · · · · · · · · · · · · · editorial
- 등록생, 입학, 등록: enr · · · · · · · · · · · · · · · enrollment
- 능력, 재능, 학부의 교수단: fac · · · · · · · · · · · · · faculty
- 잘못, 틀림, 부정확: ina · · · · · · · · · · · · · · · inaccuracy
- 질문, 연구, 탐구, 조사, 취조, 조회: inq · · · · · · · · · · inquiry
- 도중에 막다, 가로채다, 차단, 방해, 요격, 가로채기: int · · · intercept
- 예비의, 입문의: int · · · · · · · · · · · · · · · · introductory
- 일류의, 통솔력 있는, 지도, 선두: lea · · · · · · · · · · · leading
- 강의, 강연, 잔소리: lec · · · · · · · · · · · · · · · · lecture
- 윗부분에 회사명이나 소재지 등을 인쇄한 문구가 있는 편지지: let · letterhead
- 표시하다, 채점하다, 주목하다: ma · · · · · · · · · · · · · mark
- 시대에 뒤떨어진, 구식의, 쓸모 없게 된: obs · · · · · · · · obsolete
- 전문, 서문, 머리말: pre · · · · · · · · · · · · · · · preamble
- 선수의, 필수의, 기초필수 과목: pre · · · · · · · · · · prerequisite
- 숙달, 능숙: pro · · · · · · · · · · · · · · · · · · proficiency
- 장래의, 유망한, 예기되는, 곧 있을, 다가오는: pro · · · · · prospective
- 접수, 응접, 받아들임, 환영: rec · · · · · · · · · · · · · reception
- 표창하다, 알아보다, 승인하다, 감사하다, 서약서를 제출하다: rec · recognize
- 등록, 등기, 신고, 기입, 표시: reg · · · · · · · · · · · registration
- 수정, 개정, 복습, 시험공부, 검토: rev · · · · · · · · · · · revision
- 장학금, 학문, 학식: sch · · · · · · · · · · · · · · · scholarship

- 문장, 글, 형벌, 판결, 판결을 내리다: se   sentence
- 중요한, 의미심장한, 함축성 있는, 나타내는, 심각한: sig   significant
- 시료, 표본, 견본: spe   specimen
- 진술, 설명, 신고: st   statement
- 제출물, 복종, 항복, 기탁, 제출, 의뢰: sub   submission
- 보유권, 종신 재직권: ten   tenure
- 입증하다, 확인하다, 검증하다: ver   verify
- 포기하다, 보류하다, 철회하다, 적용하지 않다, 생략하다: wai   waive

9. 예술과 교양에 관련된 어휘

acclaim
[əkléim]

n. 환호, 칭송 vt. vi. 갈채를 보내다, 환호하다

The show's final curtain fell amidst high **acclaim**.

- amidst [əmídst] prep. ~하는 가운데, 한창 ~중에

그 쇼의 마지막 커튼은 환호 속에서 내려졌습니다.

accommodate
[əkámədèit]

vt. 편의를 도모하다, 수용하다, 부탁을 들어주다

n. accommodation [əkámədèiʃən] 숙박시설, 대접

I am sorry that we were not able to **accommodate** your initial request and I hope that you will visit our gallery in the near future.

- be able to ~할 수 있다
- initial [iníʃəl] a. 처음의, 초두의, 머리글자의
  n. 고유명사의 머리글자
- request [rikwést] n. 요구, 의뢰물, 수요
- gallery [gǽləri] n. 미술관, 화랑, 관람석, 관중
- in the near future 가까운 미래에, 근일 내에
  opp. in the far future

처음 요청을 들어주지 못해 죄송하오며, 근일 내에 우리 미술관을 방문해 주시길 희망합니다.

artistry
[á:rtistri]

n. 예술성

Thank you for giving so much **artistry** to this flower arrangement.

- flower arrangement 꽃꽂이

이 꽃꽂이에 이토록 많은 예술성을 부여해 주셔서 감사드립니다.

audience
[ɔ́:diəns]

n. 청중

The **audience** was thrilled by the smooth and flowing tones of the saxophones.

- be thrilled by ~에 전율을 느끼다, ~에 감격하다
- smooth [smu:ð] a. 부드러운
- flowing [flóuiŋ] a. 유려한, 유창한, 흐르는, 미끈한
- tone [toun] n. 음색, 음조, 어조, 색조

청중들은 색소폰의 부드럽고 유려한 음색에 전율을 느꼈습니다.

choreography
[kɔ̀:riágrəfi]

n. 무용술, 안무법

The International Festival of modern **choreography** in Paris takes place annually.

- festival [féstəvəl] n. 축제, 축전, 향연, 행사
- modern [mádə:rn] a. 현대의, 근대의, 신식의
- take place 열리다, 개최되다
- annually [ǽnjuəli] ad. 해마다

파리 국제 현대 무용 축제는 매년 개최됩니다.

common
[kámən]

a. 평범한, 일상적인, 보통의, 공유의

This is a book accessible to **common** readers.

이 책은 평범한 독자들도 이해하기 쉽습니다.

contestant
[kəntéstənt]

n. 경쟁자, 경기자, 콘테스트 참가자

Contestants are financially responsible for their travel to and from Vienna.

- financially [finǽnʃəli] ad. 재정적으로
- be responsible for ~에 대해 책임이 있다

콘테스트 참가자들은 비엔나로 오가는 자신들의 여행 경비를 감당해야 합니다.

debut
[deibjú:]

n. 첫 출연, 첫 무대, 첫발

Meredith Patterson made her Broadway musical **debut** in the chorus.

- chorus [kɔ́:rəs] n. 군무단, 합창단

메러디스 패터슨은 코러스로 브로드웨이 뮤지컬에 첫 출연했습니다.

detailed
[dí:teild]

a. 상세한, 정밀한

Detailed and entertaining descriptions of these monkeys are accompanied by numerous photographs.

- description [diskrípʃən] n. 서술, 기술, 묘사, 설명서
- entertaining [èntərteiniŋ] a. 유쾌한, 재미있는, 흥미로운
  entertainment [èntərtéinmənt] n. 대접, 연회, 여흥, 위로
  entertainer [èntərtéinər] n. 환대자, 연예인, 요술사
- be accompanied by 동반하다, 데리고 있다, 수반하다
- numerous [njú:mərəs] a. 다수의, 수많은
- photograph [fóutəgræf] n. 사진
  vt. vi. 사진을 찍다,
       마음 깊이 새기다
  photographer [fətágrəfər] n. 사진사, 촬영자

이 원숭이들에 대한 상세하고 흥미로운 설명은 사진과 함께 있습니다.

dramatically
[drəmǽtikəli]

ad. 극적으로

The museum has enough funds that would **dramatically** expedite construction.

- museum [mju:zí:əm] n. 박물관
- fund [fʌnd] n. 기금, 자금 pl. 재원
- expedite [ékspədàit] vt. 진척시키다
- construction [kənstrʌ́kʃən] n. 건설

그 박물관은 건설을 극적으로 촉진시킬 충분한 재원이 있습니다.

enlightening
[enláitniŋ]

a. 계몽적인, 분명히 깨닫는, 의심을 푸는

She came up with an **enlightening** moment after hearing the Christian minister's preach.

- come up with 다가가다, 따라잡다, 떠오르다, 제안하다
- moment [móumənt] n. 순간, 기회, 중요성, 요소
- minister [mínistər] n. 성직자, 장관, 목사, 관료
- preach [pri:tʃ] vi. vt. 설교하다 n. 설교

그녀는 그 기독교 목사의 설교를 듣고 깨닫는 순간을 맞았습니다.

enthusiast
[enθú:ziæ̀st]

n. 열성적인 사람, 열렬한 지지자
cf. enthusiasm [enθú:ziæ̀zəm] n. 열정, 열의, 열광

A popular nature **enthusiast** Karen G. Stone has written the definitive guide to bird-watching.

- popular [púpjələr] a. 인기 있는, 대중적인, 평판 좋은,
  서민의
  n. popularity
- definitive [difínətiv] a. 결정적인, 확실한, 확정적인,
  확고한
- guide [gaid] n. 안내, 규준, 선구자, 지도자
  vt. vi. 안내하다, 인도하다
  guide 대상 to 장소, guide 대상 in 업무
  eg. The man guided me to a village.
  그 남자가 나를 마을로 안내했습니다.
  She guided me in my studies.
  그녀가 내 연구를 지도했습니다.
- bird-watching 육안이나 망원경 등의 도구로 새를
  관찰하거나 연구하는 것

인기 있는 자연 애호가 카렌 G. 스톤은 새 관찰에 대한 결정적인 안내서를 썼습니다.

entrance
[éntrəns]

n. 입구, 들어감, 입장, 입학, 입사

The museum will be open on weekdays and **entrance** will be free.
- museum [mjuːzíːəm] n. 박물관, 미술관, 기념관
- weekdays [wíːkdèiz] n. 주중, 평일
　　　　　　ad. 주중에　opp. weekends
그 박물관은 주중에 열릴 것이고 입장은 무료가 될 것입니다.

exhibition
[èksəbíʃən]

n. 전람회, 전시회, 품평회, 학예회, 제출, 장학금
vt. vi. exhibit

The **exhibition** is held under the sponsorship of our company.
- sponsorship [spánsəːrʃip] n. 후원, 보증인, 발기인
그 전시는 우리 회사의 후원하에 개최됩니다.

extensive
[iksténsiv]

a. 아주 넓은, 대규모의, 광범위한, 다방면에 걸친, 해박한

They did **extensive** research on libraries in other communities.
- research [risóːrtʃ] n. 연구, 조사
- community [kəmjúːnəti] n. 지역, 사회, 단체, 공동체, 공중　pl. communities
그들은 다른 지역에 있는 도서관에 대해 광범위한 조사를 했습니다.

ideal
[aidiːəl]

n. 이상, 극치　a. 이상적인, 완벽한, 관념적인

The movie is **ideal** for viewers not familiar with the topic.
- viewer [vjúːər] n. 시청자, 검사관, 구경꾼
- familiar [fəmíljər] a. 친숙한, 정통한, 잘 알려진
그 영화는 그 주제에 친숙하지 않은 관람객에게 이상적입니다.

impetuous
[impétʃuəs]

a. 격렬한, 맹렬한, 성급한, 충동적인

Nobody will deny the superiority of music when it comes to provoking **impetuous** sensation.
- deny [dinái] vt. 부정하다
- superiority [supìəriɔ́(:)rəti] n. 우월성
- when it comes to ~에 관해서는
- provoke [prəvóuk] vt. 일으키다, 성나게 하다,
  유발시키다

격렬한 감정을 일으키는 데 있어서 음악의 우월성을 부정하는 자는 아무도 없을 것입니다.

imply
[implái]

vt. 암시하다, 의미하다, 넌지시 비추다

Think carefully about what this expression **implies**.

이 표현이 암시하는 바를 신중하게 생각하세요.

improvisation
[impràvəzéiʃən]

n. 즉흥연주
vt. vi. improvise [ímprəvàiz]

This course offers an intensive introduction to jazz **improvisation** for beginners.
- offer 제공하다
- intensive [inténsiv] a. 강한, 집중적인, 철저한
- introduction [ìntrədʌ́kʃən] n. 개론, 기초지도, 입문,
  소개, 도입, 서언, 서문
- beginner [bigínər] n. 초보자, 초심자, 창시자

이 과정은 즉흥 재즈 연주에 대해 초보자에게 집중적인 기초지도를 합니다.

influence
[ínflu:əns]

n. 영향, 영향력 vt. 영향을 주다

His views exerted a favorable **influence** upon philosophers.

- exert [igzɔ́:rt] vt. 발휘하다, 미치다, 휘두르다, 쓰다
- favorable [féivərəbəl] a. 호의를 보이는, 찬성하는, 유리한
- philosopher [filásəfər] n 철학자, 현인

그의 견해는 철학자들에게 우호적인 영향을 발휘했습니다.

inspiration
[inspəréiʃən]

n. 영감, 영감을 주는 사람
vt. vi. inspire

As Edison said, "Genius is 1% **inspiration** and 99% perspiration."

- genius [ʤí:njəs] n. 천재, 천성, 재능, 재주
- perspiration [pɔ̀:rspəréiʃən] n. 노력, 땀, 발한

에디슨이 말한 바대로, 천재는 1%의 영감과 99%의 노력입니다.

She **inspires** me to do great things.
그녀는 내가 위대한 일을 하도록 영감을 줍니다.

intermission
[intərmíʃən]

n. 휴식시간, 막간, 중지, 두절

Coffee was served during the **intermission**.

- be served 제공되다

휴식시간 중에 커피가 제공되었습니다.

intricate
[íntrəkit]

a. 뒤얽힌, 복잡한, 착잡한, 난해한

The plot of this drama is very **intricate**.

- plot [plɑt] n. 줄거리, 음모, 계획, 구상

이 극의 줄거리는 매우 복잡합니다.

intriguing
[intríːgiŋ]

a. 흥미를 자아내는, 호기심을 자극하는, 음모를 꾸미는

He gives special attention to buildings that he considers to be most **intriguing**.

- special [spéʃəl] a. 특별한, 전문인, 개인용의, 특히 친한
- attention [əténʃən] n. 주의, 주목, 응급처치, 배려, 친절
- consider [kənsídər] vt. 고려하다, 간주하다, 존경하다

　　　　　　　n. consideration [kənsidəréiʃən]

그는 스스로가 가장 흥미롭다고 간주한 건물들에 대해 특별한 주의를 기울입니다.

mural
[mjúərəl]

a. 벽에 그린

These **mural** paintings date back to the time of the ancient Egypt.

- date back 거슬러 올라가다
- ancient [éinʃənt] a. 고대의

이 벽화는 고대 이집트 시대까지 거슬러 올라갑니다.

ornithologist
[ɔːrnəθálədʒist]

n. 조류학자
cf. ornithology 조류학

Ornithologist John James Audubon offered a substantial overview of bird ecology.

- substantial [səbstǽnʃəl] a. 실질적인, 내용이 풍부한,
　　　　　　　　　　　　　　견실한
- overview [óuvərvjùː] n. 개관, 개략, 전체상
- ecology [iːkálədʒi] n. 생태학, 생태, 생태환경
　　　　　　　　　　　ecologist 생태학자

조류학자 존 제임스 오듀본은 새들의 생태에 대한 견실한 개관을 제공했습니다.

pavilion
[pəvíljən]

n. 전시관

Three **pavilions** take on classical themes.
- take on 고용하다, 떠맡다, 흥분하다
- classical [klǽsikəl] a. 고전적인
- theme [θi:m] n. 주제

세 개의 전시관이 고전적 주제를 담당합니다.

portrait
[pɔ́:rtrit]

n. 초상화, 인물사진, 상세한 묘사, 유사물
cf. portraitist 초상화가

This **portrait** was painted around 100 BC.
그 초상화는 기원전 100년경에 그려졌습니다.

premiere
[primíər]

n. 첫날, 특별개봉, 첫 공연
a. 최초의, 주요한, 주역 여배우의

We proudly present the world **premiere** of Lila Rose Kaplan's Wildflower.
우리는 릴라 로즈 카플란의 〈야생화〉를 세계 초연으로 자랑스럽게 공개합니다.

pressure
[préʃər]

n. 압박, 긴급, 곤란, 부담, 스트레스

Too much **pressure** on students would diminish their interest in seeing paintings.
- diminish [dəmíniʃ] vt. vi. 감소하다

학생에게 지나친 압박을 주면 그림을 감상하려는 흥미를 감소시킬 수 있습니다.

rain check
[rein] [tʃek]

연기된 경기를 보상하기 위한 무료표

A **rain check** will be issued when a baseball game can not go on.
- issue [íʃuː] vt. 발행하다, 내다 vi. 나오다, 출판되다

야구경기가 진행될 수 없을 때 무료표가 발행될 것입니다.

I will take a **rain check**.
나중에 하기로 합시다. / 다음에 하겠습니다.

rear
[riəːr]

a. 후방의, 뒤의
opp. fore

I saw the movie in the **rear** seat.
저는 그 영화를 뒷자리에서 봤습니다.

relevant
[réləvənt]

a. 관련 있는, 적절한
n. relevance opp. irrelevant

The theme I have mentioned is definitely **relevant** to readers my own age.
- theme [θiːm] a. 주제, 화제, 논지, 작문, 어간
- mentioned [ménʃənd] a. 언급한, 상기의
- definitely [défənitli] ad. 뚜렷하게, 명확하게
- my own age 내 연배의, 내 또래의

제가 언급한 주제는 제 또래의 독자들에게 분명코 적절합니다.

renowned
[rináund]

a. 유명한, 명성 있는

That musician is **renowned** throughout the world.
- musician [mjuːzíʃən] n. 음악가, 악사, 작곡가,
  음악을 잘하는 사람
- throughout [θruːáut] prep. 죽, 전체에 걸쳐서, 널리
  ad. 철저하게, 도처에

그 음악가는 전 세계에 걸쳐 명성이 있습니다.

representation
[rèprizentéiʃən]

n. 표현, 표시, 묘사, 대표자를 내세움, 대의권, 진정, 항의

Renaissance painters achieved a naturalistic, precise, three-dimensional **representation** of the real world.

- Renaissance [rènəsá:ns] n. 르네상스, 문예부흥, 부활, 신생
- achieve [ətʃí:v] vt. 완성하다, 달성하다, 이루다
  vi. 목적을 이루다
- naturalistic [nætʃərəlístik] a. 사실적, 자연적, 자연주의적
- precise [prisáis] a. 정밀한, 정확한, 세세한
  n. precision [prisíʒən]
- three-dimensional [θri:-dimén∫ənəl] a. 3차원의
  ab. 3D
- the real wold 실제 세계

르네상스 화가는 실제 세계에 대한 사실적이고, 정확하며, 3차원적인 표현을 이루었습니다.

---

resolve
[rizálv]

vt. 해결하다, 다짐하다, 의결하다, 녹이다, 용해하다
vi. 결정하다(on/upon), 귀착하다(to/into)
n. 결심, 결의

The method has been used to **resolve** one of the long-running historical debates.

- long-running 장기간에 걸친
- historical [histɔ́(:)rikəl] a. 역사상의, 역사에 기인하는, 역사적인
  cf. historic [histɔ́(:)rik] a. 역사적으로 유명한
- debate [dibéit] n. 토론, 논쟁 vt. 토론하다
  vi. 토론하다(on/about)

그 방법은 장기간에 걸친 역사적 논쟁을 해결하기 위해서 사용되어 왔습니다.

sculpture
[skʌlptʃəːr]

n. 조각, 조소, 조각품, 무늬, 지형변화
vt. 조각하다

They did an amazing **sculpture** every year.
그들은 매년 놀라운 조각을 했습니다.

spirit
[spírit]

n. 성품, 기운, 용기

His **spirit** inspired me with great respect.
그의 정신은 나에게 대단한 존경심을 불러
일으켰습니다.

superb
[suːpə́ːrb]

a. 멋진, 훌륭한, 당당한, 뛰어난

This product is a fine masterpiece of **superb**
craftsmanship.

- masterpiece [mǽstəːrpìːs] n. 명작, 걸작
- craftsmanship [krǽftsmənʃip] n. 장인의 기술,
　　　　　　　　　　　　　　　　　숙련된 솜씨
　cf. 장인정신 the artisan spirit / artisan [áːrtəzən]
이 작품은 뛰어난 장인의 기술이 담긴 멋진 명작입니다.

supply
[səplái]

n. 공급품, 지급품, 저장품, 보급, 세출, 경비
vt. 공급하다

The emporium is the number one store for arts
and crafts **supplies** in the area.

- craft [kræft] n. 공예품
- emporium [empɔ́ːriəm] n. 시장, 중심지, 백화점
그 상점은 그 지역의 예술품과 공예품을 공급하는
최고의 가게입니다.

tremendously
[triméndəsli]

ad. 엄청나게, 막대하게, 무시무시하게, 어이없게

I believe he is **tremendously** influenced by Martin Luther King, Jr.

- influence [ínflu:əns] n. 영향, 영향력

  vt. 영향을 주다

저는 그가 마틴 루터 킹 주니어에게 엄청난 영향을 받았다고 믿습니다.

untrained
[ʌntréind]

a. 훈련되지 않은, 연습하지 않은, 경험을 쌓지 않은

To the **untrained** eye, this sculpture appears to be great.

- sculpture [skʌ́lptʃə:r] n. 조각, 조소, 무늬, 변화
- appear [əpíər] vi. 나타나다, 보이다, ~같다,

  ~로 생각되다

조예가 없는 사람의 눈에는 이 조각이 훌륭해 보입니다.

다음에 해당하는 단어를 쓰시오.

• 환호, 칭송, 갈채를 보내다, 환호하다: acc	acclaim
• 편의를 도모하다, 수용하다, 부탁을 들어주다: ac	accommodate
• 예술성: ar	artistry
• 청중: a	audience
• 무용술, 안무법: cho	choreography
• 평범한, 일상적인, 보통의, 공유의: com	common
• 경쟁자, 경기자, 콘테스트 참가자: con	contestant
• 첫 출연, 첫 무대, 첫발: de	debut
• 상세한, 정밀한: d	detailed
• 극적으로: dr	dramatically
• 계몽적인, 분명히 깨닫는, 의심을 푸는: en	enlightening
• 열성적인 사람, 열렬한 지지자: ent	enthusiast
• 입구, 들어감, 입장, 입학, 입사: e	entrance
• 전람회, 전시회, 품평회, 학예회, 제출, 장학금: exh	exhibition
• 아주 넓은, 대규모의, 광범위한, 다방면에 걸친, 해박한: ext	extensive
• 이상, 극치, 이상적인, 완벽한, 관념적인: id	ideal
• 격렬한, 맹렬한, 성급한, 충동적인: imp	impetuous
• 암시하다, 의미하다, 넌지시 비추다: imp	imply
• 즉흥연주: imp	improvisation
• 영향, 영향력, 영향을 주다: inf	influence
• 영감, 영감을 주는 사람: in	inspiration
• 휴식시간, 막간, 중지, 두절: int	intermission
• 뒤얽힌, 복잡한, 착잡한, 난해한: int	intricate
• 흥미를 자아내는, 호기심을 자극하는, 음모를 꾸미는: intr	intriguing
• 벽에 그린: mur	mural
• 조류학자: orni	ornithologist
• 전시관: pav	pavilion
• 초상화, 인물사진, 상세한 묘사, 유사물: po	portrait
• 첫날, 특별개봉, 첫 공연, 최초의, 주요한, 주역 여배우의: pre	premiere
• 압박, 긴급, 곤란, 부담, 스트레스: p	pressure
• 연기된 경기를 보상하기 위한 무료표: r c	rain check
• 후방의, 뒤의: r	rear
• 관련 있는, 적절한: re	relevant
• 유명한, 명성 있는: ren	renowned
• 표현, 표시, 묘사, 대표자를 내세움, 대의권, 진정, 항의: rep	representation

- 해결하다, 다짐하다, 녹이다, 결정하다, 결심, 결의: res   resolve
- 조각, 조소, 조각품, 무늬, 지형변화, 조각하다: scu   sculpture
- 성품, 기운, 용기: sp   spirit
- 멋진, 훌륭한, 당당한, 뛰어난: sup   superb
- 공급품, 지급품, 저장품, 보급, 세출, 경비, 공급하다: sup   supply
- 엄청나게, 막대하게, 무시무시하게, 어이없게: trem   tremendously
- 훈련되지 않은, 연습하지 않은, 경험을 쌓지 않은: unt   untrained

10. 구인구직과 능력에 관련된 어휘

afford
[əfɔ́:rd]

vt. ~할 여유가 있다, 제공하다

I think we can **afford** to hire only one employee right now.

- hire [haiər] vt. 고용하다

지금 당장으로서는 한 사람만 고용할 여유가 우리에게 있는 듯합니다.

apprentice
[əpréntis]

n. 견습생, 도제, 실습생, 초심자

She has found a new **apprentice**.

그녀는 새 견습생을 찾았습니다.

aptitude
[ǽptitù:d]

n. 적성, 경향, 속성, 적합성

Job **aptitude** tests also provide you with an insight into how well you handle stress.

- provide [prəváid] vi. vt. 제공하다
- insight [ínsàit] n. 통찰력
- handle [hǽndl] vt. vi. 손을 대다, 다루다

직업 적성 검사는 당신이 스트레스를 얼마나 잘 다룰 수 있을지에 대한 통찰력을 제공하기도 합니다.

articulate
[ɑːrtíkjəlit]

a. 논리정연한, 자신의 생각과 감정을 잘 표현하는

Andrew is confident, **articulate**, persistent and hardworking.

- confident [kánfidənt] a. 자신만만한, 대담한, 독단적인
- persistent [pəːrsístənt] a. 끈기 있는, 끊임없는, 계속되는
- hardworking [hɑːrdwə́ːrkiŋ] a. 성실한

앤드류는 자신감 있고 논리정연하며 끈기 있고 성실합니다.

---

biographical
[báiougrǽfikəl]

a. 신상의, 전기적인

Could you give him a few **biographical** details to include in the introduction?

- biographical details 신상에 관한 세부사항(이름, 주소, 생년월일, 국적 등)
- include [inklúːd] vt. 포함하다 opp. exclude
- introduction [intrədʌ́kʃən] n. 소개, 받아들임, 안내, 입문, 초보적인 지도

소개에 포함될 신상에 관한 세부사항을 몇 가지를 그에게 알려줄 수 있나요?

---

candidate
[kǽndidèit, -dət]

n. 후보자, 지원자, 적임자

The successful **candidate** will have to have a minimum of five years of experience in a similar role.

- successful [səksésfəl] a. 합격할 만한, 성공적인, 출세한
- minimum [mínəməm] n. 최소 a. 최소의
- similar role 유사한 업무

합격 가능한 지원자라면 비슷한 업무에서 최소 5년의 근무 경력을 가져야 할 것입니다.

contribute
[kəntríbju:t]

vt. vi. 기부하다, 기여하다, 기고하다

What do you think you can **contribute** to our company?

당신이 회사에 기여할 수 있는 건 무엇이라고 생각합니까?

He **contributes** articles to a monthly magazine.
- monthly magazine [mʌ́nθli] [mǽgəzíːn] 월간잡지

그는 월간잡지에 기사를 기고합니다.

contribution
[kàntrəbjúːʃən]

n. 기여, 공헌, 기고, 논문

We are proud of our **contribution** to our national well-being by providing competent employment in various areas.
- be proud of ~을 자랑스러워하다
- national well-being 국가적 복지
- competent [kámpətənt] a. 적당한, 유능한, 적임의
- employment [emplɔ́imənt] n. 직업, 직장, 일, 사역
- various areas 다양한 영역

우리는 여러 영역에서 적절한 고용을 창출함으로써 국가 복지에 기여하고 있음에 자부심을 느낍니다.

eager
[íːgər]

a. 간절히 ~하고 싶어하는, 열망하는

Are you **eager** to advance your career in television broadcasting?
- advance [ædvǽns]
   vt. 향상시키다, 나아가게 하다, 증진시키다
   vi. 나아가다, 나이를 먹다, 오르다
- career [kəríər] n. 경력, 이력, 생애
   a. 직업적인, 본직의
- broadcasting [brɔ́ːdkæ̀stiŋ] n. 방송, 방영

당신은 텔레비전 방송에서 경력을 쌓기를 열망하나요?

eligible
[élidʒəbəl]

a. 자격이 있는, 적격의, 바람직한, 피선거권이 있는

He is not an **eligible** contract participant.

- enter [éntər] vt. 시작하다, 들어가다, 가입하다, 입회하다

그는 적합한 계약 관계자가 아닙니다.

employee
[implɔ́ii:, èmplɔii:]

n. 직원, 고용인, 종업원
opp. employer

He is a dedicated and loyal **employee**.

- dedicated [dédikèitid] a. 헌신적인, 일신을 바친, 전용의
- loyal [lɔ́iəl] a. 성실한, 충성된, 정직한, 고결한

그는 헌신적이고 성실한 직원입니다.

emporium
[empɔ́:riəm]

n. 큰 상점, 백화점, 상업 중심지
pl. emporiums, emporia

The average monthly salary for mechanics at the automotive **emporium** is about $4,000.

- average [ǽvəridʒ] n. 평균, 보통
                    a. 평균의
                    vt. 평균을 내다
                    vi. 평균에 도달하다
- salary [sǽləri] n. 급료, 봉급
  cf. a monthly salary 월급, a yearly salary 연봉
- mechanic [məkǽnik] n. 기계공, 수리공, 정비사, 사기 도박꾼
- automotive [ɔ̀:təmóutiv] a. 자동차의, 자동의

그 자동차 상업 단지의 기계공이 받는 평균 월급은 대략 4,000달러입니다.

enthusiastic
[enθù:ziǽstik]

a. 열정적인, 열심인, 열광적인, 열렬한

We are looking for **enthusiastic** and talented individuals to join our professional radio staff.

- look for 찾다
- talented [tǽləntid] a. 재능 있는
- individual [ìndəvídʒuəl] n. 사람, 개인
  a. 개개의, 독특한, 고유한, 개인적인
- professional [prəféʃənəl] a. 직업적인, 전문의
- staff [stæf] n. 직원, 부원, 간부

우리는 라디오 전문직원이 될 열정적이고 재능 있는 사람들을 찾고 있습니다.

fluency
[flú:ənsi]

n. 유창성

The requirements include native or near-native **fluency** in Chinese.

- requirements [rikwáiə:rmənt] n. 요구조건
- include [inklú:d] vt. 포함하다, 계산에 넣다
- native [néitiv] a. 토착의, 본국의, 원어민의

요구조건은 원어민 혹은 원어민과 유사한 중국어 유창성을 포함합니다.

freelance
[frí:læns]

a. 자유계약의, 비전속의

Robert Johnson is a **freelance** journalist for Time.

- journalist [dʒə́:rnəlist] n. 기자

로버트 존슨은 타임지의 자유계약 기자입니다.

gender
[ʤéndər]

n. 성별

They prohibit discrimination in employment based upon **gender** and disability.

- prohibit [prouhíbit] vt. 금지하다
- discrimination [diskrìmənéiʃən] n. 차별
- employment [emplɔ́imənt] n. 채용
- based upon ~에 토대를 둔
- disability [dìsəbíləti] n. 장애, 무능, 불구

그들은 성이나 장애를 토대로 채용에서 차별하는 것을 금지합니다.

hire
[haiər]

vt. 빌리다, 고용하다, 임대하다 n. 고용, 임차

Hire people who are hard working and dependable.

- dependable [dipéndəbl] a. 신뢰할 수 있는, 신빙성이 있는

열심히 일하고 신뢰성 있는 사람을 고용하십시오.

impound
[impáund]

n. 가둠, 저수, 인공호 vt. 가두다, 구치하다, 압수하다

A management position should not be in **impound** and his or her abilities should be utilized for the public.

- utilize [júːtəlàiz] vt. 활용하다

경영진의 지위는 갇혀 있어서는 안 되고 그 능력이 공적으로 활용되어야만 합니다.

incompetent
[inkámpətənt]

a. 무능한

Most of the **incompetent** workers tend to think of themselves as good workers.

- tend to ~하는 경향이 있다

대부분의 무능한 직원들은 그들 자신을 좋은 직원이라고 생각하는 경향이 있습니다.

innate
[inéit]

a. 타고난

I believe that **innate** ability is really important for leadership.
- ability [əbíləti] n. 능력
- leadership [líːdəːrʃip] n. 지도력, 통솔력

저는 지도력에 있어서 타고난 능력은 정말로 중요하다고 믿습니다.

interpersonal
[ìntərpə́ːrsənəl]

a. 대인관계의

You need to develop **interpersonal** communication skills to support your technical expertise.
- develop [divéləp] vt. 향상시키다, 개발하다
  vi. 발전하다
- communication skills 의사소통 기술
- support [səpɔ́ːrt] vt. 지지하다, 뒷받침하다, 후원하다, 참다, 의지하다
  n. 지지
- technical [téknikəl] a. 기술적인
- expertise [èkspəːrtíːz] n. 전문기술, 전문지식, 전문가의 감정

당신의 기술적인 전문지식을 뒷받침하기 위해서는 대인관계에서 의사소통 기술을 향상시킬 필요가 있습니다.

jewelry
[dʒúːəlri]

n. 보석류, 장신구

He does want to work at a **jewelry** company.
그는 정말로 보석 회사에서 일하고 싶어합니다.

job search
[dʒɑb] [sə:rtʃ]

구직

The job center provides advice on **job search** strategies and exploring career options.

- job center 취업정보 센터
- advice [ædváis] n. 조언, 충고
  cf. advise [ædváiz] vt. vi. 충고하다, 조언하다
- strategy [strǽtədʒi] n. 전략
- explore [iksplɔ́:r] vt. vi. 탐색하다
- career [kəríər] n. 직업, 경력
- option [ápʃən] n. 선택권, 추가선택, 선택의 자유

그 취업 센터는 구직 전략과 직업 선택 탐색에 있어서 조언을 제공합니다.

job seeker
[dʒɑb] [si:kər]

구직자

There are a lot of standard job interview questions for **job seekers**.

- a lot of 많은
- standard [stǽndə:rd] n. 기준, 표준, 규격, 모범
  a. 표준의, 일반적인, 보통의

구직자를 위한 일반적인 채용 면접 질문들이 많이 있습니다.

lifelong
[láiflɔ̀(:)ŋ]

a. 평생의, 일생의, 생애의

These days, the idea of a **lifelong** workplace has disappeared.

- these days 요즈음
- workplace [wɔ́:rkplèis] n. 일터, 작업장
- disappear [dìsəpíər] vi. 사라지다, 자취를 감추다, 없어지다

요즘에는 평생직장의 개념이 사라졌습니다.

modify
[mádəfài]

vt. 수정하다, 바꾸다, 완화하다, 수식하다

n. modification [mádifikéiʃən] 수정, 변용, 완화

Ms. Becker wishes to **modify** the terms of her employment contract before signing it.

- term [təːrm] n. 조건, 기간, 관계
- employment [emplɔ́imənt] n. 사용, 고용, 사업,
  직업, 일
- contract [kántrækt] n. 계약서, 약혼, (속)청부살인
- sign [sain] vt. ~에 서명하다, 서명하여 양도하다
  vi. 신호하다, 서명하다

베커 씨가 서명하기 전에 고용 계약서의 조건을 수정하고자 합니다.

nondiscriminatory
[nandiskrímənətɔ́ːri]

a. 차별 없는, 무차별한

The company was praised for its **nondiscriminatory** hiring practices.

- be praised for ~으로 찬사를 얻다, ~으로 칭찬받다
- hire [haiər] vt. 빌리다, 고용하다, 임대하다
  n. 고용, 임차
- practice [præktis] n. 관례, 사례, 풍습, 실습, 습관

그 회사는 차별 없는 고용 사례로 칭찬받았습니다.

novice
[návis]

n. 신참

This position is not open to **novice** nurses.

- be open to ~에 개방되어 있다, ~을 받아들일 수 있다,
  ~할 여지가 있다

이 자리에는 신참 간호사들을 받아들일 수 없습니다.

opportunity
[ɑ̀pərtjúːnəti]

n. 기회, 호기, 행운, 가망

The **opportunity** to grow with your organization would be unparalleled.

- grow [grou] vi. 성장하다, 자라다, 변하다

  vt. 키우다, 재배하다
- organization [ɔ̀ːrgənizéiʃən] n. 조직, 기구, 조합, 유기체
- unparalleled [ʌnpǽrəlèld] a. 비할 데 없는, 전대미문의

당신의 조직과 더불어 성장할 기회는 비할 바 없이 좋을 것입니다.

persistence
[pəːrsístəns, -zíst-]

n. 끈기, 고집, 완고

Mrs. Stone's **persistence** in her job search has resulted in employment offers from three companies.

- job search 구직
- result in ~을 낳다, ~을 이루다, ~으로 귀결되다
- employment offer 채용 제의

직장을 구하려는 스톤 부인의 끈기는 세 회사로부터의 채용제의라는 결과를 낳았습니다.

previous
[príːviəs]

a. 이전의, 앞의 ad. 전에(to)

Could you tell me a little about your **previous** work experience?

- work experience 근무 경험

당신의 이전 근무 경험에 대해 조금 말해줄 수 있나요?

probationer
[proubéiʃənər]

n. 견습생, 목사보, 보호관찰하에 있는 사람

In primary schools, **probationer** teachers should work with full commitment and sincerity.

- commitment [kəmítmənt] n. 실행, 수행, 위임, 서약
- sincerity [sinsérəti] n. 성실, 진심, 순수함

초등학교의 견습 교사들은 전적인 헌신과 성실성을 가지고 일해야만 합니다.

qualification
[kwὰləfikéiʃən]

n. 자격, 조건, 자격증, 면허증

What **qualifications** do I need to work in a bank?

은행에서 일하기 위해 제게 무슨 자격이 필요할까요?

What **qualifications** do I need to become a flight attendant?

승무원이 되기 위해 제게 무슨 자격이 필요할까요?

In order to become a journalist, what **qualifications** does one require?

기자가 되기 위해 어떤 자격이 요구되나요?

Salary is negotiable based on **qualifications** and experience.

- negotiable [nigóuʃiəbəl] a. 협상할 수 있는,
  양도할 수 있는,
  극복 가능한

봉급은 자격요건과 경력에 기초해서 협상 가능합니다.

recommend
[rèkəménd]

vt. 추천하다, 권고하다, 매력적으로 만들다

Can you **recommend** a good tailor?

좋은 재단사를 추천해줄 수 있나요?

reference
[réfərəns]

n. 신원 보증인, 신원 조회처, 참조, 문의, 참고문헌

All of the **references** we contacted indicated that you are an excellent engineer.

- contact [kántækt] vi. 접촉하다
- indicate [índikèit] vt. 지적하다, 말하다, 가리키다,
  표시하다
- excellent [éksələnt] a. 우수한, 일류의
- engineer [èndʒəníər] n 기술자, 공학자
  cf. mechanic [məkǽnik] 기계공

우리가 접촉한 모든 신원 보증인은 당신이 탁월한 기술자라고 말했습니다.

resume
[rézumèi]

n. 이력서

She will need a **resume** and cover letter for the interview.
- cover letter 첨부편지
면접을 위해 그녀는 이력서와 첨부편지가 필요할 것입니다.

rewarding
[riwɔ́:rdiŋ]

a. 보람 있는, 보상받는, 가치가 있는, 득이 되는

An experienced career counselor will advise you on how to succeed in some of today's most **rewarding** careers.
- experienced [ikspíəriənst] a. 경험이 있는, 숙련된, 노련한, 체험한
- career counselor 진로 상담사, 직업 상담사
- advise 대상 on ~에게 무엇에 관해 조언하다
- rewarding career 보람된 직업
숙련된 직업 상담사가 오늘날의 가장 보람된 직업 중 몇 가지에서 성공하는 법을 알려드릴 것입니다.

screening
[skrí:niŋ]

n. 심사, 선발, 상영, 촬영

The medical and psychological **screening** process will be performed simultaneously.
- medical [médikəl] a. 의학적인, 의료적인
- psychological [sàikəládʒikəl] a. 심리적인
- process [práses] n. 절차
- perform [pərfɔ́:rm] vt. vi. 수행하다, 이행하다
- simultaneously [sàiməltéiniəsli] ad. 동시에
의료적인 심사와 심리 심사 과정이 동시에 이행될 것입니다.

self-motivation
[self-mòutəvéiʃən]

n. 자기 동기화

If you want to improve your **self-motivation**, you need to set your own goals.
- improve [imprú:v] vt. 향상시키다 vi. 향상되다

당신이 자기 동기화를 향상시키고 싶으면, 스스로의 목표를 세울 필요가 있습니다.

skill
[skil]

n. 숙련, 솜씨, 기술
a. skillful 능숙한, skilled 숙련된

Chef positions require little education or training and most **skills** are learned on the job.
- chef [ʃef] n. 요리사, 주방장
- position [pəzíʃən] n. 자리, 지위, 직책, 근무처
- require [rikwáiə:r] vt. 요구하다
  n. requirement [rikwáiə:rmənt] 요구, 필요조건, 자격
- education [èdʒukéiʃən] n. 학력, 지식, 교육
- training [tréiniŋ] n. 훈련, 연습, 양성
- be learned 학습되다
  be learned in ~에 정통하다, ~에 조예가 깊다
- on the job 일하는 중에

요리사 자리는 학력이나 훈련은 거의 요구하지 않고, 대부분의 기술은 근무 중에 배우게 됩니다.

support staff
[səpóːrt] [stæf]

지원 직원, 지원 인력

There is a list of qualifications of school **support staff** as their roles are very professional and demanding.
- a list of 목록의, 일련의
- qualification [kwɑ̀ləfikéiʃən] n. 자격요건
- role [roul] n. 역할
- professional [prəféʃənəl] a. 전문적인
- demanding [dimǽndiŋ] a. 요구사항이 많은, 벅찬, 힘든

학교 지원 인력은 그 역할이 매우 전문적이고 힘들기 때문에 일련의 자격요건이 있습니다.

textile
[tékstail]

n. 직물, 옷감, 원료

I have worked in **textile** design and business management.

- management [mǽnidʒmənt] n. 취급, 관리, 경영, 지배

저는 옷감 디자인과 경영 분야에서 일했습니다.

tolerance
[tálərəns]

n. 관용

We need **tolerance** for harmony and success.

- harmony [há:rməni] n. 조화, 화성, 일치점

우리는 조화와 성공을 위해 관용이 필요합니다.

verbal
[və́:rbəl]

a. 말의, 말에 관한, 축어적인, 문자 그대로의
vt. vi. verbalize 말하다, 말로 표현하다

Excellent **verbal** and written communication skills, proficiency in the use of office software, and the ability to thrive in a fast-paced work environment are necessary.

- communication skills 의사소통 기술
- proficiency [prəfíʃənsi] n. 숙달, 능숙
- office software 사무용 소프트웨어
- thrive in ~에서 성공하다, ~이 번창하다
  cf. thrive on ~으로 잘 자라다, ~ 때문에 무성하다
- fast-paced 급변하는, 여러 일들이 빨리 일어나는, 걷잡을 수 없는
- work environment 근무 환경

탁월한 구두 혹은 서면상의 의사소통 기술, 사무용 소프트웨어 사용에서의 능숙함, 급변하는 근무 환경에서 성공할 수 있는 능력이 필요합니다.

wanted
[wɔ́(:)ntid]

a. 구인, 채용하고자 함, 구함

Part time clerk **wanted**!

- clerk [klə:rk] n. 점원, 사원, 행원, 서기

시간제 직원 구함!

workforce
[wə:rkfɔ:rs]

n. 노동력, 노동인구

More and more women are entering the
workforce.

점점 더 많은 여자들이 노동인구에 들어가고 있습니다.

표제어 확인문제

다음에 해당하는 단어를 쓰시오.

• ~할 여유가 있다, 제공하다: aff	afford
• 견습생, 도제, 실습생, 초심자: app	apprentice
• 적성, 경향, 속성, 적합성: ap	aptitude
• 논리정연한, 자신의 생각과 감정을 잘 표현하는: ar	articulate
• 신상의, 전기적인: bio	biographical
• 후보자, 지원자, 적임자: can	candidate
• 기부하다, 기여하다, 기고하다: con	contribute
• 기여, 공헌, 기고, 논문: con	contribution
• 간절히 ~하고 싶어하는, 열망하는: e	eager
• 자격이 있는, 적격의, 바람직한, 피선거권이 있는: eli	eligible
• 직원, 고용인, 종업원: emp	employee
• 큰 상점, 백화점, 상업 중심지: emp	emporium
• 열정적인, 열심인, 열광적인, 열렬한: enth	enthusiastic
• 유창성: flu	fluency
• 자유계약의, 비전속의: f	freelance
• 성별: g	gender
• 빌리다, 고용하다, 임대하다, 고용, 임차: h	hire
• 가둠, 저수, 인공호, 가두다, 구치하다, 압수하다: im	impound
• 무능한: inc	incompetent
• 타고난: in	innate
• 대인관계의: int	interpersonal
• 보석류, 장신구: je	jewelry
• 구직: j s	job search
• 구직자: j s	job seeker
• 평생의, 일생의, 생애의: li	lifelong
• 수정하다, 바꾸다, 완화하다, 수식하다: mo	modify
• 차별 없는, 무차별한: nondi	nondiscriminatory
• 신참: nov	novice
• 기회, 호기, 행운, 가망: op	opportunity
• 끈기, 고집, 완고: per	persistence
• 끈기 있는, 끊임없는, 계속되는: per	persistent
• 이전의, 앞의, 전에: pre	previous
• 견습생, 목사보, 보호관찰하에 있는 사람: pro	probationer
• 자격, 조건, 자격증, 면허증: qua	qualification
• 추천하다, 권고하다, 매력적으로 만들다: rec	recommend

- 신원 보증인, 신원 조회처, 참조, 문의, 참고문헌: ref — reference
- 이력서: re — resume
- 보람 있는, 보상받는, 가치가 있는, 득이 되는: rew — rewarding
- 심사, 선발, 상영, 촬영: scr — screening
- 자기 동기화: sel — self-motivation
- 숙련, 솜씨, 기술: sk — skill
- 지원 직원, 지원 인력: s　　s — support staff
- 직물, 옷감, 원료: te — textile
- 관용: tol — tolerance
- 말의, 말에 관한, 축어적인, 문자 그대로의: ve — verbal
- 구인, 채용하고자 함, 구함: wan — wanted
- 노동력, 노동인구: work — workforce

다음 설명에 맞는 단어를 보기에서 찾으시오.

1. having healing qualities; used as a medicine
2. a favorable combination of circumstances, time, and place, a good chance
3. relating to the simplest facts or theories of a subject
4. to convey an idea indirectly
5. acknowledgment or admiration for an achievement

보기   a. opportunity   b. introductory   c. imply   d. medicinal   e. acclaim

다음 빈칸에 적절한 단어를 보기에서 찾으시오.

6. He was granted a large _____ from an academic institution.
7. The theme I have mentioned is definitely _____ to readers my own age.
8. This product is a fine masterpiece of _____ craftsmanship.
9. These _____ paintings date back to the time of the ancient Egypt.
10. The requirements include native or near-native _____ in Chinese.

보기   a. superb   b. scholarship   c. mural   d. fluency   e. relevant

문장의 밑줄 친 부분의 의미에 가까운 단어를 보기에서 찾으시오.

11. Additional research was undertaken to verify those findings.
12. The plot of this drama is very intricate.
13. To the untrained eye, this sculpture appears to be great.
14. Most of the incompetent workers tend to think themselves as good workers.
15. Too much pressure on students would diminish their interest in seeing paintings.

보기   a. naive   b. inept   c. confirm   d. stress   e. complex

다음 문장을 해석하시오.

16. The editorial board is composed of 12 professors with wide-ranging of expertise.

17. His views exerted a favorable influence upon philosophers.

18. Ms. Becker wishes to modify the terms of her employment contract before signing it.

19. This scheme is to waive university tuituion for poor students.

20. The principal treatment for alcoholism is psychological therapy.

다음 문장을 작문하시오.

21. 그녀는 실험실 분석을 위해 시료를 제공했습니다.

22. 제 영어 수업에는 300명의 등록 학생이 있습니다.

23. 그들은 매년 놀라운 조각을 했습니다.

24. 그는 적합한 계약 관계자가 아닙니다.

25. 그들은 당뇨병이 있는 환자들을 위한 운동처방을 제공합니다.

---

11. 보험과 금융, 투자에 관련된 어휘

allowable
[əláuəbl]

a. 허용되는, 지장 없는, 정당한

Allowable coverage will be extended to cover 50% of all expenses to a maximum of $3,000.

- coverage [kávəridʒ] n. 보증범위, 적용범위, 보도
- be extended to ~까지 달하다, 연장되다, 확장되다
- cover [kávər] vt. 부담하다, ~하기에 충분하다,
  담당하다, 걸치다
- expense [ikspéns] n. 경비, 비용, 지출
- maximum [mæksəməm] n. 최대액, 최대한도, 극대

허용되는 보증범위는 모든 지출의 50%까지를 부담하도록 최대 3,000달러까지 확장됩니다.

balance
[bǽləns]

n. 차액, 차감, 거스름돈

He paid off the **balance** and cut his credit card.

- pay off 지불해 버리다
- credit card 신용카드

그는 차액을 지불해 버린 뒤 그의 신용카드를 잘라 버렸습니다.

bounce
[bauns]

vt. 되튀게 하다, 부도 처리하다
vi. 되튀다, 부도가 나 되돌아오다

Bounced checks can have a severe impact on your finances.

- severe [sivíə:r] a. 심각한
- impact [ímpækt] n. 영향
- finance [fainǽns] n. 재정, 세입, 소득

부도 수표는 당신의 재정에 심각한 영향을 미칠 수 있습니다.

budget
[bʌ́dʒit]

n. 예산, 비용

I have to balance the **budget**.
저는 수지 균형을 맞춰야 합니다.

charge
[tʃɑ́:rdʒ]

n. 청구금액, 요금, 대금, 충전, 부담
vt. 기소하다, 짐을 싣다

I paid off my entire account balance on March 7 and have made no new **charges** since then.

- entire [entáiər] a. 전체의, 완전한, 흠 없는, 거세하지 않은
- account balance 청구 잔액, 연체된 차액

저는 3월 7일에 청구잔액 전부를 지불했고, 그 후로 새로운 청구금액을 만든 게 없습니다.

checking account
[tʃékiŋ] [əkáunt]

당좌계좌(수표를 발행하기 위한 계좌)

Is there a limit to how much cash I can deposit in my **checking account**?

- limit [límit] n. 최대액, 한도, 제한, 극한, 경계
  vt. 제한하다
- cash [kæʃ] n. 현금, 즉시불
  vt. 현금으로 하다, 현금으로 바꾸다
- deposit [dipázit] vt. 예금하다, 공탁하다,
  착수금으로 주다

제 당좌계좌에 예금할 수 있는 현금의 한도가 있나요?

circulation
[sə̀:rkjəléiʃən]

n. 유통, 순환, 대출, 발행부수, 통화

The group put fake bills in **circulation**.

- fake bills 위조지폐 syn. counterfeit bills

그 조직은 위조지폐를 유통시켰습니다.

crash
[kræʃ]

n. 주가의 폭락, 불시착, 충돌, 파괴

Financial market **crash** will be a nightmare for investors.

- financial [fainǽnʃəl] a. 재정의, 재무의, 금융의
- nightmare [náitmɛ̀ə:r] n. 악몽
- investor [invéstər] n. 투자자

금융시장에서 주가 폭락은 투자자들에게는 악몽이 될 것입니다.

currency
[kə́:rənsi]

n. 통화, 통용, 유행성, 평판, 시세

How much foreign **currency** do you have?

- foreign currency 외국통화, 외화

외화를 얼마나 가지고 있습니까?

delinquent
[dilíŋkwənt]

a. 연체된, 미납의

Delinquent credit cards may result in a bad credit history.

- credit card 신용카드
- result in 초래하다
- credit history 신용 기록, 신용 이력

연체된 카드는 나쁜 신용 기록을 초래할 수 있습니다.

donation
[dounéiʃən]

n. 기부금, 기부, 증여, 기증

A local businessman stepped in with a large **donation** to the school.
- local businessman 지역 사업가, 지방의 사업가
- step in 들르다, 들어가다

지역 사업가가 학교에 큰 액수의 기부금을 갖고 들렀습니다.

dormant
[dɔ́:rmənt]

a. 휴면상태의, 동면의, 잠복의

The comptroller gives some guidelines for reporting the **dormant** accounts.
- comptroller [kəntróulər] n. 감사관, 검사관
- guideline [gáidlàin] n. 지침, 윤곽선
- report [ripɔ́:rt] vt. 통보하다, 보고하다, 취재기사를 쓰다
  n. 보고서
- dormant account 휴면계좌

그 감사관은 휴면계좌를 통보하는 것에 관해 몇 가지 지침을 제공합니다.

financial
[fainǽnʃəl]

a. 금융의, 재정상의, 회비를 내는

The **financial** market seems to be in a pretty bad shape right now.
- financial market 금융시장
- pretty bad shape 꽤 나쁜 형세
- right now 지금 당장(은)

금융시장이 지금 당장은 꽤 나쁜 형세인 듯합니다.

If needed, I could give you the previous **financial** reports.
- previous [prí:viəs] a. 이전의, 앞의
- financial report 재무 보고서, 회계 보고서

필요하다면 이전의 회계 보고서를 드릴 수도 있습니다.

foreign exchange holdings
[fɔ́(:)rin] [ikstʃéindʒ]
[hóuldiŋz]

외환 보유고

They said that almost 50% of China's **foreign exchange holdings** were in U. S. Treasuries.

- treasury [tréʒəri] n. 보고, 기금, 재무부, 국채

그들은 중국 외환 보유고의 50% 가까이가 미국의 국채라고 말했습니다.

fundraising
[fʌ́ndrèiziŋ]

n. 자금 조달 a. 모금활동의, 기금 조성을 위한

Participate in **fundraising** activities for the school.

- participate in ~에 참여하다
- activity [æktívəti] n. 활동, 활약

학교를 위한 모금 활동에 참여하세요.

gross income
[grous] [ínkʌm]

총소득

Try to spend no more than 25 percent of your monthly **gross income** on your rent.

- spend [spend] vt. 쓰다, 소비하다
  vi. 낭비하다, 알을 낳다, 탕진되다
- no more than 단지, 기껏
- monthly [mʌ́nθli] a. 매월, 한 달에 한 번
  n. 월간간행물
- rent [rent] n. 집세, 임대료 vi. vt. 임대하다, 세놓다

당신의 집세에 월간 총소득의 25% 이상을 쓰지 않도록 노력하십시오.

hazardous
[hǽzərdəs]

a. 위험한, 불안정한, 손해를 입을 수 있는

Companies already informed investors about **hazardous** risk assessment.

- investor [invéstər] n. 투자자
- risk [risk] n. 위기, 위험성, 손해
- assessment [əsésmənt] n. 평가

회사들은 이미 투자자들에게 손해 위험성 평가를 보고했습니다.

identification
[aidèntəfikéiʃən]

n. 신원확인서, 신분증명서, 동일시

I will need two sources of **identification** and your signature.

- source [sɔːrs] n. 원천, 근원, 출처
- signature [sígnətʃəːr] n. 서명, 징후, 조짐

저는 두 가지의 신분증과 당신의 서명이 필요할 것입니다.

inadvertently
[ìnədvə́ːrtəntli]

ad. 부주의하게, 태만하게, 고의가 아니게, 무심코

The company admitted that it had **inadvertently** sent sensitive financial data about its customers to wrong recipients.

- admit [ædmít] vt. 인정하다, 허가하다, 자백하다
  - vi. 고백하다, 허용하다
- sensitive [sénsətiv] a. 민감한, 예민한, 신경과민의,
  - 화를 잘 내는
- financial data 회계 자료, 회계 정보
- customer [kʌ́stəmər] n. 고객, 단골, 거래처
- recipient [risípiənt] n. 수령자, 수신인

그 회사는 고객에 관련된 민감한 회계 자료를 부주의하게도 잘못된 수신인에게 보냈다는 사실을 인정했습니다.

indicate
[índikèit]

vt. 가리키다, 나타내다, 지시하다

This letter **indicated** an outstanding balance of $802.49 on my account.

- outstanding balance 기한이 지나도록 결재되지 않은
  - 금액, 미납 금액
- account [əkáunt] n. 계좌

이 편지는 내 계좌에 802.49달러의 미납 금액이 있음을 나타냈습니다.

insurance
[inʃúərəns]

n. 보험, 보증, 대비, 보호

That life **insurance** seems to keep people poor all their lives so they can die rich.

- all one's life 평생 동안

저 생명 보험은 부자로 죽을 수 있도록 하기 위해 평생 동안 사람을 가난하게 하는 듯합니다.

investment
[invéstmənt]

n. 투자, 출자, 투자금, 포위

Her **investments** in small start-up companies have doubled their values in just over three years.

- small start-up company 소규모 신생 회사
- double [dʌ́bəl] vt. 배로 늘이다, 겹치다
          vi. 두 배가 되다
- value [vǽlju:] n. 평가액, 가치, 대가

소규모 신생 회사에 그녀가 투자한 것은 3년 만에 그 평가액이 두 배가 되었습니다.

jeopardize
[dʒépərdàiz]

vt. 위태롭게 하다, 위태로운 경지에 빠뜨리다

He ascertained that the investment was prudent and not **jeopardizing**.

- ascertain [æ̀sərtéin] vt. 확인하다, 알아보다
- investment [invéstmənt] n. 투자
- prudent [prú:dənt] a. 신중한

그는 투자가 신중했고 위험한 것이 아님을 확인했습니다.

ledger
[lédʒə:r]

n. 회계장부

She requested an update of the general **ledger**
financial statement formats.

- request [rikwést] vt. 요청하다
- update [ʌ́pdèit] n. 최신정보, 경신, 갱신, 새롭게 하기
- general [dʒénərəl] a. 일반의, 보통의, 전반적인
- general ledger 총계정원장
- financial statement 재무상태 설명서, 재무제표
- format [fɔ́:rmæt] n. 서식

그녀는 총계정원장의 재무제표 서식의 갱신을
요청했습니다.

legacy
[légəsi]

n. 유산, 물려받은 것

He left his children a **legacy** of a million dollars.
그는 자녀들에게 백만 달러의 유산을 남겼습니다.

liability
[làiəbíləti]

n. 책임, 부채, 채무

When a credit card is stolen, you will be protected
under the zero **liability** policy.

- steal [sti:l] (p. stole [stoul], pp. stolen [stóulən])
  vt. 훔치다 vi. 도둑질하다
- protect [prətékt] vt. 보호하다
- policy [pɑ́ləsi] n. 정책, 방침

신용카드가 도난되었을 때, 당신은 책임 완전면제
정책하에서 보호를 받게 될 것입니다.

overdrawn
[óuvərdrɔ:n]

a. 잔액이 부족한

This checking account was closed last month
because it was **overdrawn**.

- checking account 당좌예금
- close [klouz] vt. vi. 폐쇄하다, 청산하다

이 당좌계좌는 잔액이 부족하여 지난달
폐쇄되었습니다.

overdue
[òuvərdjú:]

a. 미납의, 지불기한이 지난

The payment of a claim shall not be **overdue** if the insurer receives the proof of loss.

- payment [péimənt] n. 지불, 납입
- claim [kleim] n. 지급청구, 요구, 주장
  vt. 요구하다, 청구하다
- insurer [inʃúərər] n. 보험회사
- receive [risí:v] vi. vt. 받다, 수령하다
- proof [pru:f] n. 증거
- loss [lɔ(:)s] n. 손실

보험회사가 손실의 증거를 받으면 지급 청구에 대한 지불이 기한을 넘겨서는 안 됩니다.

payment
[péimənt]

n. 지불, 납부, 결제, 변상

I confirmed this with my bank, and I am told that verification of the **payment** can be provided.

- confirm [kənfɔ́:rm] vt. 확실히 하다, 확증하다, 굳히다,
  확인하다
- verification [vèrəfikéiʃən] n. 확인, 조회, 증거, 비준

제 은행에 이것을 확인했더니 지불 확인서를 받을 수 있다고 들었습니다.

portfolio
[pɔ́:rtfóuliòu]

n. (pl. -lios) 투자 자산 구성, 손가방, 유가증권 명세서

The **portfolio** manager offers all of the advice and services for client accounts.

- offer [ɔ́(:)fər] vt. vi. 제공하다, 제언하다
- client [kláiənt] n. 고객
- account [əkáunt] n. 계좌, 거래, 이유, 가치, 고객

자산 구성 관리자는 고객을 위해 모든 조언과 서비스를 제공합니다.

profit
[práfit]

n. 이익, 수익, 덕, 득, 이자

All they are concerned about is their own **profit**.
- be concerned about ~에 관심을 갖다, ~을 염려하다
그들이 관심을 갖는 것은 자신들의 이익뿐입니다.

put in

넣다, 참견하다, 투자하다, 제출하다

It is not so difficult to **put** money **in** the bank.
은행에 돈을 예금하는 것은 그렇게 힘든 것이 아닙니다.

relief
[rilí:f]

n. 안도, 안심, 구호품, 구원, 교체, 증원, 증편

On Monday, the investors reacted with **relief**.
- investor [invéstər] n. 투자자, 수여자, 구호자
- react [ri:ǽkt] vt. 반응하다, 반작용하다, 반항하다
월요일에 투자자는 안도하며 반응했습니다.

reluctant
[rilʌ́ktənt]

a. 꺼리는, 망설이는, 마음이 내키지 않는

This news seems to be the only thing that could persuade **reluctant** investors.
- persuade [pə:rswéid] vt. 설득하다
  n. persuasion [pərswéiʒən] 설득
- investor [invéstər] n. 투자자
이 소식은 망설이는 투자자들을 설득시킬 수 있는 유일한 것인 듯합니다.

remittance
[rimítəns]

n. 송금, 송금액, 송금수단

I need to send money to a country that is not served by American Commercial Bank global **remittances**.
- global [glóubəl] a. 전 세계적인
저는 미국 상업 은행의 해외송금이 제공되지 않는 국가에 돈을 보내야 합니다.

security deposit
[sikjúəriti] [dipázit]

보증금

Don't mix a tenant's **security deposit** with your other money.
- tenant [ténənt] n. 세입자

세입자의 보증금을 당신의 다른 돈과 섞어 두지 마세요.

stagnant
[stǽgnənt]

a. 부진한, 불경기의, 정체된
n. stagnance, stagnancy

In the 2000s, business investment in Europe was **stagnant**.
- business investment 사업 투자

2000년대에 유럽에서 사업 투자는 부진했습니다.

stake out
[steik]

자기 몫으로 요구하다, 차지하다

She is **staking out** fifty percent of the profit for herself.

그녀는 자신의 몫으로 50%를 요구하고 있습니다.

support
[səpɔ́:rt]

n. 후원자, 양육, 지지 vt. 돕다, 지원하다

Thank you for your continued **support**.
- continued [kəntínju:d] a. 지속적인, 연속적인

당신의 지속적인 후원에 감사드립니다.

term
[tə:rm]

n. 기간, 용어, 말, 학기, (정해진) 기간

The **term** of redemption is ten years.
- redemption [ridémpʃən] n. 상환, 되찾음, 이행, 구출, 속전을 내어 죄인을 구제함

상환기한은 10년입니다.

time-consuming
[taim-kənsú:miŋ]

a. 시간이 많이 걸리는

Seeking a financial partner for business is **time-consuming** work.

- seek [si:k] vt. vi. 추구하다, 탐색하다
- financial [fainǽnʃəl] a. 재정의, 재무의, 금융상의

사업상의 금융 파트너를 찾는 것은 시간이 많이 걸리는 일입니다.

trigger
[trígə:r]

vt. 촉발하다, 유발하다, 발사하다 vi. 방아쇠를 당기다
n. 방아쇠

Bad management will **trigger** new financial crisis.

- financial [fainǽnʃəl] a. 재정적인, 금융의
- crisis [kráisis] n. 위기

서툰 경영은 새로운 재정 위기를 촉발할 것입니다.

update
[ʌpdéit]

vt. 새롭게 하다, 최신의 것으로 하다, 갱신하다

We would like to inform investors about **updated** project plans.

- inform [infɔ́:rm] vt. 알리다, 고지하다, 불어넣다
- investor [invéstər] n. 투자자, 수여자, 포위자

우리는 투자자들께 최신의 기획안을 알리고자 합니다.

은행 관련 용어

- bank account 은행 계정
- checking account 당좌예금 계좌
- savings account 저축예금 계좌
- numbered account 번호계좌,
  번호로만 식별되는 은행계좌
- installment savings 정기적금
- ordinary deposit 보통예금
- deposit in trust 신탁예금
- the term of redemption 상환 기한
- the date of maturity 만기일
- requisition 요구서
- teller's window 출납 창구
- trust company 신탁 은행
- wire money to ~에게 송금하다
- wire transfer 전신 송금
- withdrawal slip 예금 인출 청구서
- expiration date 만료일, 유효기간

- financial history 신용거래 실적
- debit card 직불카드
- creditor 채권자
- direct deposit 자동이체
- deposit slip 예금 전표
- draw a check 수표를 발행하다
- overdraft 초과인출,
  (은행의) 당좌 대월액 초과 발행
- quick assets 당좌자산
- currents assets 유동자산
- cash and bank deposit 현금과 은행예금
- ATM(automatic teller machine)
  현금 입출금기
- balance 잔액
- avaliable balance 거래가능 잔액
- interest 이자

은행업무 관련 표현

As of yesterday, I had $5,000 in my checking account.

어제 일자로 제 당좌계좌에 5,000달러가 예금되어 있었어요.

I would like to make a deposit.

예금을 하고 싶습니다.

A regular savings account, please.

보통예금 계좌로 해주세요.

I would like to open an account.

계좌를 개설하고 싶습니다.

I would like to annul my time deposit.

제 정기예금을 해약하고 싶습니다.

Savings and checking accounts usually earn interest if the customer maintains a minimum balance.

저축예금과 당좌예금은 고객이 구좌에 최소잔액을 유지하면 대개 이자가 붙습니다.

다음에 해당하는 단어를 쓰시오.

• 허용되는, 지장 없는, 정당한: all	allowable
• 차액, 차감, 거스름돈: ba	balance
• 되튀게 하다, 부도 처리하다, 되튀다, 부도가 나 되돌아오다: bou	bounce
• 예산, 비용: b	budget
• 청구금액, 요금, 대금, 충전, 부담, 기소하다, 짐을 싣다: ch	charge
• 당좌계좌: c a	checking account
• 유통, 순환, 대출, 발행부수, 통화: cir	circulation
• 주가의 폭락, 불시착: cr	crash
• 통화, 통용, 유행성, 평판, 시세: cu	currency
• 연체된, 미납의: del	delinquent
• 기부금, 기부, 증여, 기증: do	donation
• 휴면상태의, 동면의, 잠복의: dor	dormant
• 외환 보유고: f ex h	foreign exchange holdings
• 금융의, 재정상의, 회비를 내는: fin	financial
• 자금 조달, 모금활동의, 기금 조성을 위한: fun	fundraising
• 총소득: g i	gross income
• 위험한, 불안정한, 손해를 입을 수 있는: haz	hazardous
• 신원확인서, 신분증명서, 동일시: id	identification
• 부주의하게, 태만하게, 고의가 아니게, 무심코: inad	inadvertently
• 가리키다, 나타내다, 지시하다: ind	indicate
• 보험, 보증, 대비, 보호: ins	insurance
• 투자, 출자, 투자금, 포위: in	investment
• 위태롭게 하다, 위태로운 경지에 빠뜨리다: jeo	jeopardize
• 회계장부: le	ledger
• 유산, 물려받은 것: leg	legacy
• 책임, 부채, 채무: lia	liability
• 잔액이 부족한: ove	overdrawn
• 미납의, 지불기한이 지난: ove	overdue
• 지불, 납부, 결제, 변상: pa	payment
• 투자 자산 구성, 손가방, 유가증권 명세서: por	portfolio
• 이익, 수익, 덕, 득, 이자: pr	profit
• 넣다, 참견하다, 투자하다, 제출하다: p i	put in
• 안도, 안심, 구호품, 구원, 교체, 증원, 증편: re	relief
• 꺼리는, 망설이는, 마음이 내키지 않는: rel	reluctant
• 송금, 송금액, 송금수단: rem	remittance

- 보증금: s   d   security deposit
- 부진한, 불경기의, 정체된: st   stagnant
- 자기 몫으로 요구하다, 차지하다: st   stake out
- 후원자, 양육, 지지, 돕다, 지원하다: sup   support
- 기간, 용어, 말, 학기, (정해진) 기간: t   term
- 시간이 많이 걸리는: time-c   time-consuming
- 촉발하다, 유발하다, 발사하다, 방아쇠를 당기다, 방아쇠: tri   trigger
- 새롭게 하다, 최신의 것으로 하다, 갱신하다: up   update

12. 성품과 친목, 연회에 관련된 어휘

accost
[əkɔ́(:)st]

vt. 다가가서 말을 걸다

He was **accosted** by an elderly man who insisted on seeing the ambassador right away.
- elderly [éldərli] a. 나이가 지긋한, 중년을 지난, 초로의
- insist on ~을 고집하다, 주장하다
- ambassador [æmbǽsədər] n. 대사

그에게 나이 지긋한 남자가 다가와 말을 걸며 대사를 당장 만나야 한다고 고집했습니다.

accommodate
[əkámədèit]

vt. 수용하다, 도모하다, 제공하다, 조정하다

This wedding hall can **accommodate** up to 300 guests.

이 예식장은 300명까지 손님을 수용할 수 있어요.

Ace Funding hired new staff to **accommodate** company's structured settlement division growth.
- funding [fʌ́ndiŋ] n. 자금조달, 차환
- hire [haiər] vt. 고용하다, 임차하다 n. 고용, 임차
- structured [strʌ́ktʃərd] a. 구조화된, 체계적인
  cf. structural [strʌ́ktʃərəl] a. 구조의, 조직의
- settlement division 조정 부서

에이스 펀딩은 회사의 체계화된 조정 부서의 성장을 도모하기 위해 새 직원을 고용했습니다.

accumulate
[əkjú:mjəlèit]

vt. 모으다, 축적하다, 부풀리다 vi. 쌓이다, 돈이 모이다

I believe that we are **accumulating** a lot of experience in our relationship.

저는 우리의 관계에서 많은 경험들을 쌓아가고 있다고 믿습니다.

agile
[ǽdʒəl, ǽdʒail]

a. 기민한, 민첩한

I like him because he is quick, active, and **agile**.

- quick [kwik] a. 빠른, 민감한, 급한, 괄괄한
- active [ǽktiv] a. 적극적인, 능동적인

저는 그가 빠르고 적극적이며 민첩해서 좋습니다.

ambiance
[ǽmbiəns]

n. 분위기(=ambience)

Suddenly, he took to the dance floor and danced in a cheerful **ambience**.

- suddenly [sʌ́dnli] ad. 갑자기
- take to ~에 가다, ~이 좋아지다, ~을 의지하다
- dance floor [dæns] [flɔ:r] (나이트클럽 등의) 무대
- cheerful [tʃíərfəl] a. 기분 좋은, 즐거운 상쾌한

갑자기 그는 무대로 가서 즐거운 분위기로 춤을 췄습니다.

anniversary
[æ̀nəvə́:rsəri]

n. 기념, 기념일, 주년

We are celebrating our 30th **anniversary**!

- celebrate [séləbrèit] vt. 경축하다, 기념하다, 기리다, 알리다

우리는 30주년을 기념할 것입니다.

attachment
[ətǽtʃmənt]

n. 애착, 집착, 부착, 첨부

His **attachment** to his dog was very strong.

개에 대한 그의 애착은 무척 강했습니다.

banquet
[bǽŋkwit]

n. 연회, 향연, 축연

Please wear formal clothing to fit in the **banquet**.
축연에 맞는 정장을 하세요.

bold
[bould]

a. 대범한

I will provide you with that particular Halloween costume with a **bold** style hat.

- provide [prəváid] vt. vi. 제공하다, 준비하다
  provide 사람 with 사물
- particular [pərtíkjələr] a. 특별한, 상세한, 개개의,
  꼼꼼한
- Halloween [hæ̀ləwíːn] n. 만성절 전야, 10월 31일 밤
- costume [kástjuːm] n. 의상

당신에게 과감한 스타일의 모자와 특별한 할로윈 의상을 제공하겠습니다.

calculating
[kǽlkjəlèitiŋ]

a. 타산적인, 계산적인, 계산용인, 빈틈없는

He has often been portrayed as a cold and **calculating** character.

- portray [pɔːrtréi] vt. 그리다, 묘사하다, 표현하다
- character [kǽriktər] n. 인격, 인물, 자격

그는 종종 냉정하고 계산적인 인물로 묘사되어 왔습니다.

candid
[kǽndid]

a. 솔직한, 정직한, 순수한, 포즈를 취하지 않은

The photographer follows the bride and groom and snaps photos of them in a **candid** manner.
- follow [fάlou] vt. 따르다, 따라가다
- bride [braid] n. 신부
- groom [gru(:)m] n. 신랑
  syn. bridegroom [bráidgrù(:)m]
- snap [snæp] vi. vt. 스냅사진을 찍다, 덥석 물다,
  찰칵 소리를 내다

그 사진사는 신부와 신랑을 따라다니며 자연스러운 스냅사진을 찍습니다.

celebrity
[səlébrəti]

n. 유명인사

I had a chance to join a **celebrity** yacht party.
- yacht [jɑt/jɔt] n. 요트

저는 유명인사의 요트 파티에 참석할 기회가 있었습니다.

charitable
[tʃǽrətəbəl]

a. 자비로운

Children can learn **charitable** attitudes from their parents.
- attitude [ǽtitjù:d] n. 태도

아이들은 부모로부터 자비로운 태도를 배울 수 있습니다.

commemorate
[kəmémərèit]

vt. 기념하다, 축하하다, 찬사를 보내다, 공경하다

We are here to **commemorate** the 35th anniversary of our company's founding.
- anniversary [ǽnəvə́:rsəri] n. 기념일, 기념제, 주기, 기일
- founding [fáundiŋ] n. 설립, 창시

우리는 회사 설립 35주년을 축하하기 위해 여기 모였습니다.

complimentary
[kàmpləméntəri]

a. 칭찬의, 찬양하는, 무료의, 우대의

I have heard some **complimentary** words about my students.

저는 제 학생에 관한 칭찬의 말 몇 마디를 들었어요.

condolence
[kəndóuləns]

n. 애도

Please accept my deepest **condolences** on the death of your father.

- accept [æksépt] vt. 받아들이다

부친의 별세에 대한 저의 심심한 조의를 부디 받아주십시오.

cordially
[kɔ́:rdʒəli]

ad. 진심으로, 성심껏, 몹시

I **cordially** greet the participants and the visitors of the conference.

- participant [pɑ:rtísəpənt] n. 참석자 a. 참가하는
- visitor [vízitər] n. 내빈, 방문자, 손님
- conference [kánfərəns] n. 회의, 회담, 동맹

회의에 왕림하신 참석자와 내빈을 진심으로 환영합니다.

dedicate
[dédikèit]

vt. 전념하다, 바치다, 헌납하다, 헌신하다

She decided to **dedicate** herself to studying.

- dedicate oneself to ~에 전념하다

그녀는 공부에 전념하기로 결정했습니다.

delicate
[délikət, -kit]

a. 민감한, 세심한, 미묘한(subtle)

She has a downright and very **delicate** character.

- downright [daunràit] a. 솔직한

그녀는 솔직하면서도 매우 섬세한 성격을 가졌습니다.

discretion
[diskréʃən]

n. 신중, 분별, 사려, 자유, 결정권, 재량

Discretion is the better part of valor.

- valor [vǽlər] n. 용기, 용맹

신중은 용기의 더 나은 부분이다.

distinguish
[distíŋgwiʃ]

vt. 두각을 드러내다, 구별하다, 식별하다

She has already **distinguished** herself as an athlete.

- already 이미
- distinguish oneself as ~로서 두각을 나타내다
- athlete [ǽθli:t] n. 운동선수, 육상경기자, 강건한 사람

그녀는 이미 운동선수로 두각을 나타냈습니다.

elegant
[éligənt]

a. 기품 있는, 품위 있는, 우아한, 정밀한

She is always very chic and **elegant**.

- chic [ʃi(:)k] a. 멋진, 세련된 n. 멋

그녀는 항상 매우 세련되고 품위 있습니다.

essentially
[isénʃəli]

ad. 근본적으로, 본질적으로, 본래

He remained as an **essentially** decent human being all his life.

- remain [riméin] vi. 남다, 남아 있다, 여전히 ~이다
- decent [dí:sənt] a. 품위 있는, 점잖은, 예의바른,
  사회적 지위가 있는
- human being 인간

그는 평생 동안 근본적으로 품위 있는 인간으로 남아 있었습니다.

expertise
[èkspə:rtí:z]

n. 전문지식, 전문기술, 전문가의 의견

She speaks very highly of your **expertise** and
finds your work ethic to be outstanding.

- speak highly of ~을 매우 칭찬하다,
  ~에 대해 높이 평가하다
- work ethic 근무 윤리, 근로 윤리, 노동 윤리
- outstanding [àutstǽndiŋ] a. 뛰어난, 두드러진

그녀는 당신의 전문지식을 매우 높이 평가했고, 당신의
근무 윤리가 뛰어나다고 합니다.

fleeting
[flí:tiŋ]

a. 질주하는, 빨리 지나가는, 쏜살같은

I enjoyed the **fleeting** moments that I spent with
my friends at the party.

저는 파티에서 친구들과 함께 보낸 그 한순간을
즐겼습니다.

guest book
[gest] [buk]

방명록

The **guest book** can be personalized with the
couple's name and wedding date.

- personalize [pə́:rsənəlàiz] vt. 개인화하다, 인격화하다,
  개인 전용으로 하다

방명록은 부부의 이름과 결혼 날짜를 담아 개인용으로
만들 수 있습니다.

meantime
[mí:ntàim]

n. 그동안

In the **meantime**, we shall shed tears for our fallen heroes who bravely fought against social evils.

- in the meantime 그러는 동안에, 그 사이에
- shed [ʃed] vt. 흘리다, 뿌리다, 흩뜨리다, 발산하다,
  ~와 헤어지다
  vi. 탈피하다, 털갈이하다, 떨어지다
- bravely [bréivli] ad. 용감하게, 훌륭하게
- fight against ~와 맞서 싸우다
- social [sóuʃəl] a. 사회의, 사교적인, 상류사회의
- evil [í:vəl] n. 악, 해악, 재해 a. 나쁜, 사악한

그러는 동안에, 우리는 사회악에 맞서 용감하게 싸운 우리의 스러진 영웅들을 위해 눈물을 흘릴 것입니다.

mentor
[méntər]

n. 조언자

I believe that a **mentor** can have a lifelong impact.

- lifelong [láiflɔ̀(:)ŋ] a. 일생의, 평생의, 생애의
- impact [ímpækt] n. 영향, 충돌, 충격

저는 조언자가 평생에 걸쳐 영향을 준다고 믿습니다.

patronage
[péitrənidʒ]

n. 후원, 단골, 장려, 애호
cf. patron [péitrən] n. 후원자, 고객, 단골손님

Thank you for your continued **patronage**.

당신의 지속적인 후원에 감사드립니다.

permissive
[pə:rmísiv]

a. 관대한, 응석을 받아주는, 허가하는

He is very **permissive** with his children.

그는 아이들에게 참 관대합니다.

philanthropic
[filənθrápik]

a. 박애주의의, 인정 많은, 인자한

Donation is and should be a **philanthropic** act.

- donation [dounéiʃən] n. 기부, 기증, 기부금, 기증품

기부는 박애주의적인 행동이고 또 그래야만 합니다.

ponderous
[pándərəs]

a. 육중한, 묵직한, 볼품없는

She has a rather slow and **ponderous** manner.

그녀는 상당히 느리고 묵직한 태도를 가지고 있습니다.

positive
[pázətiv]

a. 긍정적인, 호의적인, 확신하는, 단정적인

A **positive** attitude always guarantees success.

- attitude [ǽtitjùːd] n. 태도, 마음가짐, 자세
- guarantee [gæ̀rəntíː] vt. 보장하다, 보증하다,
확실히 하다

긍정적인 태도는 항상 성공을 보장합니다.

presence
[prézəns]

n. 존재, 현존, 실재, 출석, 참석, 냉정

Your **presence** is a great compliment.

- compliment [kámpləmənt] n. 경이, 칭찬, 아첨

왕림해 주셔서 큰 영광입니다.

presenter
[prizéntər]

n. 발표자, 제출자, 추천인

They are talking about the **presenter** at the conference.

- conference [kánfərəns] n. 회담, 회의, 협의, 의논

그들은 회의의 발표자에 대해 이야기하고 있는 중입니다.

reciprocal
[risíprəkəl]

a. 상호의 n. 상당하는 것(counterpart)

In **reciprocal** relationships, charity can not be a unilateral act.
- charity [tʃǽrəti] n. 자비, 박애
- unilateral [jùːnəlǽtərəl] a. 일방적인, 한쪽 면의, 단독의

상호적인 관계에서 자선은 일방적인 행동이 될 수는 없습니다.

regard
[rigáːrd]

n. 존경, 관심, 고려, 배려, 호감, 주목

I hold her in high **regard** and want to be like her.
- hold 갖고 있다, 유지하다

저는 그녀에 대한 큰 존경심을 갖고 있고 그녀처럼 되고 싶습니다.

relationship
[riléiʃənʃip]

n. 관계, 관련, 친족관계, 연고관계

The company has focused on creating **relationship** among businesses.

이 회사는 사업 간의 관계형성에 집중해 왔습니다.

resourceful
[riːsɔ́ːrsfəl]

a. 기략이 풍부한, 책략 있는

He is described as tough, intelligent, and **resourceful**.
- be described as ~로 표현되다, ~로 묘사되다, ~로 설명되다
- tough [tʌf] a. 강인한, 불굴의, 끈기 있는, 힘든
- intelligent [intélədʒənt] a. 이해력이 뛰어난, 지적인, 분별력이 있는

그는 강인하고, 지적이며, 기략이 풍부한 사람으로 표현됩니다.

rigorous
[rígərəs]

a. 엄격한, 엄정한, 정확한, 혹독한

When you speak in public, the style of speech is too formal and **rigorous**.

- in public 공식석상에서, 공공연히
- formal [fɔ́:rməl] a. 형식적인

당신이 공식석상에서 말할 때면 연설 스타일이 너무 형식적이고 딱딱합니다.

ritual
[rítʃuəl]

n. 의식, 행사

The naming ceremony is a very important **ritual** in the Jewish life.

- naming [neim] n. 이름 붙이기, 명명, 임명, 지명
- ceremony [sérəmòuni] n. 식, 의식, 의례, 예법
- Jewish [dʒú:iʃ] a. 유대인의, 유대인 특유의, 유대풍의

명명 의례는 유대인의 삶에서 매우 중요한 의식입니다.

rumor
[rú:mə:r]

n. 소문, 세평, 풍설

I would rather not comment on **rumors** about her.

- comment [kάment] vt. 비평하다, 의견을 달다,
  논평하다

그녀에 관한 소문에 대해서는 말하지 않는 편이 낫겠습니다.

sarcastic
[sɑ:rkǽstik]

a. 풍자적인

I hate overly **sarcastic** people.

- overly [óuvərli] ad. 지나치게

저는 지나치게 풍자적인 사람은 싫어합니다.

sleek
[sli:k]

a. 세련된, 매끈한, 윤기 있는, 영양이 좋은

I want to get **sleek** and straight party hair.

- straight [streit] a. 곱슬거리지 않는, 곧은, 직모의,
　　　　　　　정돈된

저는 매끄러운 직모 스타일의 파티용 머리를 하고
싶습니다.

solicit
[səlísit]

vt. 간청하다, 구하다, 유혹하다, 끌다

Donations were **solicited** from individuals and
corporate sponsors.

- donation [dounéiʃən] n. 기부금, 기증품, 의연금,
　　　　　　　증여, 기부
- corporate [kɔ́:rpərit] a. 기업의, 법인의, 단체의
- sponsor [spánsə:r] n. 후원자, 보증인, 발기인

개인과 법인 후원자들에게 기부금을 요청했습니다.

speak into the microphone

마이크에 대고 말하다

You can sing or **speak into the microphone** with
the music playing.

당신은 음악이 연주될 때 마이크에 대고 노래하거나
말할 수 있습니다.

surprising
[sərpráiziŋ]

a. 놀라운, 의외의, 눈부신

It is **surprising** that your business is so successful.

당신의 사업이 그토록 번창한 것은 놀랍습니다.

sympathy
[símpəθi]

n. 동정심

You can not deny your **sympathy** toward those
who live with and die of AIDS.

- deny [dinái] vt. 부인하다, 부정하다
- die of 병, 굶주림, 노쇠 등으로 죽다

당신은 에이즈를 앓고 살아가다 그로 인해 죽는
사람들에 대한 동정심을 부정할 수 없을 것입니다.

throw a party

파티를 열다

We are **throwing a party** to introduce our cousins to our neighbors.
- introduce [intrədjú:s] vt. 소개하다
- cousin [kʌ́zn] n. 사촌
- neighbor [néibər] n. 이웃

우리는 사촌들을 이웃에 소개하기 위해 파티를 열 겁니다.

tribute
[tríbju:t]

n. 칭찬, 찬사, 공물, 조세

The king pays **tribute** to the bravery of a knight who foiled a foreign plot and fought against foreign invaders.
- pay [pei] (p. pp. paid [peid]) vt. vi. 지불하다, 베풀다
- foil [fɔil] vt. 좌절시키다, 따돌리다, 미연에 방지하다
  cf. be foiled in ~에 실패하다
- bravery [bréivəri] n. 용기
- foreign [fɔ́(:)rin] a. 외국의, 외세의
- fight [fait] (p. pp. fought [fɔ:t]) vi. vt. 싸우다
- invader [invéidər] n. 침입자, 침략군

왕은 외세의 계책을 물리치고 외국의 침략자들과 맞서 싸운 기사의 용기를 칭찬합니다.

unsuitably
[ʌnsú:təbəli]

ad. 어울리지 않게, 부적당하게, 적절하지 않게

They were **unsuitably** dressed for the occasion.

그들은 그 상황에 어울리지 않게 옷을 입고 있었습니다.

vulnerable
[vʌlnərəbəl]

a. 상처받기 쉬운, 비난받기 쉬운, 약점 있는, 약한

He is too **vulnerable** for that terrible world of youthful competition.

- terrible [térəbəl] a. 끔찍한, 지독한, 굉장한, 무서운
- youthful competition 청년기의 경쟁, 청년들의 경쟁

그는 청년들의 경쟁이 저처럼 지독한 세상에서는 너무나 상처받기 쉽습니다.

wing
[wiŋ]

n. 별관, 날개, 당파 vt. 날리다 vi. 날다

Let me begin by congratulating the members of the library committee for all their hard work planning the new **wing** of the Central Library.

- congratulate [kəngrǽtʃəlèit] vt. 축하하다, 축사를 하다
- committee [kəmíti] n. 위원회, 운영위원회, 후견인
- plan [plæn] vt. 구상하다, 계획하다, 설계하다, 입안하다
  vi. 계획을 세우다

먼저 중앙 도서관의 새 별관을 구상하느라 수고하신 도서관 위원회 구성원들께 축하드리고자 합니다.

음식에 관련된 단어들

- 대두 soy bean
- 콩나물 bean sprout
- 완두콩 pea
- 참기름: sesame oil
- 된장: doenjang, fermented bean paste, soybean paste
- 고추장: gochujnag, fermented red chili paste
- 고춧가루: powdered red pepper

- 쇠고기 beef [bi:f]
- 돼지고기 pork [pɔ:rk]
- 양고기 mutton [mʌtn]
- 닭고기 chicken [tʃíkin]
- 사슴고기 venison [vénəzən]

- 된장찌개
  Doenjang jjigae, a stew-like Korean traditional dish, made with soybean paste and other ingredients, such as vegetables, seafood and tofu
  - 채소 vegetable [védʒətəbəl]
  - 두부 tofu: a creamy color curd made from soy beans

- 김치찌개
  Kimchi jjigae, a stew-like Korean dish made with kimchi and other ingredients, such as scallions, onions, and tofu
  - scallions: 파, 부추

- 순두부찌개
  Sundubu jjigae, a hot and spicy Korean stew made with uncurdled tofu, seafood, vegetables, and egg
  - uncurdled 응결되지 않은

- 콩국수
  Kongguksu, a cold noodle with a broth made from ground soy beans
  - broth [brɔ(:)θ, brɑθ] n. 육수, 묽은 수프
  - ground vt. grind '갈다'의 과거, 과거분사
    grind [graind] – ground [graund] – ground [graund]

- 냉면
  Naengmyeon, cold buckwheat noodles
  - buckwheat [bʌ́khwìːt] n. 메밀

- 게장
  Gejang, marinated crabs in soy sauce
  - marinated (양념에) 절인/재운

- 순대
  Sundae, a blood sausage

다음에 해당하는 단어를 쓰시오.

• 다가가서 말을 걸다: ac	accost
• 수용하다, 도모하다, 제공하다, 조정하다: ac	accommodate
• 모으다, 축적하다, 부풀리다, 쌓이다, 돈이 모이다: acc	accumulate
• 기민한, 민첩한: ag	agile
• 분위기: amb	ambiance
• 기념, 기념일, 주년: ann	anniversary
• 애착, 집착, 부착, 첨부: atta	attachment
• 연회, 향연, 축연: ban	banquet
• 대범한: b	bold
• 타산적인, 계산적인, 계산용인, 빈틈없는: cal	calculating
• 솔직한, 정직한, 순수한, 포즈를 취하지 않은: can	candid
• 유명인사: cel	celebrity
• 자비로운: cha	charitable
• 기념하다, 축하하다, 찬사를 보내다, 공경하다: com	commemorate
• 칭찬의, 찬양하는, 무료의, 우대의: com	complimentary
• 애도: con	condolence
• 진심으로, 성심껏, 몹시: cor	cordially
• 전념하다, 바치다, 헌납하다, 헌신하다: ded	dedicate
• 민감한, 세심한, 미묘한: del	delicate
• 신중, 분별, 사려, 자유, 결정권, 재량 : disc	discretion
• 두각을 드러내다, 구별하다, 식별하다: dis	distinguish
• 기품 있는, 품위 있는, 우아한, 정밀한: el	elegant
• 근본적으로, 본질적으로, 본래: ess	essentially
• 전문지식, 전문기술, 전문가의 의견: exp	expertise
• 질주하는, 빨리 지나가는, 쏜살같은: fle	fleeting
• 방명록: g b	guest book
• 그동안: mea	meantime
• 조언자: m	mentor
• 후원, 단골, 장려, 애호: pat	patronage
• 관대한, 응석을 받아주는, 허가하는: per	permissive
• 박애주의의, 인정 많은, 인자한: phi	philanthropic
• 육중한, 묵직한, 볼품없는: pon	ponderous
• 긍정적인, 호의적인, 확신하는, 단정적인: pos	positive
• 존재, 현존, 실재, 출석, 참석, 냉정: pre	presence
• 발표자, 제출자, 추천인: pre	presenter

- 상호의, 상당하는 것: rec — reciprocal
- 존경, 관심, 고려, 배려, 호감, 주목: re — regard
- 관계, 관련, 친족관계, 연고관계: rel — relationship
- 기략이 풍부한, 책략 있는: res — resourceful
- 엄격한, 엄정한, 정확한 , 혹독한: rig — rigorous
- 의식, 행사: rit — ritual
- 소문, 세평, 풍설: r — rumor
- 풍자적인: sar — sarcastic
- 세련된, 매끈한, 윤기 있는, 영양이 좋은: sl — sleek
- 간청하다, 구하다, 유혹하다, 끌다: sol — solicit
- 마이크에 대고 말하다: s i t m — speak into the microphone
- 놀라운, 의외의, 눈부신: sur — surprising
- 동정심: s — sympathy
- 파티를 열다: t a p — throw a party
- 칭찬, 찬사, 공물, 조세: t — tribute
- 어울리지 않게, 부적당하게, 적절하지 않게: unsui — unsuitably
- 상처받기 쉬운, 비난받기 쉬운, 약점 있는, 약한: vul — vulnerable
- 별관, 날개, 당파, 날리다, 날다: w — wing

13. 사내업무에 관련된 어휘 A

accompany
[əkʌ́mpəni]

vt. ~을 동반하다, 수반하다 vi. 반주하다

Affluence is essential, but efficiency is also
required to **accompany** its presence.

 - affluence [ǽflu(ː)əns] n. 풍부, 부유
 - essential [isénʃəl] a. 필수적인, 중요한, 근본적인
 - efficiency [ifíʃənsi] n. 능률, 유능, 효용성
 - be required to ~하도록 요구받다
 - presence [prézəns] n. 존재, 참석, 냉정

풍요는 필수적이지만 효율 또한 그것에 수반하여
요구됩니다.

accreditation
[əkrèdətéiʃən]

n. 인가, 신임장

The company renews its safety **accreditation**
every three years.

그 회사는 안정성 인가를 3년에 한 번씩 새로이
받습니다.

administration
[ædmìnəstréiʃən]

n. 관리, 지배, 경영, 약의 투여

Visit the **administration** office to reserve a place.

 - administration office 행정 사무실, 운영 사무실,
   관리 사무실
 - reserve [rizə́ːrv] vt. 비축하다, 예비하다, 예약하다,
   보류하다

장소를 예약하려면 행정 사무실을 방문하세요.

affiliate
[əfĭlièit]

vt. vi. 연합하다, 제휴하다

Our company is **affiliated** with a famous art center in New York.

- famous [féiməs] a. 유명한

우리 회사는 뉴욕에 있는 유명한 예술관과 제휴되어 있습니다.

annex
[æneks]

n. 별관

The next meeting will be held at the **annex** building on Tuesday, October 4 at 2:00 pm.

- be held 개최되다, 열리다

다음번 회의는 10월 4일 화요일 오후 2시에 별관 건물에서 개최될 것입니다.

arrangement
[əréindʒmənt]

n. 계획, 준비, 각색, 협정, 배열, 정리, 조절, 배합

The CEO made **arrangements** to settle the company's debts.

- make arrangement to ~할 준비를 하다
- settle [sétl] vt. 해결하다, 결정하다, 결심하다, 안정시키다
- debt [det] n. 빚, 부채

그 최고경영자는 부채를 청산할 준비를 했습니다.

assembly
[əsémbli]

n. 조립, 회합, 집회, 회의
cf. The Assembly 의회, 입법부, 하원

Numerous processes are used in our **assembly**
operation including underwater welding.
- numerous [njú:mərəs] a. 다수의, 수많은 사람의
- process [práses] n. 공정, 과정, 절차, 소송과정, 발전,
  융기, 돌기
- operation [àpəréiʃən] n. 작업, 조작, 운영, 수술
- underwater [ʌ́ndərwɔ́:tər] a. 물속의, 물 아래의,
  깊은 바다의
  ad. 물속에서
- welding [wéldiŋ] n. 용접
우리의 조립 작업에서는 수중 용접을 포함한 수많은
공정이 사용됩니다.

---

attendee
[ətèndí:]

n. 출석자, 참석자
Attendees came from 30 different countries.
참석자는 30개국에서 왔습니다.

---

boardroom
[bɔ́:rdrù:m]

n. 회의실
They gathered at the **boardroom** to find solutions
for the trouble caused by their employees'
recklessness.
- gather [gǽðər] vt. 모으다
- solution [səlú:ʃən] n. 해결책
- trouble [trʌ́bəl] n. 문제
- caused by ~에 의해 야기된
- employee [implɔ́ii] n. 직원
- recklessness [réklisnis] n. 무모함, 무분별함
그들은 직원들의 무분별함에 의해 초래된 문제의
해결책을 찾기 위해 회의실에 모였습니다.

bulletin
[búlətin]

n. 게시, 공지, 공고, 회보

Please check the **bulletin** board daily.

게시판을 매일 점검하세요.

business card
[bíznis] [kɑ:rd]

명함

I give my **business card** whenever I meet a new customer.

- customer [kʌ́stəmər] n. 고객

저는 새 고객을 만날 때마다 제 명함을 드립니다.

clash
[klæʃ]

n. 충돌

I had a **clash** with the department manager about adapting to a new system.

- department manager 부서장
- adapt to ~에 적응하다, ~에 순응하다

저는 새로운 시스템을 적용하는 데 있어서 부서장과 의견 충돌을 겪었습니다.

condense
[kəndéns]

vt. 응축하다, 요약하다, 압축하다
vi. 줄어들다, 응축되다

She **condensed** the report into a few words.

그녀는 그 보고서를 몇 마디로 압축했습니다.

convey
[kənvéi]

vt. 전달하다, 나르다, 옮기다

It is not easy to **convey** the whole and accurate meaning of this document.

- whole [houl] a. 전체의
- accurate [ǽkjərit] a. 정확한
- document [dɑ́kjəmənt] n. 서류

이 서류의 전체적이고 정확한 의미를 전달하는 것은 쉽지 않습니다.

cost analysis
[kɔ:st] [ənǽləsis]

비용 분석

They discuss evaluation of optimal pricing and perform **cost analysis**.
- evaluation [ivæljuéiʃən] n. 평가
- optimal [áptəməl] a. 최선의, 최적의
그들은 최적의 가격결정 평가를 논의하고 비용 분석을 시행합니다.

---

cover one's shift
[ʃift]

~대신 근무하다

I **cover his shift** whenever he asks me to do so.
저는 그가 요청할 때면 언제나 그를 대신해서 근무를 해줍니다.

---

delay
[diléi]

vt. 늦추다, 연기하다 vi. 늦어지다, 지체하다

Ms. Morris was at Shanghai Motor Show and her flight was **delayed**.
- Shanghai Mortor Show 상하이 자동차 박람회
- flight [flait] n. 비행편, 이륙, 이동, 비약
모리스 부인은 상하이 자동차 박람회에 가셨는데 그 비행기가 연착되었어요.

---

delegate
[déligit, -gèit]

n. 대표자, 대리인, 대의원 vt. 위임하다, 대표로 보내다

The boss sent a **delegate** to settle the workers' riot.
- settle [sétl] vt. 해결하다
- riot [ráiət] n. 폭동, 소동
사장은 노동자들의 소동을 해결하기 위해 대리인을 보냈습니다.

demanding
[diméndiŋ]

a. 너무 많은 요구를 하는, 주문이 벅찬

She becomes very **demanding** whenever she needs to finish something quickly.
- quickly [kwíkli] ad. 빨리

그녀는 무언가를 빨리 끝낼 필요가 있을 때마다 매우 요구사항이 많아집니다.

diagram
[dáiəgræm]

n. 도표, 도해, 그림, 도식

He explained the cause of sales drop with several **diagrams** on his chart.
- explain [ikspléin] vt. 설명하다
- sales drop [seilz] [drɑp] 판매 저하
- several [sévərəl] a. 몇몇의
- chart [tʃɑ:rt] n. 도표, 그림

그는 도표에 몇몇 도식을 가지고 판매 저하의 원인을 설명했습니다.

encourage
[enkɔ́:ridʒ]

vt. 용기를 주다, 장려하다, 조장하다

We **encouraged** our workers to roll their sleeves up and pitch in.
- roll one's sleeves up ~의 소매를 걷어붙이다
- pitch in 힘차게 일하기 시작하다, 참가하다, 공헌하다

우리는 근로자들이 소매를 걷어붙이고 힘차게 일하도록 격려했습니다.

equilibrium
[i:kwəlíbriəm]

n. 균형

Please try to find an **equilibrium** between your family and your career.
- career [kəríər] n. 직업, 경력

당신의 가정과 일 사이에서 균형을 찾으려고 노력하세요.

errand
[érənd]

n. 심부름

I sent an office assistant on an **errand** to buy some stationery.
- office assistant 사환
- stationery [stéiʃənèri] n. 문구
저는 사환에게 문구를 사오라고 심부름을 보냈습니다.

fabric
[fǽbrik]

n. 직조, 직물, 구조, 구성, 구축, 짜임새

We are engaged in talks with the **fabric** company to purchase a part of its manufacturing business.
- engaged in ~에 연관되어 있다, 활동 중이다,
            ~하도록 예정되어 있다, 종사하다
- purchase [pɔ́:rtʃəs] n. 구입, 구매, 수입, 수익고
- manufacturing business 제조업
우리는 제조업체의 일부를 사들이기 위해 그
직물회사와 이야기 중입니다.

facility
[fəsíləti]

n. 시설, 설비, 재주, 편의, 평이

She is wondering if it would be possible to visit your production **facility** after the meeting.
- be wondering if ~가 가능한지를 궁금해 하다,
            ~일지 여부를 알고 싶어 하다
- be possible to ~하는 것이 가능하다
- visit [vízit] vt. 시찰하다, 방문하다
           vi. 체류하다, 찾아가다
  cf. visit with 사람, visit in/at 장소
- production facility 생산 설비
그녀는 회의 후 당신의 생산 설비에 방문하는 것이
가능할지를 알고 싶어 합니다.

familiarize
[fəmíljəràiz]

vt. 잘 알게 하다, 익숙하게 하다, 친하게 하다
vi. 격의 없이 사귀다(with)

Mr. Martin will be showing you around and **familiarizing** you with the facilities.

- show 사람 around ~에게 무엇을 안내하다,
  구경시켜 주다
- facilities [fəsílətiz] n. 시설, 설비, 편의시설, 기지

마틴 씨가 구경을 시켜 주며 당신에게 시설을 잘
알려줄 것입니다.

file drawer
[fail] [drɔ́:ər]

서류 서랍

Sort through your paper documents and place each document into a **file drawer**.

- sort [sɔ:rt] vt. 분류하다, 정리하다, 행동을 바로잡다
- document [dákjəmənt] n. 서류, 문서, 기록, 증권

당신의 문서를 분류해서 각 문서를 서류 서랍에
넣으십시오.

fluent in
[flú:ənt]

~에 유창한, ~에 능숙한

She is very **fluent in** Chinese and English.
그녀는 중국어와 영어에 매우 유창합니다.

identify
[aidéntəfài]

vt. vi. 밝히다, 알아내다, 동일시하다

I struggled to **identify** what the problem was.
저는 문제가 무엇인지를 알아내려고 애썼습니다.

impending
[impéndiŋ]

a. 절박한, 임박한

Owing to the **impending** contract, we need to focus on our work for the time being.

- contract [kántrækt] n. 계약
- focus on ~에 집중하다
- for the time being 당분간

임박한 계약 때문에 당분간 우리의 일에 집중할 필요가 있습니다.

intended recipient
[inténdid] [ris___t]

해당 수취인

Don't fail to send this quotation to the **intended recipient** of J&J Company.

- don't fail to 반드시 ~하라
- quotation [kwoutéiʃən] n. 실거래가

이 실거래가를 J&J 컴퍼니의 해당 수취인에게 반드시 보내세요.

inventory
[ínvəntɔ̀:ri]

n. 재고품, 재고목록

Please make a list of **inventory** before you order other spare parts.

- list [lis__] n. 목록
- spare part [spɛə:r] [pɑ:rt] 부품, 예비 부품

예비 부품을 주문하기 전에 재고품 목록을 작성하세요.

lean
[li:n]

vi. 기울다, 기대다
vt. 기대게 하다, 의지하게 하다

He was **leaning** on the desk.

- be leaning on ~에 기대다

그는 책상에 기대어 있었습니다.

listing
[lístiŋ]

n. 목록

I have the **listing** of textile fabrics purchase prices.
- textile fabrics [tékstail] [fǽbriks] 직물
- purchase [pə́:rtʃəs] n. 구매
- price [prais] n. 가격

저는 직물 구매 가격 목록을 가지고 있습니다.

night shift
[nait] [ʃift]

야간근무

Most workers employed to clean office buildings usually work **night shifts**.
- employ [emplɔ́i] vt. 고용하다, 쓰다
- clean [kli:n] vt. 청소하다 a. 깨끗한

사무실 건물을 청소하기 위해 고용된 대부분의 직원들은 대체로 야간근무를 합니다.

notify
[nóutəfài]

vt. 통지하다, 공시하다, 발표하다

The newly hired employee should promptly **notify** any accidents to his supervisor.
- newly hired employee 신입사원
- promptly [prámptli] ad. 즉시
- accident [ǽksidənt] n. 사건
- supervisor [sú:pərvàizər] n. 관리자, 감독관

신입사원은 자기 감독관에게 어떤 사건이라도 즉각 보고해야 합니다.

officiate
[əfíʃièit]

vi. 식을 진행하다, 집행하다, 사회를 보다(at)

I **officiated** at the reopening ceremony of our office business last year.
- reopening 재개장
- ceremony [sérəmòuni] n. 기념식
- office business 사무 업무

저는 작년에 우리의 사업재개 기념식에서 사회를 봤습니다.

on duty
[djuːti]

근무 중인

He was **on duty** when I called him on the phone.
제가 전화로 그를 찾았을 때 그는 근무 중이었습니다.

paper jam
[péipər] [dʒæm]

종이 낌, 종이 엉킴, 종이 걸림

I faced difficulties because of the **paper jam** in the
printer when I was in a hurry.
- printer [príntər] n. 프린터
- in a hurry 바쁜, 서두는
저는 바쁠 때 프린터에 종이가 걸려서 곤란을
겪었습니다.

paper recycling
[péipər] [risáikliŋ]

종이 재활용

Put the used paper into this box for **paper
recycling**.
사용한 종이는 종이 재활용을 위해 이 상자 안에
넣으세요.

paper shredder
[ʃrédər]

종이 절단기

Put the expired confidential documents into the
paper shredder.
- expired [ikspáiərd] a. 만기된, 유효기간이 지난,
보관 기간이 지난
- confidential [kὰnfidénʃəl] a. 기밀의
- document [dάkjəmənt] n. 서류
보관 기간이 지난 기밀 서류는 종이 절단기에 넣어
주세요.

paycheck
[péitʃèk]

n. 봉급, 임금, 지불수표

This bonus will be included in your **paycheck**.
- include [inklúːd] vt. 포함하다, 넣다
이 보너스는 당신의 봉급에 포함될 것입니다.

permanent
[pə́:rmənənt]

a. 상설의, 영구적인, 불변하는

The company will lease a facility in San Francisco while construction of the **permanent** center takes place.

- lease [li:s] vt. 임대하다, 차용하다
  　　　　　 n. 차용계약, 임대료, 임대, 공유지
- facility [fəsíləti] n. 기지, 설비, 편의
- construction [kənstrʌ́kʃən] n. 건설, 구조, 구성,
  　　　　　　　　　　　　　　 구문분석, 건축물
- take place 일어나다, 발생하다

그 회사는 상설 센터 건설이 진행되는 동안 샌 프란시스코에 있는 시설을 임대할 것입니다.

regional allowance
[rí:dʒnəl] [əláuəns]

특별 근무지 수당

Mr. Decker will receive **regional allowance** after he transfers to the company branch in India.

- receive [risí:v] vt. vi. 받다, 수령하다
- transfer to ~로 전근하다
- company branch [kʌ́mpəni] [bræntʃ] 지사

데커 씨는 인도에 있는 지사로 전근한 뒤 특별 근무지 수당을 받게 될 것입니다.

remind
[rimáind]

vt. 상기시키다, 생각나게 하다

It is very nice of you to **remind** me of the next meeting.

다음 회의를 상기시켜 주다니 당신은 정말 친절하군요.

reorganize
[ri:ɔ́:rgənàiz]

vt. 재편성하다, 개조하다, 개혁하다
vi. 재정비되다, 재건되다

They will have to **reorganize** the company from top to bottom.

- from top to bottom 완전히, 머리끝에서 발끝까지,
  　　　　　　　　　　 거꾸로

그들은 회사를 완전히 재편성할 것입니다.

require
[rikwáiə:r]

vt. 요구하다, 필요로 하다, 규정하다

The manager **requires** that monthly progress reports be turned in on time.

- manager [mǽnidʒə:r] n. 관리자, 경영자, 지배인, 부장
- monthly progress reports 월간 진행 보고서
- be turned in 제출되다
- on time 제시간에, 때맞춰, 시간을 어기지 않고

그 경영자는 월간 진행 보고서가 제 시간에 제출될 것을 요구합니다.

retain
[ritéin]

vt. 보유하다, 유지하다, 고용하다, 보류하다

We need to **retain** more creative talents, which is not so easy in this tight labor market.

- creative talent 창조적 재능, 창의적 인재
- tight labor market 수요에 비해 공급이 적은 노동시장, 일자리에 비해 일할 사람이 적은 노동시장

opp. slack labor market / slack [slæk] a. 느슨한

우리는 더 많은 창의적 인재를 보유할 필요가 있는데, 그것은 이처럼 사람이 부족한 노동시장에서는 쉽지 않습니다.

send a notification
[nòutəfikéiʃən]

통지사항을 보내다, 공지사항을 알리다

I **sent a notification** to the office director of the strike.

- office director 국장

저는 파업에 대해 국장에게 통지사항을 보냈습니다.

state-of-the-art

a. 최첨단의 n. 최첨단 기술, 최첨단 과학

Our company will install a **state-of-the-art** equipment to regulate temperature.

- install [instɔ́:l] vt. 설치하다, 가설하다, 장치하다
- equipment [ikwípmənt] n. 장비, 설비, 비품, 능력
- regulate [régjəlèit] vt. 조절하다, 통제하다, 규정하다
- temperature [témpərətʃuə:r] n. 온도, 체온, 신열

우리 회사는 온도를 조절하기 위해 새로운 최첨단 장비를 설치할 것입니다.

subsidiary
[səbsídièri]

a. 보조의, 부차적인, 조성금의

Until now my work has been limited to a **subsidiary** job.

- be limited to ~에 제한되다, ~에 한정되다

지금까지 제 일은 보조적인 업무에 한정되어 있었습니다.

업무 관련 용어 A

- 조직도 Organization Chart
- 업무 분장 Work Allotment / Responsibilities & Duties
- 본사 Head Office, Headquarters
- 지역 본부 Regional Headquarters
- 담당 Division
- 부서 Department
- 과 Part / Section

- 지점 Sales Branch
- 영업소 Sales Branch Office
- 우수 영업점 Excellent Dealer
- 표준 영업점 Standard Dealer
- 일반 영업점 General Dealer

- 관리 담당 Administration Division
- 경영재무 담당 Management & Finance Division
- 마케팅 담당 Marketing Division
- 영업지원 담당 Sales Support Division
- 고객 담당 Customer Consulting Division

- 개발팀 R&D(Research & Development) Team
- 관리팀 Management Team
- 경영지원팀 Management Support Team
- 경영기획팀 Management Planning Team
- 노사협력팀 Labor Relations Team
- 총무팀 General Affairs Team
- 교육연수팀 Education & Training Team
- 관재팀 Property Custody Team
- 자금팀 Finance Team
- 전산팀 MIS(Management Information System) Team
- 광고팀 Advertising Team
- 기술지원팀 Technical Support Team

- 설계팀 Design Team
- 생산팀 Production Team
- 생산관리팀 Manufacturing Management Team
- 전자 상거래팀 E-Commerce Team
- 인사팀 Personnel Team
- 내부감사팀 Internal Auditing Team
- 직판팀 Fleet Sales Team
- 제작팀 Manufacturing Team
- 품질관리팀 Quality Control Team
- 해외 사업팀 International Development Team
- 영업지원팀 Sales Support Team

다음에 해당하는 단어를 쓰시오.

• ~을 동반하다, 수반하다, 반주하다: acc	accompany
• 인가, 신임장: acc	accreditation
• 관리, 지배, 경영, 약의 투여: adm	administration
• 연합하다, 제휴하다: aff	affiliate
• 별관: ann	annex
• 계획, 준비, 각색, 협정, 배열, 정리, 조절, 배합: arr	arrangement
• 조립, 회합, 집회, 회의: ass	assembly
• 출석자, 참석자: att	attendee
• 회의실: b	boardroom
• 게시, 공지, 공고, 회보: bul	bulletin
• 명함: b c	business card
• 충돌: c	clash
• 응축하다, 요약하다, 압축하다, 줄어들다, 응축되다: con	condense
• 전달하다, 나르다, 옮기다: con	convey
• 비용 분석: c a	cost analysis
• ~대신 근무하다: c o s	cover one's shift
• 늦추다, 연기하다, 늦어지다, 지체하다: de	delay
• 대표자, 대리인, 대의원, 위임하다, 대표로 보내다: del	delegate
• 너무 많은 요구를 하는, 주문이 벅찬: dem	demanding
• 도표, 도해, 그림, 도식: dia	diagram
• 용기를 주다, 장려하다, 조장하다: enc	encourage
• 균형: equ	equilibrium
• 심부름: err	errand
• 직조, 직물, 구조, 구성, 구축, 짜임새: fa	fabric
• 시설, 설비, 재주, 편의, 평이: fac	facility
• 잘 알게 하다, 익숙하게 하다, 친하게 하다, 격의 없이 사귀다: fam	familiarize
• 서류 서랍: f d	file drawer
• ~에 유창한, ~에 능숙한: f i	fluent in
• 밝히다, 알아내다, 동일시하다: ide	identify
• 절박한, 임박한: imp	impending
• 해당 수취인: in re	intended recipient
• 재고품, 재고목록: inv	inventory
• 기울다, 기대다, 기대게 하다, 의지하게 하다: l	lean
• 목록: lis	listing
• 야간근무: n s	night shift

- 통지하다, 공시하다, 발표하다: not · notify
- 식을 진행하다, 집행하다, 사회를 보다: off · officiate
- 근무 중인: o d · on duty
- 종이 낌, 종이 엉킴, 종이 걸림: p j · paper jam
- 종이 재활용: p r · paper recycling
- 종이 절단기: p s · paper shredder
- 봉급, 임금, 지불수표: pay · paycheck
- 상설의, 영구적인, 불변하는: pe · permanent
- 특별 근무지 수당: r a · regional allowance
- 상기시키다, 생각나게 하다: rem · remind
- 재편성하다, 개조하다, 개혁하다, 재정비되다, 재건되다: reo · reorganize
- 요구하다, 필요로 하다, 규정하다: req · require
- 보유하다, 유지하다, 고용하다, 보류하다: re · retain
- 통지사항을 보내다, 공지사항을 알리다: s a n · send a notification
- 최첨단의, 최첨단 기술, 최첨단 과학: state- · state-of-the-art
- 보조의, 부차적인, 조성금의: sub · subsidiary

14. 사내업무에 관련된 어휘 B

abbreviate
[əbríːvièit]

vt. 요약하다, 단축하다

She is reading an **abbreviated** job description.
그녀는 요약된 직무내용 설명서를 읽고 있습니다.

accomplishment
[əkámpliʃmənt]

n. 성과, 업적, 성취, 교양

I am particularly impressed with your professional
accomplishments.
- particularly [pərtíkjələrli] ad. 특히, 각별히, 낱낱이,
세목에 걸쳐, 상세히
- be impressed with ~에 감명을 받다,
~에 깊은 인상을 받다
- professional accomplishment
직업적 성공, 전문적 성과
저는 당신의 전문적 성과에 특히 감명을 받았습니다.

acquaint
[əkwéint]

vt. 숙지시키다, 알려주다

You can begin by **acquainting** yourself with the
introductory training materials.
- introductory training materials 입문적 훈련자료,
안내용 교육자료
당신은 안내용 교육자료를 숙지하는 걸로 시작하면
되겠네요.

address
[ədrés, ǽdres]

n. 연설, 주소, 응대 태도

I need the recipient's **address** so that I can calculate the delivery cost.

- recipient [risípiənt] n. 수령자, 수령인, 수납자, 용기
  a. 받아들일 수 있는
- calculate [kǽlkjulèit] vt. 계산하다, 산정하다, 어림하다
- delivery cost 배송 비용

배송 비용을 산정하기 위해서 수신인의 주소가 필요합니다.

adjustment
[ədʒʌ́stmənt]

n. 적응, 조정, 정리, 적합

He has so far failed to make the **adjustment** from school to work.

- so far 지금까지는, 이만큼은

지금까지 그는 학교에서 직장으로의 적응을 하는 데 실패했습니다.

affiliation
[əfiliéiʃən]

n. 제휴, 협력, 가입, 입회, 가맹, 동맹, 연합

The school has an **affiliation** with the Project Management Institute.

- institute [ínstətjù:t] n. 회, 협회, 연구소, 대학

그 학교는 프로젝트 경영 연구소와 제휴되어 있습니다.

appraisal
[əpréizəl]

n. 평가, 감정, 사정, 견적

The **appraisal** report is pretty important.

그 감정 보고서는 상당히 중요합니다.

at one's disposal
[dispóuzəl]

뜻대로, 마음대로

The new copy machine over there is **at your disposal**.

저기 있는 신형 복사기는 당신 마음대로 사용할 수 있습니다.

attach
[ətǽtʃ]

vt. 붙이다, 첨부하다, 애착심을 갖게 하다
vi. 붙어다니다, 따라다니다

I have prepared a brief note, which I **attach** herewith.

- a brief note 간단한 메모, 짧은 편지
- herewith [hìərwíð, -wíθ] ad. 이것과 함께, 동봉하여, 이 기회에

제가 간단한 메모를 준비했는데 그것을 함께 첨부합니다.

break-even point
[breik-í:vən] [pɔint]

손익 분기점

I am very happy to tell you that we finally arrived at **break-even point** this year.

- finally [fáinəli] ad. 마침내
- arrive at ~에 도착하다

우리가 마침내 올해의 손익 분기점에 도달했음을 알려드리게 되어 매우 기쁩니다.

capability
[kèipəbíləti]

n. 기능, 능력, 재능, 역량, 가능성, 가능 출력(전기)

We recently bought a new printer with several useful **capabilities**.

- recently [rí:səntli] ad. 최근에, 얼마 전에 syn. lately
- useful [jú:sfəl] a. 유용한, 편리한, 유익한

우리는 최근에 몇 가지 유용한 기능이 있는 새 프린터를 샀습니다.

cautious
[kɔ́:ʃəs]

a. 주의 깊은, 신중한, 조심하는

He is **cautious** in every respect.

- in every respect 모든 면에서

그는 모든 면에서 신중합니다.

clerical
[klérikəl]

a. 사무원의, 목사의, 성직자의, 서기의
n. 성직자, 목사, 성직권 지지자

You will be expected to carry out a range of tasks from simple **clerical** duties to complex assignments.

- be expected to ~하도록 요청되다, 예정되어 있다,
  ~하도록 기대되다
- carry out 수행하다
- a range of 일련의, 갖가지, 범위 안에
- task [tæsk] n. 임무, 노역, 과업
- duties [djúːtiz] n. 업무, 직책, 근무
  hours of duties 근무시간
- complex [kəmpléks] a. 복잡한, 어려운, 합성의
- assignment [əsáinmənt] n. 임무, 명령, 담당, 할당

당신은 단순한 사무임무에서부터 복잡한 업무에 이르는 일련의 일을 수행해야 할 것입니다.

clout
[klaut]

n. 영향력, 과녁, 강타

The competitors were shocked when our company hit the **clout** much earlier than anyone had expected.

- competitor [kəmpétətər] n. 경쟁자
- be shocked 충격을 받다
- hit the clout 명중하다, 적중하다
- expect [ikspékt] vt. vi. 기대하다, 예상하다

경쟁사들은 우리 회사가 다른 사람이 예상했던 것보다 훨씬 일찍 목표를 달성하자 놀랐습니다.

colleague
[káli:g]

n. 동료, 동업자

Although she has been transferred to Saint Louis,
she and her former **colleagues** remain in contact.
- transfer [trænsfə́:r] vi. 전근하다, 전학하다, 갈아타다
   vt. 옮기다, 이동시키다
- former [fɔ́:rmə:r] a. 전의, 앞의, 전자의
- contact [kántækt] n. 접촉, 연락, 접근

세인트 루이스로 전근했지만, 그녀는 이전 동료들과
여전히 연락을 하고 지냅니다.

copy
[kápi]

n. 사본, 복사, 모방, 원본, 초고, 인화

Black-and-white **copies** are suitable when you
want to provide simplicity.
- suitable [sú:təbəl] a. 적당한, 상당한, 어울리는, 알맞은
- provide [prəváid] vt. 주다, 공급하다, 규정하다
   vi. 대비하다, 준비하다
- simplicity [simplísəti] n. 단순, 평이, 소박, 순진, 간단

단순하게 하고 싶을 때 흑백 복사가 적당합니다.

deduct
[didʌ́kt]

vt. 공제하다, 빼다, 줄이다

I am pretty sure you can **deduct** your expenses on
office supplies and materials.
- expense [ikspéns] n. 지출, 비용, 경비
- office supplies [ɔ́(:)fis] [səpláiz] 사무용품
- material [mətíəriəl] n. 재료, 용구, 자재

저는 당신이 사무 용품과 자재에 드는 비용을 공제받을
수 있다고 매우 확신합니다.

delivery
[dilívəri]

n. 배달, 출하, 납품, 구출, 해산

I am calling about the **delivery** of a wireless keyboard this Thursday.

- be calling about ~에 관해 전화를 걸고 있다

이번 목요일에 있을 무선 키보드의 배달 건으로 전화했습니다.

deterrent
[ditə́:rənt]

n. 방해물

Don't let **deterrent** situations delay your project.

- delay [diléi] vt. 지연시키다

방해되는 상황이 당신의 기획을 지연시키도록 내버려두지 마세요.

digit
[dídʒit]

n. 숫자

Please check the **digits** before displaying the products.

- display [displéi] vt. 전시하다
- product [prádəkt] n. 제품

제품을 전시하기 전에 숫자번호를 점검하세요.

document
[dákjəmənt]

n. 문서, 서류, 증서, 증권, 기록영화

I was not able to find a **document** beside my computer monitor.

제 컴퓨터 모니터 옆에서 서류를 찾을 수 없었습니다.

download
[dáunlòud]

vt. 내려받다, 컴퓨터상에서 복사하다

The materials can be **downloaded** from the internet.

- material [mətíəriəl] n. 자료, 재료, 요소

자료들은 인터넷에서 내려받을 수 있습니다.

exposure
[ikspóuʒər]

n. 진열, 전시, 노출, 발각, 폭로

She is enjoying more sales thanks to the increased **exposure** you provided for her.

- sales [seilz] n. 판매, 영업, 매상
- thanks to ~의 덕분에
- increased [inkrí:st] a. 증대된, 강해진, 늘어난
- provide [prəváid] vt. 제공하다, 공급하다
              vi. 준비하다, 대비하다

당신이 진열을 더 할 수 있도록 해준 덕분에 그녀는 더 많은 매상을 올리고 있습니다.

extension
[iksténʃən]

n. 신장, 연장, 확장

You do not have to explain why you are asking for the **extension** number.

- explain 설명하다
- ask for 요청하다, 요구하다
- extension number 내선번호(전화)

당신이 내선번호를 묻는 이유를 설명할 필요는 없습니다.

flextime
[flékstàim]

n. 자율시간 근무제

I would like to find a job which I can work **flextime**.

저는 자율시간 근무제로 일할 수 있는 직업을 찾고자 합니다.

inadequate
[inǽdikwit]

a. 능력이 모자라는, 적응이 안 되는, 불충분한, 부적당한, 미숙한

Feeling **inadequate**, they pushed themselves harder and harder.

- push oneself 스스로를 몰아붙이다
- harder and harder 더 거세게, 더 열심히

능력이 모자란다고 느껴, 그들은 스스로를 더 거세게 몰아붙였습니다.

initially
[iníʃəli]

ad. 처음에, 초기에, 최초에

You will **initially** be working with a senior engineer in the research and development team.

- senior engineer 선임 기술자, 고참 기술자
- research and development 연구개발

당신은 처음에 연구개발 팀의 선임 기술자와 함께 일하게 될 것입니다.

interface
[íntərfèis]

n. 인터페이스, 접점, 연락, 상호작용 수단, 접촉면, 중간면

An important aspect of **interface** design is icon design.

- aspect [æspekt] n. 양상, 모습, 외관, 경지, 국면
- icon [áikɔn] n. 기호, 상, 초상

인터페이스 디자인의 중요한 측면은 아이콘 디자인입니다.

layout
[léiàut]

n. 설계, 배치, 구획, 기획

This **layout** does not look quite right.

- quite right 꽤 좋은, 상당히 정확한, 매우 정상적인, 무척 정당한

이 설계는 그다지 괜찮아 보이지 않습니다.

maternity
[mətə́:rnəti]

a. 임산부를 위한, 출산의 n. 모성애

Fortunately, she was allowed to take a **maternity** leave for a year.

- fortunately [fɔ́:rtʃənətli] ad. 다행스럽게
- be allowed to ~하도록 허락받다,
            ~하는 것이 허용되다
- maternity leave 출산휴가

다행스럽게도 그녀는 1년간 출산휴가를 갖도록 허락받았습니다.

orientation
[ɔ:rientéiʃən]

n. 적응지도, 방위, 동쪽을 향하게 함

If Monday is a holiday, the new-hire **orientation**
will be held on Tuesday.

 - holiday [hálədèi] n. 휴일, 축제일, 휴가
 - new-hire [nju:-haiər] n. 신입사원
월요일이 휴일이면, 신입사원 적응지도는 화요일에
열릴 것입니다.

---

paperwork
[péipərwɔ̀:rk]

n. 문서 업무, 서류 업무, 탁상 사무

I don't like spending much time on **paperwork**.

 - spend time on ~에 시간을 보내다
저는 서류 업무에 많은 시간을 보내는 것을 좋아하지
않습니다.

---

participate
[pɑːrtísəpèit]

vi. 참여하다(in/with), 성질을 띠다(of) vt. 참가하다

While working with associates in the Business
Research Center, students **participate** in real
world research.

 - associate [əsóuʃièit] n. 조합, 조합원, 공동 경영자,
　　　　　　　　　　　　동료, 한패, 연상물
 - Business Research Center 기업 연구 센터
 - real world 실제 사회, 실생활, 현실
기업 연구 센터의 조합과 함께 일하면서 학생들은 실제
사회의 조사에 참여하게 됩니다.

---

potential
[pouténʃəl]

a. 잠재적인, 장래에 ~가 될, ~일 가능성이 있는
n. 가능성, 잠재력

This business is a **potential** gold mine.

 - gold mine 금광
그 사업은 금광이 될 가능성이 있습니다.

proofread
[prú:frì:d]

vi. vt. 교정보다, 교정쇄를 읽다

Please let others **proofread** your report before you present it to the executives.

- present A to B　A를 B에게 제출하다, 발표하다, 소개시키다
- executive [igzékjətiv] n. 행정부, 관리직, 경영진, 임원

보고서를 경영진에게 발표하기 전에 다른 사람이 교정을 보게 하세요.

quarterly
[kwɔ́:rtərli]

a. 연 사회의, 분기별의 ad. 철마다, 분기별로
n. 계간지

Initial projections of **quarterly** earnings have already been exceeded with two months remaining.

- initial projection 최초의 계획, 처음의 설계
- earning [ɔ́:rniŋ] n. 소득, 임금, 이득
- be exceeded ~을 넘다, 상회하다, 어기다
- remaining [riméiniŋ] n. 남음, 잔존, 잔여

4분기 수익에 대한 최초의 계획은 두 달이 남아 있는데도 이미 초과 달성되었습니다.

reimbursement
[rì:imbɔ́:rsmənt]

n. 상환, 변제, 변상

The department members have to get the permission from their supervisors before applying for travel **reimbursement**.

- department [dipá:rtmənt] n. 부서, 국, 과, 학부
- permission [pərmíʃən] n. 허가, 면허, 허용, 인가
- supervisor [sú:pərvàizər] n. 관리자, 감독, 조사관
- apply for ~을 신청하다, ~에 지원하다

부서원들은 여비 상환을 신청하기 전에 자신들의 상관에게 허가를 받아야 합니다.

relocate
[ri:lóukeit]

vt. 다시 배치하다, 새 장소로 옮기다, 이전시키다

We need to **relocate** the office because the rent is too high.

- rent [rent] n. 임대료, 집세, 방세, 소작료

임대료가 너무 비싸서 새 사무실로 이전해야 됩니다.

respondent
[rispándənt]

n. 응답자, 회답자, 이혼 소송의 피고

About half of **respondents** wrote comments about the searching tools.

- comment [kámənt] n. 의견, 논평, 주석, 설명, 해석
- searching [sɔ́:rtʃiŋ] a. 검색하는, 수색하는, 엄중한
- tool [tu:l] n. 연장, 수단, 도구, 방편

응답자의 절반가량이 검색 도구에 대한 의견을 썼습니다.

responsible
[rispánsəbəl]

a. 책임이 있는, 신뢰할 수 있는, 원인이 되는

She is **responsible** for the education of new employees.

- be responsible for ~을 담당하다, 책임지다
- new employee 신입사원

그녀가 신입사원 교육을 담당합니다.

restrict
[ristríkt]

vt. 제한하다, 한정하다, 금지하다, 제거하다

Access to the facility is **restricted** until our prototype is finished.

- access to ~로의 접근
- facility [fəsíləti] n. 시설, 설비, 기지
- be restricted 제한되다
- prototype [próutoutàip] n. 표준, 원형 모범
- be finished 완성되다

우리의 표준이 완성될 때까지는 그 시설로의 접근이 제한되어 있습니다.

return one's call

회신전화를 해주다, 응답전화를 해주다

I will tell him to **return your call** as soon as possible.
제가 그에게 가능한 한 빨리 당신에게 응답 전화를 하라고 말하겠습니다.

session
[séʃən]

n. 수업 시간, 개회 중, 학년, 학기, 기간

All staff members are expected to attend the training **session**.
모든 직원들은 연수 시간에 참석해야 합니다.

set down to work

착수하다

Let's **set down to work** and review the whole procedures.
- review [rivjú:] vt. vi. 검토하다, 복습하다,
  세밀히 검사하다
- procedure [prəsí:dʒər] n. 절차, 조처, 순서
착수해서 전체적인 절차를 검토해 봅시다.

sign out
[sain out]

외출 기록하다, 외출 서명하다

The computerized employee locator will soon replace the office's old, manual **sign out** board.
- computerized [kəmpjú:təraizd] a. 컴퓨터화된
- employee [implɔ́ii] n. 고용인, 사용인, 종업원
- locator [loukéitər] n. 위치 탐지장치, 레이더,
  토지 경계 설정자
- replace [ripléis] vt. 대신하다, 제자리에 놓다, 대체하다
- manual [mǽnjuəl] a. 수작업하는, 손의, 수세공의
- board [bɔ:rd] n. 게시판, 칠판, 입장권
이 컴퓨터화된 직원 위치 탐지장치는 사무실의 오래된 수작업식 외출기록 게시판을 곧 대체하게 될 것입니다.

sit next to each other

나란히 앉아 있다

They **sat next to each other** while they had a small talk about the new project.

- have a small talk 잠시 이야기하다
- project [prɑdʒékt] n. 계획, 설계, 예정

그들은 새로운 계획에 대해서 잠시 이야기하는 동안 나란히 앉아 있었습니다.

specification
[spèsəfikéiʃən]

n. 설명, 명세, 내역, 상세

The woman called Mr. Hathaway to request updated product **specifications**.

- request [rikwést] vt. 구하다, 청하다, 원하다, 부탁하다

그 여자는 제품에 대한 최신 내역을 요청하기 위해 해서웨이 씨에게 전화를 했습니다.

stay awake

깨어 있다

I can hardly **stay awake** after a full meal for lunch.

- can hardly ~하는 것이 거의 불가능하다,
  거의 ~하지 못하다
- full meal [ful] [mi:l] 배부른 식사, 충분한 식사

저는 점심으로 밥을 많이 먹고는 거의 깨어 있지 못합니다.

stow
[stou]

vt. 짐을 싣다

They **stowed** the ordered items in the trailer.

- order [ɔ́:rdər] vt. 주문하다, 명령하다
- item [áitəm] n. 항목, 기사, 물건, 조항
- trailer [tréilər] n. 끄는 사람, 트레일러, 추적자

그들은 주문받은 물건들을 트레일러에 실었습니다.

summarize
[sʌ́məràiz]

vt. 요약하다, 개괄하다

Please briefly **summarize** the information.

- briefly [brí:fli] ad. 짧게, 간단히, 잠시, 일시적으로

그 정보를 간단히 요약해 주세요.

supervisor
[súːpərvàizər]

n. 관리자, 감독, 주임, 감시자

The **supervisor** will inform you about the amount of your increase.

- inform [infɔ́ːrm] vt. 알리다, 보고하다, 가르치다
- amount [əmáunt] n. 총액, 총계, 양, 가치, 요지, 중요성

관리자가 인상액을 당신에게 알려 줄 것입니다.

switchboard
[swítʃbɔ̀ːrd]

n. 전화 교환기

The broken **switchboard** makes the job much more difficult and annoying.

- break [breik] vt. 깨뜨리다, 부수다, 고장내다
            vi. 깨어지다, 헤어지다

그 고장난 전화 교환기가 일을 훨씬 더 힘들고 성가시게 만듭니다.

take the message

메시지를 전해 받다

She **took the message** but she forgot to notify the manager.

- forget to ~ 하는 것을 잊다
  cf. forget ~ing ~한 것을 잊다
- notify [nóutəfài] vt. ~에게 통고하다, ~에게 보고하다
- manager [mǽnidʒər] n. 지배인, 경영자, 관리자

그녀는 메시지를 전달받았지만 관리자에게 보고하는 것을 잊었습니다.

take
the place of

~을 대신하다

She will **take the place of** Mr. Ames, when he
transfers to the headquarters.

- transfer to ~로 이직하다, 전임하다, 이동하다, 갈아타다
- headquarters [hédkwɔ̀:rtərz] n. 본부, 사령부, 본사,
　　　　　　　　　　　　　　　　본국

에임스 씨가 본사로 이동하면 그녀가 그를 대신하게 될
것입니다.

take turns

교대로 하다

They **take turns** in completing the project to meet
the deadline.

- complete [kəmplí:t] vt. 마치다, 완수하다
- project [prədʒékt] n. 입안, 기획, 계획, 설계, 예정
- deadline [dédlàin] n. 경계선, 마감시간, 최종시한

그들은 마감시간에 맞춰 기획을 완수하기 위해
교대작업을 했습니다.

uniform
[júːnəfɔ̀ːrm]

a. 동일 표준의, 한결같은, 변화하지 않는, 균일한, 고유의

His goal is to create a **uniform** invoicing process
for all the different departments.

- uniform invoicing process 동일 표준의 송장 작성
　　　　　　　　　　　　　　　　절차
- all the different departments 모든 다른 부서들

그의 목표는 모든 다른 부서를 위해서도 동일 표준의
송장 작성 절차를 만드는 것입니다.

workshop

[wɔ́:rkʃàp]

n. 연수회, 공동연구회, 작업장, 직장, 일터

All interns are expected to attend the upcoming **workshop**.

- intern [íntə:rn] n. 수습사원
- be expected to ~하도록 되어 있다, ~해야 한다
- upcoming [ʌ́pkʌ̀miŋ] a. 다가오는, 곧 공개될

모든 수습사원들은 다가오는 연수회에 참여해야 합니다.

업무 관련 용어 B

- 임원 Executives
- 최고 경영자
  CEO(Chief Executive Officer)
- 대표이사 회장 Chairman & CEO
- 대표이사 부회장 Vice Chairman & CEO
- 대표이사 사장 President & CEO
- 부사장 Vice President
- 최고 재무 책임자
  CFO(Chief Financial Officer)
- 최고 기술 책임자
  CTO(Chief Technical Officer)
- 최고 운영 책임자
  COO(Chief Operating Officer)
- 전무 Executive Managing Director
- 상무 Managing Director
- 이사 Executive Director
- 사외이사 Outside Director

- 판매사원 Sales Clerk
- 출납계원 Cashier
- 서류정리계원 File Clerk
- 접수계원 Receptionist
- 고객 서비스 담당 직원
  Customer Service Representative
- 공보관 Information Officer
- 비서 Secretary
- 전화통신 판매원 Telemarketer
- 회계원 Accountant
- 출납계원/회계담당자 Treasurer
- 회계장부 기입자 Bookkeeper
- 속기 타이피스트 Stenographer

- 고문 Advising Director(Consultant,
  Auditor 고문/감사)
- 부장 General Manager
- 차장 Deputy General Manager
- 과장 Manager
- 대리 Assistant Manager
- 주임 Senior Clerk
- 팀장 Team Leader
- 부서장 Department Manager
- 과 책임자 Section Manager
- 지점장 Branch Manager

- 인사 위원회 Personnel Committee
- 인사명령 Personnel Order
- 호봉 Pay Grade
- 연봉 Annual Salary / Yearly Stipend
- 파견 Dispatch
- 휴직 Lay-off
- 승진 Promotion
- 승급 Grade-up
- 포상 Award
- 공로상 Distinguished Service Award
- 모범상 Good Conduct Award
- 근속상 Long Service Award
- 올해의 직원상
  The Employee Of The Year Award

다음에 해당하는 단어를 쓰시오.

- 요약하다, 단축하다: abb / abbreviate
- 성과, 업적, 성취, 교양: acc / accomplishment
- 숙지시키다, 알려주다: acq / acquaint
- 연설, 주소, 응대 태도:a / address
- 적응, 조정, 정리, 적합: adj / adjustment
- 제휴, 협력, 가입, 입회, 가맹, 동맹, 연합: af / affiliation
- 평가, 감정, 사정, 견적: appr / appraisal
- 뜻대로, 마음대로: at one's d / at one's disposal
- 붙이다, 첨부하다, 애착심을 갖게 하다, 붙어다니다, 따라다니다: at / attach
- 손익 분기점: break / break-even point
- 기능, 능력, 재능, 역량, 가능성, 가능 출력(전기): ca / capability
- 주의 깊은, 신중한, 조심하는: cau / cautious
- 사무원의, 목사의, 성직자의, 서기의, 성직자, 목사, 성직권 지지자: cle / clerical
- 영향력, 과녁, 강타: clo / clout
- 동료, 동업자: col / colleague
- 사본, 복사, 모방, 원본, 초고, 인화: c / copy
- 공제하다, 빼다, 줄이다: ded / deduct
- 배달, 출하, 납품, 구출, 해산: del / delivery
- 방해물: det / deterrent
- 숫자: di / digit
- 문서, 서류, 증서, 증권, 기록영화: doc / document
- 내려받다, 컴퓨터상에서 복사하다: down / download
- 진열, 전시, 노출, 발각, 폭로: exp / exposure
- 신장, 연장, 확장: ext / extension
- 자율시간 근무제: fle / flextime
- 능력이 모자라는, 적응이 안 되는, 불충분한, 부적당한, 미숙한: inad / inadequate
- 처음에, 초기에, 최초에: ini / initially
- 인터페이스, 접점, 연락, 상호작용 수단, 접촉면, 중간면: int / interface
- 설계, 배치, 구획, 기획: lay / layout
- 임산부를 위한, 출산의, 모성애: mat / maternity
- 적응지도, 방위, 동쪽을 향하게 함: ori / orientation
- 문서 업무, 서류 업무, 탁상 사무: pap / paperwork
- 참여하다, 성질을 띠다, 참가하다: par / participate
- 잠재적인, 장래에 ~가 될, ~일 가능성이 있는, 가능성, 잠재력: pot / potential
- 교정보다, 교정쇄를 읽다: pro / proofread

- 연 사회의, 분기별의, 철마다, 분기별로, 계간지: qua — quarterly
- 상환, 변제, 변상: reim — reimbursement
- 다시 배치하다, 새 장소로 옮기다, 이전시키다: rel — relocate
- 응답자, 회답자, 이혼 소송의 피고: resp — respondent
- 책임이 있는, 신뢰할 수 있는, 원인이 되는: res — responsible
- 제한하다, 한정하다, 금지하다, 제거하다: res — restrict
- 회신전화를 해주다, 응답전화를 해주다: r   one's c — return one's call
- 수업 시간, 개회 중, 학년, 학기, 기간: ses — session
- 착수하다: set down — set down to work
- 외출 기록하다, 외출 서명하다: s   o — sign out
- 나란히 앉아 있다: sit next — sit next to each other
- 설명, 명세, 내역, 상세: spe — specification
- 깨어 있다: s   a — stay awake
- 짐을 싣다: st — stow
- 요약하다, 개괄하다: sum — summarize
- 관리자, 감독, 주임, 감시자: sup — supervisor
- 전화 교환기: swi — switchboard
- 메시지를 전해 받다: t   the m — take the message
- ~을 대신하다: t   the p   o — take the place of
- 교대로 하다: t   t — take turns
- 동일 표준의, 한결같은, 변화하지 않는, 균일한, 고유의: uni — uniform
- 연수회, 공동연구회, 작업장, 직장, 일터: wo — workshop

15. 언론과 출판에 관련된 어휘

abridge
[əbrídʒ]

vt. 요약하다, 단축하다 n. 축소, 감쇄

Bloomberg will begin to publish another new
abridged series.
- series [síəri:z] n. 총서, 연속 출판물

블룸버그는 또 하나의 새로운 요약 총서를 출판하기
시작할 것입니다.

anecdote
[ǽnikdòut]

n 일화, 일사, 기담

He wrote a book of **anecdotes** from his trips
overseas.
- trips overseas 해외여행

그는 해외여행에서의 일화들을 책으로 썼습니다.

appreciate
[əprí:ʃièit]

vt. 평가하다, 감정하다, 진가를 인정하다, 고맙게 여기다

I would **appreciate** it if you print these corrections
in an upcoming issue of your magazine.
- print [print] vt. 출판하다, 인쇄하다
- correction [kərékʃən] n. 교정, 정정, 수정
- upcoming [ʌ́pkʌ̀miŋ] a. 이번의, 다가오는, 곧 나타날
- issue [íʃu:] n. 판, 호, 출판
- magazine [mæ̀gəzín] n. 잡지, 탄창, 탄약고

이번 호 잡지에 이 수정사항을 인쇄해 주시면
감사하겠습니다.

archive
[ɑ́:rkaiv]

n. 수집 자료, 문서, 기록, 집적, 기록보관소

We have an easy way to publish your **archives** online.

- publish [pʌ́bliʃ] vt. 발행하다, 출판하다, 발표하다

우리는 당신의 수집 자료를 인터넷으로 발행할 쉬운 방법을 갖고 있습니다.

article
[ɑ́:rtikl]

n. 기사, 논설, 논문, 품목, 조항, 계약, 관사

Have you finished writing your **article** about the opening of the new art museum?

- art museum 미술관

새 미술관 개관에 대한 기사 작성을 끝냈나요?

association
[əsòusiéiʃən]

n. 연합, 교제, 협회, 군집

The **association** announced the call for nominations for the National Newspaper Awards.

- announce [ənáuns] vt. 공고하다, 고지하다, 발표하다
- call for ~에 대한 요구, 요청, 불러옴
- nomination [nàmənéiʃən] n. 추천, 지명권, 임명권

그 연합은 전국 신문연합 상에 추천 요청을 고지했습니다.

behavior
[bihéivjər]

n. 행동, 거동, 행실, 품행, 태도

The magazine chastised the politician for his bad **behavior**.

- chastise [tʃæstáiz] vt. 질책하다, 응징하다, 벌하다, 억제하다
- politician [pàlətíʃən] n. 정치가, 책사, 정치꾼
- bad behavior 그릇된 행동, 나쁜 품행

그 잡지는 그 정치인의 그릇된 행동에 대해 질책했습니다.

bewildering
[biwíldəriŋ]

a. 당혹케 하는, 당혹스러운

The magazine publishes flash and **bewildering** short stories.

- magazine [mǽgəzí:n] n. 잡지
- flash [flæʃ] a. 값싼, 가짜의, 위조의, 야한
  vi. 번쩍이다 vt. 번쩍 발하다
  n. 섬광

그 잡지는 야하고 당혹스러운 단편소설을 출판합니다.

bibliography
[bibliágrəfi]

n. 참고문헌, 출판목록, 서지학

The book contains many of topical interests and has an extensive **bibliography**.

- contain [kəntéin] vt. 담다, 포함하다, 내포하다,
  억누르다, 억제하다
- topical [tápikəl] a. 주제적, 시사문제의, 제목의, 논제의,
  뉴스의
- interest [íntərist] n. 관심, 흥미, 중요성, 이익, 이권
- extensive [iksténsiv] a. 광범위한, 광대한, 넓은, 해박한

이 책은 많은 주제상의 흥미로운 점과 광범위한 참고문헌을 갖고 있습니다.

censorship
[sénsərʃip]

n. 검열

I believe that **censorship** of violence and sexual themes is necessary.

- violence [váiələns] n. 폭력, 격렬함, 모독, 불경
- theme [θi:m] n. 주제, 논지, 근거, 어간

저는 폭력과 성적인 주제에 대한 검열이 필요하다고 믿습니다.

chronicle
[kránikl]

vt. 연대기에 올리다, 연대순으로 기록하다
n. 연대기, 역사, 성경 구약의 「역대」

Newspapers and television **chronicle** world events each day.
  - world events 세계적 사건들, 세계에서 일어난 사건들
  - each day 매일, 하루하루
  신문과 텔레비전은 매일 세계에서 일어난 사건들을
  연대순으로 기록합니다.

compilation
[kàmpəléiʃən]

n. 편집

Our **compilation** process is broken down into five steps.
  - process [práses] n. 절차, 과정
  - be broken down ~으로 나누어지다
  - step [step] n. 단계
  우리의 편집 과정은 다섯 단계로 나누어집니다.

consecutive
[kənsékjətiv]

a. 연속적인

He won second **consecutive** Eddie Award for editorial excellence.
  - award [əwɔ́:rd] n. 상
  - editorial [èdətɔ́:riəl] a. 편집의 n. 사설
  - excellence [éksələns] n. 우수, 탁월, 뛰어남
  그는 우수 편집으로 에디 상을 2회 연속 수상했습니다.

contributor
[kəntríbjətər]

n. 기부자, 기고자, 공헌자

He is a frequent **contributor** to this magazine.
  - frequent [frí:kwənt] a. 잦은, 단골의, 상습적인, 빈번한
  그는 우리 잡지에 자주 기고하는 분입니다.

copyright permission
[kápiràit] [pəːrmíʃən]

저작권 허가

We need to get the artist's **copyright permission** to make derivative works based on the original image.

- derivative [dirívətiv] a. 이차적인, 독창적이지 않은, 모방한
- based on ~에 기초한

원 이미지에 기초한 이차적인 작업을 하기 위해 우리는 예술가의 저작권 허가를 받아야 합니다.

coverage
[kávəridʒ]

n. 취재, 범위, 적용, 보급률, 보급 범위, 보도, 시청 범위

Radio **coverage** of the event was rather sparse.

- event [ivént] n. 사건, 결과
- sparse [spɑːrs] a. 빈약한, 부족한, 성긴, (머리숱이) 적은

그 사건에 대한 라디오 보도는 상당히 엉성했습니다.

crafted
[krǽftid]

a. 정교하게 만들어진, 공예품의

I found her article about her time in Afghanistan to be well **crafted** and informative.

- article [áːrtikl] n. 기사, 논설, 조항, 물품, 관사
- informative [infɔ́ːrmətiv] a. 정보를 제공하는, 지식을 주는, 교육적인, 유익한

아프가니스탄에서 보낸 시간에 대한 그녀의 기사는 잘 짜여 있고 유익했습니다.

cutting-edge
[kʌ́tiŋ-edʒ]

a. 최첨단의

By publishing **cutting-edge** research, the journal will be at the forefront of the environmental movement.

- research [risə́:rtʃ] n. 연구, 조사
- journal [dʒə́:rnəl] n. 신문, 잡지, 일지, 일기
- forefront [fɔ́:rfrʌ̀nt] n. 최전선, 중심
- environmental [invàiərənméntl] a. 환경의

최첨단의 연구를 출판함으로써 그 잡지는 환경 운동의 최전방에 서게 될 것입니다.

depend
[dipénd]

vi. 의존하다, 의지하다, 신뢰하다, ~나름이다(on, upon)

We **depend** upon the mass media for daily news.

- mass media 대중매체
- daily news 매일의 뉴스

우리는 매일의 뉴스를 대중 매체에 의존합니다.

desktop publishing
[desḱtàp] [pʌ́bliʃiŋ]

전자출판

Desktop publishing services make it possible to publish your own book easily.

전자출판 서비스는 당신의 책이 쉽게 출판되는 것을 가능하게 할 것입니다.

embargo
[imbá:rgou]

n. 뉴스 발표시간 제한, 통상 금지, 출항이나 입항 금지
vt. 출항/입항/수출/통상 등을 금지하다

The journalist was removed from The Newspaper Association for one year as he had broken an **embargo**.

- journalist [dʒə́:rnəlist] n. 기자
  - be removed from ~에서 퇴출되다, 제명되다
  - break [breik] (p. pp. broke [brouk]
    broken [bróukən]) vt. 어기다, 부수다, 파괴하다

그 기자는 뉴스 발표시간 제한을 어겨서 신문
연합으로부터 1년간 제명되었습니다.

enviable
[énviəbəl]

a. 부러워할 만한

His book enjoyed the **enviable** distinction of being the utmost authority.

- distinction [distíŋkʃən] n. 구별, 차별, 우수성, 탁월성

그의 책은 최고로 권위 있는 저서가 되는 부러움을
살만한 우수성을 보였습니다.

illustration
[iləstréiʃən]

n. 삽화, 예증, 도해, 실례

I was asked to draw several pieces of **illustration** for the company newsletter.

- be asked to ~하도록 요구받다
- several [sévərəl] a. 여러, 몇몇의, 각자의
- company newsletter 사보

저는 회사 사보에 실릴 삽화 몇 점을 그리도록
요청받았습니다.

imperative
[impérətiv]

a. 강제적인, 절박한, 긴급한 n. 명령, 의무

It is **imperative** for researchers at this institute to write and publish in English.

- researcher [risə́:rtʃər] n. 연구자, 연구원, 조사원
- institute [ínstətjùːt] n. 연구소, 학회, 강습회
- publish [pʌ́bliʃ] vt. vi. 출판하다

이 연구소의 연구자들에게는 영어로 쓰고 출판하는 것이 의무입니다.

insubordinate
[ìnsəbɔ́:rdənit]

a. 반항하는, 복종하지 않는

They report that **insubordinate** acts may put citizens in more harm.

- report [ripɔ́:rt] vt. vi. 보고하다, 보도하다, 신고하다,
                                출두하다
- citizen [sítəzən] n. 시민, 주민, 국민

그들은 반항적인 행위가 시민들에게 더 큰 해를 끼칠 수 있다고 보도합니다.

manuscript
[mǽnjəskrìpt]

n. 원고, 사본, 필사본

The **manuscript** will soon be ready for publication.

- be ready for ~을 위한 준비가 되다
- publication [pʌ̀bləkéiʃən] n. 출판, 간행, 공표

그 원고는 곧 출판 준비가 될 것입니다.

obituary
[oubítʃuèri]

n. 부고

This newspaper will not run **obituary** for dogs.

이 신문은 개에 대한 부고는 싣지 않습니다.

paragraph
[pǽrəgræf]

a. 문단, 단락, 단편기사, 절, 항

If you delete this **paragraph**, the composition will be more appealing.

- delete [dilí:t] vt. 지우다, 삭제하다, 교정하다
- composition [kὰmpəzíʃən] n. 구성, 저술, 혼합, 기질
- appealing [əpí:liŋ] a. 호소력 있는, 호소하는, 간청하는, 매력적인

이 문단을 삭제하면 구성이 훨씬 호소력이 있을 겁니다.

particularly
[pərtíkjələrli]

ad. 특히, 특별히, 상세히, 세목에 걸쳐, 따로따로

These are all old news and consequently, not **particularly** interesting.

- consequently [kάnsikwὲntli] ad. 결과적으로, 잇따라

이것은 모두 오래 전 소식이고 따라서 특별히 흥미롭지 않습니다.

perception
[pərsépʃən]

n. 인식

She wrote several books on the general theory of **perception**.

- general [dʒénərəl] a. 종합적인, 일반적인, 대체적인, 전체적인
- theory [θí:əri] n. 이론

그녀는 인식에 관한 종합적인 이론서를 몇 권 썼습니다.

periodical
[pìəriάdikəl]

a. 주기적인, 정기적인, 간헐적인 n. 정기간행물, 잡지

The library subscribes to scores of **periodicals**.

- subscribe to/for 구독하다, 찬동하다
- scores of 다수의, 수십 개의
  cf. uncounted scores of 무수한

그 도서관은 수십 편의 정기간행물을 구독합니다.

pertain
[pərtéin]

vi. 관련하다, 속하다, 어울리다(to)

Submitted articles should **pertain** to some aspect of international trade.

- submitted articles 제출된 논문들
- aspect [ǽspekt] n. 견해, 전망, 국면
- international trade 국제무역, 국제교역

제출된 논문들은 국제 무역의 몇 가지 전망과 관련되어야 합니다.

phrase
[freiz]

vt. 말하다, 진술하다 n. 구, 말씨, 표현

Mr. Marvel **phrased** a cutting attack on them.

- cutting attack 날카로운 공격, 신랄한 공격

마블 씨는 그들에 대해 신랄한 공격을 했습니다.

pique
[pi:k]

n. 화, 불쾌 vt. 화나게 하다, 자극하다

If the first part doesn't **pique** their interest they will not read on.

- read on 계속해서 읽다

첫 부분이 그들의 흥미를 자극하지 않으면 그들은 계속해서 읽지 않을 것입니다.

piracy
[páiərəsi]

n. 불법 복제, 해적 행위

We can provide evidence of **piracy's** damage to the e-reader industry.

- provide [prəváid] vt. 제공하다
- evidence [évidəns] n. 증거
- damage [dǽmidʒ] n. 손해, 손상, 대가
- e-reader [í:rì:də:r] n. 전자책 리더기
- industry [índəstri] n. 산업

우리는 불법 복제가 전자책 리더기 산업에 미치는 손해에 대한 증거를 제공할 수 있습니다.

provisionally

[prəvíʒənəli]

ad. 임시적으로, 일시적으로, 잠정적으로

Submissions will not be returned, and only authors of **provisionally** accepted will be contacted.

- submission [səbmíʃən] n. 제출물, 제출, 복종, 순종
- return [ritə́:rn] vt. 돌려주다, 재발하다, 말대꾸하다, 선출하다
  vi. 돌아가다(to)
- author [ɔ́:θər] n. 저자, 작품, 창시자
- accept [æksépt] vt. 채택하다, 받아들이다, 수락하다, 순응하다, 감수하다
- contact [kəntǽkt] vt. vi. 연락하다, 접촉하다

제출물은 돌려받을 수 없고 잠정적으로 채택된 것의 저자만 연락을 받을 것입니다.

publication

[pʌ̀bləkéiʃən]

n. 간행, 출판, 발표

Both professional and amateur writers are invited to submit articles for **publication**.

- professional [prəféʃənəl] a. 직업의, 전문의, 장소의
- amateur [ǽmətʃùər] a. 아마추어의, 직업적이지 않은, 애호가의
  n. 아마추어
- be invited to ~하도록 요청받다, ~에 초대되다, ~이 되도록 야기되다
- article [ɑ́:rtikl] n. 논설, 기사, 품목

전문적 혹은 비전문적 작가들 모두 출판할 글을 제출하도록 요청받습니다.

publish
[pʌ́bliʃ]

vt. 출판하다, 게재하다, 발표하다

Our mission is to **publish** unknown authors' short
stories.

- mission [míʃən] n. 임무, 직무 파견, 포교
- unknown author 알려지지 않은 작가
- short story 단편 소설
  cf. long-short story 중편 소설

우리의 임무는 알려지지 않은 작가들의 단편 소설들을
출판하는 것입니다

reportage
[rèpɔːrtɑ́ːʒ]

n. 현지 보고, 보도 문학

This program covers various incidents in a
reportage style.

- cover [kʌ́vər] vt. 다루다, 취급하다, 감싸다
- various [véəriəs] a. 여러 가지의, 변화가 많은, 다방면의
- incident [ínsədənt] n. 사건, 일, 분쟁, 삽화

그 프로그램은 현지 보고 스타일로 여러 사건들을
다룹니다.

reprint
[riːprínt]

vt. 증쇄하다, 개정 없이 다시 인쇄하다

The first edition was sold out so we made plans
to **reprint** more.

- edition [idíʃən] n. 판, 간행, 복제
- be sold out 매진되다

초판이 매진되어 증쇄할 계획입니다.

salient
[séiliənt]

a. 주목할 만한, 현저한

The journal touches on some **salient** points about the quality of treatment by foreign-trained dentists.

- touch on ~을 다루다
- quality [kwáləti] n. 질
- treatment [trí:tmənt] n. 치료
- dentist [déntist] n. 치과의사

그 잡지는 외국에서 수련받은 치과의사의 진료의 질에 대해 주목할 만한 몇 가지 사항을 다룹니다.

sequential
[sikwénʃəl]

a. 연속되는, 일련의, 순차적인

Before writing an article, she arranged events in **sequential** order.

- article [á:rtikl] n. 기사, 논문, (품사 중) 관사
- arrange [əréindʒ] vt. 배열하다, 조정하다
  vi. 결정하다, 준비하다

기사를 쓰기 전에 그녀는 사건을 순차적인 순서로 배열했습니다.

serial
[síəriəl]

a. 연속의, 정기의, 계속되는

The author decided to write her books in a **serial** manner.

- author [ɔ́:θər] n. 저자, 작가, 저술가, 창조자

그 작가는 자신의 책을 연속물로 쓰고자 결심했습니다.

subscription
[səbskrípʃən]

n. 기부, 청약, 구독 예약, 예약금, 불입금, 동의

I would like to apply for a **subscription** of the New York Times.

- apply for 지원하다

저는 뉴욕 타임즈 구독을 신청하려 합니다.

substantial
[səbstǽnʃəl]

a. 대폭적인, 상당한, 많은, 크고 튼튼한, 내용이 풍부한

We are proud to offer our employees a
subscription to the series at a **substantial** discount.

- be proud to ~하게 되어 자랑스럽다
- offer [ɔ́(:)fər] vt. vi. 제공하다, 제안하다, 말하다
- employee [implɔ́ii:] n. 근무자, 고용인
- subscription [səbskrípʃən] n. 기부, 청약, 구독 예약,
　　　　　　　　　　　　　　　　　예약금, 불입금, 회비
- series [síəri:z] n. 연속 간행물, 총서, 계열, 연속
　　a. 연속의
- substantial discount 대폭적인 할인

우리는 직원들이 대폭적인 할인가에 그 연속 간행물을
구독할 수 있도록 하게 되어 자랑스럽습니다.

succinct
[səksíŋkt]

a. 간결한, 간명한

Ms. Crane's reportage on the women's
emancipation movement was very **succinct**.

- reportage [ripɔ́:rtidʒ] n. 보고문학, 현지보고
- emancipation [imænsəpéiʃən] n. 해방, 이탈
- movement [mú:vmənt] n. 운동, 움직임

크레인 씨의 여성 해방 운동에 관한 현지보고는 매우
간결했습니다.

syndicate
[síndikit]

vt. 신문연합을 통해 배급하다, 신문연합을 통해 발표하다
n. 신문연합, 조합, 기업연합, 이사회

Her monthly columns are **syndicated** in 100
newspapers in the United States.

- monthly [mʌ́nθli] a. 월간, 매월, 한 달 동안의
- be syndicated in ~에 신문연합을 통해 배급되다

그녀의 월간 칼럼은 미국에서 100개의 신문에
배급됩니다.

timely
[táimli]

a. 적시의, 때에 맞춘 ad. 알맞게, 적당하게

We expect the review to be conducted in a **timely** manner.

- review [rivjú:] n. 조사, 검사, 논평, 평론
- conduct [kándʌkt] vt. 집행하다, 안내하다, 처리하다
- in a timely manner 적절한 시기에

우리는 적절한 시기에 조사가 이루어지길 기대합니다.

volume
[válju:m]

n. 책, 크기, 양

All of these **volumes** are currently out of print.

- currently [kɔ́:rəntli] ad. 현재, 일반적으로, 널리
- out of print 절판된

이 책들은 모두 현재 절판되었습니다.

다음에 해당하는 단어를 쓰시오.

- 요약하다, 단축하다, 축소, 감쇄: abr   abridge
- 일화, 일사, 기담: ane   anecdote
- 평가하다, 감정하다, 진가를 인정하다, 고맙게 여기다: app   appreciate
- 수집 자료, 문서, 기록, 집적, 기록보관소: arch   archive
- 기사, 논설, 논문, 품목, 조항, 계약, 관사: art   article
- 연합, 교제, 협회, 군집: ass   association
- 행동, 거동, 행실, 품행, 태도: be   behavior
- 당혹케 하는, 당혹스러운: bew   bewildering
- 참고문헌, 출판목록, 서지학: bib   bibliography
- 검열: cen   censorship
- 연대기에 올리다, 연대순으로 기록하다, 연대기: chr   chronicle
- 편집: com   compilation
- 연속적인: con   consecutive
- 기부자, 기고자, 공헌자: cont   contributor
- 저작권 허가: c   p   copyright permission
- 취재, 범위, 적용, 보급률, 보급 범위, 보도, 시청 범위: cov   coverage
- 정교하게 만들어진, 공예품의: cra   crafted
- 최첨단의: cut   cutting-edge
- 의존하다, 의지하다, 신뢰하다, ~나름이다: de   depend
- 전자출판: d   p   desktop publishing
- 뉴스 발표시간 제한, 통상 금지, 출항이나 입항 금지: em   embargo
- 부러워할 만한: env   enviable
- 삽화, 예증, 도해, 실례: illu   illustration
- 강제적인, 절박한, 긴급한, 명령, 의무: imp   imperative
- 반항하는, 복종하지 않는: ins   insubordinate
- 원고, 사본, 필사본: man   manuscript
- 부고: obi   obituary
- 문단, 단락, 단편기사, 절, 항: pa   paragraph
- 특히, 특별히, 상세히, 세목에 걸쳐, 따로따로: part   particularly
- 인식: per   perception
- 주기적인, 정기적인, 간헐적인, 정기간행물, 잡지: per   periodical
- 관련하다, 속하다, 어울리다: per   pertain
- 말하다, 진술하다, 구, 말씨, 표현: phr   phrase
- 화, 불쾌, 화나게 하다, 자극하다: pi   pique
- 불법 복제, 해적 행위: pir   piracy

- 임시적으로, 일시적으로, 잠정적으로: prov   provisionally
- 간행, 출판, 발표: pub   publication
- 출판하다, 게재하다, 발표하다: p   publish
- 현지 보고, 보도 문학: rep   reportage
- 증쇄하다, 개정 없이 다시 인쇄하다: rep   reprint
- 주목할 만한, 현저한: sal   salient
- 연속되는, 일련의, 순차적인: seq   sequential
- 연속의, 정기의, 계속되는: ser   serial
- 기부, 청약, 구독 예약, 예약금, 불입금, 동의: subs   subscription
- 대폭적인, 상당한, 많은, 크고 튼튼한, 내용이 풍부한: sub   substantial
- 간결한, 간명한: suc   succinct
- 신문연합을 통해 배급하다, 신문연합, 조합: syn   syndicate
- 적시의, 때에 맞춘, 알맞게, 적당하게: ti   timely
- 책, 크기, 양: v   volume

복습 문제 11-15

다음 설명에 맞는 단어를 보기에서 찾으시오.

1. to rouse to strong feeling or action
2. existing in possibility, capable of development into actuality
3. to make familiar, to cause to know personally
4. to place reliance or trust
5. to decrease the volume, size or density of a substance.

보기   a. acquaint   b. depend   c. encourage   d. condense   e. potential

다음 빈칸에 적절한 단어를 보기에서 찾으시오.

6. Please make a list of _____ before you order other spare parts.
7. The school has an _____ with the Project Management Institute.
8. Please let others _____ your report before present it to the executives.
9. The _____ will be ready for publication soon.
10. Don't let _____ situations delay your project.

보기   a. inventory   b. proofread   c. affiliation   d. manuscript   e. deterrent

문장의 밑줄 친 부분의 의미에 가까운 단어를 보기에서 찾으시오.

11. Delinquent credit cards may result in a bad credit history.
12. He is too vulnerable for that terrible world of youthful competition.
13. I want to get sleek and straight party hair.
14. His is cautious in every respect.
15. She is reading an abbreviated job description.

보기   a. defenseless   b. smooth   c. curtailed   d. defaulted   e. careful

다음 문장을 해석하시오.

16. We must examine the problem in its entirety.

17. The woman called Mr. Hathaway to request undated product specifications.

18. We recently bought a new printer with several useful capabilities.

19. He wrote a book of anecdotes from his trips overseas.

20. We have an easy way to publish your archives online.

다음 문장을 작문하시오.

21. 제 컴퓨터 모니터 옆에서 서류를 찾을 수 없었습니다.

22. 그녀가 신입사원 교육을 담당합니다.

23. 그는 우리 잡지에 자주 기고하는 분입니다.

24. 저는 뉴욕 타임즈 구독을 신청하려 합니다.

25. 당신의 지속적인 후원에 감사드립니다.

25. Thank you for your continued patronage.
24. I would like to apply for a subscription of the New York Times.
23. He is a frequent contributor to this magazine.
22. She is responsible for the education of new employees.
21. I was not able to find a document beside my computer monitor.

20. 우리는 당신의 수집 자료를 인터넷으로 발행할 쉬운 방법을 갖고 있습니다.
19. 그는 해외여행에서의 일화들을 책으로 썼습니다.
18. 우리는 최근에 몇 가지 유용한 기능이 있는 새 프린터를 샀습니다.
17. 그 여자는 날짜에 대한 표시 없이 내용을 요청하기 위해 해서웨이 씨에게 전화를 했습니다.
16. 우리는 그 공석을 정규직으로 조속하여야 합니다.

1. c 2. e 3. a 4. b 5. d 6. a 7. c 8. b
9. d 10. e 11. d 12. a 13. b 14. e 15. c

정답

16. 생산과 개발에 관련된 어휘

activate
[ǽktəvèit]

vt. 작동시키다

They **activated** the machine with the hope of doubling their productivity.

- double [dʌ́bəl] vt. 배가하다, 두 배로 하다,
  vi. 갑절이 되다 a. 두 배의
  ad. 두 배로, 이중으로
- productivity [pròudʌktívəti] n. 생산성

그들은 생산성을 배가할 희망으로 그 기계를 작동시켰습니다.

agriculture
[ǽgrikʌ̀ltʃər]

n. 농업, 농경, 농예, 농학

Most of the inhabitants are occupied with **agriculture**.

- inhabitant [inhǽbətənt] n. 거주자, 주민, 서식 동물
- be occupied with ~에 종사하다, ~하는 중이다

대부분의 거주자들은 농업에 종사합니다.

appliance
[əpláiəns]

n. 기구, 장치, 설비, 적용, 응용, 전기기구, 소방차

The parent company has decided to get out of the home **appliance** business.

- parent company 모회사
- decide to ~하기로 결정하다
- get out of 그만두다, 중단하다, 빠져나오다
- appliance business 가전제품 사업

모회사가 가전제품 사업을 중단하기로 결정했습니다.

arable
[ǽrəbəl]

a. 경작에 알맞은

If you cultivate fodder crops on the non-**arable** land, you can optimize land utilization.
- cultivate [kʌ́ltəvèit] vt. 경작하다
- fodder crops [fɑ́dəːr] [krɑps] 사료용 작물
- optimize [ɑ́ptəmàiz] vt. 최적화하다, 최대한 활용하다
  vi. 낙관하다
- utilization [jùːtəlizéiʃən] n. 이용

경작에 적합하지 않은 땅에 사료용 작물을 재배하면 토지 활용을 최대화할 수 있습니다.

authentic
[ɔːθéntik]

a. 진품의

She is the one who organized the consortium of producers of **authentic** Mexican cheese.
- organize [ɔ́ːrgənàiz] vt. 구성하다, 조직하다
- consortium [kənsɔ́ːrʃiəm] n. 협회, 조합, 차관단,
  채권국 회의
- producer [prədjúːsər] n. 생산자

그녀는 진품 멕시칸 치즈 생산자 협회를 구성한 사람입니다.

be evacuated
[ivǽkjuèitid]

소개되다, 비워지다, 철수되다

The factory **was evacuated** due to a fire caused by lit cigarette litter.
- due to ~에 기인하다
- caused by ~에 의해 초래된, ~로 야기된
- lit 켜진 light [lait] (p. pp. lit [lit])
  vt. 불을 켜다, 점화하다
  vi. 불이 붙다, 밝아지다
- cigarette [sìgərét, sígərèt] n. 담배
- litter [lítər] n. 쓰레기, 잡동사니, 들것

그 공장은 불 켜진 담배 쓰레기에 의해 야기된 불 때문에 소개되었습니다.

be geared to
[giərd]

~에 맞춰져 있다, ~에 기어를 넣다

This factory **is geared to** manufacture for international markets.

- manufacture [mæ̀njəfǽktʃə:r] vt. 제조하다, 날조하다, 기계화하다

이 공장은 국제 시장을 겨냥해 제조하도록 맞춰져 있습니다.

business practice
[bíznis] [prǽktis]

사업 관행

They promote development of the new management perspectives on the basis of **business practice**.

- promote [prəmóut] vt. 진전시키다, 조장하다, 장려하다
- development [divéləpmənt] n. 개발, 발전, 발달
- management [mǽnidʒmənt] n. 취급, 경영, 관리, 운용
- perspective [pə:rspéktiv] n. 시각, 전망, 조망, 균형, 가망, 원근화법
- on the basis of ~을 기초로 하여

그들은 사업 관행을 기초로 하여 새로운 경영 전망 개발을 촉진합니다.

capacity
[kəpǽsəti]

n. 수용력, 능력, 용량

That factory is working at its **capacity**.

- at capacity 완전조업 중인, 가동 중인

그 공장은 완전조업 중입니다.

capitalize on
[kǽpitəlàiz]

~을 이용하다, ~에 편승하다

Those small farm clusters try to **capitalize on** collaboration.

- cluster [klʌ́stər] n. 한 덩어리, 집단
- collaboration [kəlæ̀bəréiʃən] n. 협조, 제휴

그 소규모 농장집단은 공동경작을 이용하려고 노력합니다.

ceramic
[sərǽmik]

a. 요업 제품의, 도기의 n. 도자기

Our company produces designer chinaware and
ceramic chinaware.

- produce [prədjú:s] vt. vi. 생산하다
- chinaware [tʃáinwɛ̀ər] n. 도자기

우리 회사는 디자이너의 도자기와 요업 도자기를
생산합니다.

certified
[sə́:rtəfàid]

a. 공인한, 증명된, (법적) 정신이상자로 인정된

This product is internationally **certified** for safety.

- internationally [ìntərnǽʃənəli] ad. 국제적으로
- safety [séifti] n. 안전, 무사, 무난, 무해

이 제품은 안정성이 국제적으로 공인되었습니다.

compact
[kəmpǽkt]

a. 소형의 vt. 빽빽이 채워 넣다

They produce **compact** and concise English-
Korean dictionaries.

- concise [kənsáis] a. 간결한, 간명한

그들은 간결한 소형 영한사전을 생산합니다.

competitor
[kəmpétətər]

n. 경쟁자, 경쟁상대

That manufacturer imitates the designs of his
competitor.

- manufacturer [mǽnjəfǽktʃərə:r] n. 제조업자, 생산자,
  공장주
- imitate [ímitèit] vt. 모방하다, 모조하다, 흉내 내다
- design [dizáin] n. 디자인, 설계, 줄거리, 의도

저 제조사는 경쟁업체의 디자인을 모방합니다.

conclusive
[kənklú:siv]

a. 결정적인, 확실한, 단호한, 종국의

Further research is being carried out to obtain more **conclusive** information.

- be carried out 수행되다
- obtain [əbtéin] vt. 획득하다, 손에 넣다
  vi. 통용되다, 유행하다
- information [ìnfərméiʃən] n. 정보, 지식, 자료, 보고, 보도

더 결정적인 정보를 얻기 위해 심화된 연구가 수행 중입니다.

conglomerate
[kənglámərət]

a. 밀집한 n. 복합기업, 그룹, 집성체
vt. 결합시키다, 모아서 굳히다
vi. 결합하다, 덩이를 이루다

AP Sports is a **conglomerate** specializing in the management of entertainment related entities.

- specialize in ~을 전문으로 다루다, 전공하다, 상세화하다
- management [mǽnidʒmənt] n. 경영
- entertainment [èntərtéinmənt] n. 오락, 연예, 연회, 여흥, 환대
- related [riléitid] a. ~에 관련된
- entity [éntiti] n. 실재, 존재물, 업체

AP 스포츠는 연예 관련 업체의 경영을 전문적으로 하는 복합기업입니다.

crop
[krɑp]

n. 농작물, 곡물, 수확물 vt. 베어내다, 깎다
vi. 자라다, 나다, 되다

His first **crop** was radish because one of his friends had supplied him with a sackful of seeds.

- radish [rǽdiʃ] n. 무
- sackful [sǽkfùl] n. 한 부대, 한 자루, 한 섬
- seed [si:d] n. 종자, 씨, 근원, 원인

그의 첫 작물은 무였는데, 이유는 한 친구가 그에게 종자 한 자루를 제공했기 때문이었습니다.

crude
[kru:d]

a. 천연 그대로의, 미숙한, 투박한 n. 원료, 원유

We produce **crude** palm oil that is used in cosmetics.
- palm oil [pɑ:m] [ɔil] 야자유
- cosmetics [kɑ:zmétiks] n. 화장품

우리는 화장품에 사용되는 천연 야자유를 생산합니다.

dairy
[déəri]

n. 낙농장, 유제품

Since then, the company's **dairy** production has risen by roughly 7 percent.
- since then 그 이후
- roughly [rʌ́fli] ad. 대략, 거의, 거칠게, 험하게, 버릇없이
- dairy production 낙농업 생산량

그 이후로 그 회사의 낙농 생산은 대략 7% 증가했습니다.

definitely
[défənitli]

ad. 확실히, 분명히, 일정하게, 한정되게

Growing seeds is **definitely** a profitable industry with many possibilities and a very bright future.
- growing seeds 씨앗 재배
- profitable [práfitəbəl] a. 유리한, 이로운, 이문이 있는
- possibility [pàsəbíləti] n. 가능성, 장래성, 발전 가능성
- bright [brait] a. 밝은, 영리한, 선명한

씨앗 재배는 많은 가능성과 밝은 미래를 가진 확실히 유망한 산업입니다.

deplete
[diplí:t]

vt. 고갈시키다

The factory **depleted** the town of its natural resources.
- factory [fǽktəri] n. 공장
- natural resources [nǽtʃərəl] [rí:sɔ:rs] 천연자원

그 공장은 마을의 천연자원을 고갈시켰습니다.

diversify
[divə́:rsəfài]

vt. 다양화하다, 다채롭게 하다 vi. 다양한 것을 만들다

We need to **diversify** our products to meet new demands.
- meet new demands 새로운 요구를 충족시키다

새로운 수요를 충족시키기 위해 우리의 제품을 다양화할 필요가 있습니다.

durable
[djúərəbəl]

a. 내구성 있는, 오래 견디는, 영속성 있는

What is a cheap, **durable** and non-toxic metal that melts easily?
- cheap and durable metal 저렴하고 내구성 있는 금속
- melt [melt] vi. 녹다, 용해하다
          vt. 녹이다, 용해시키다
- non-toxic [nan-táksik] a. 무독성의

쉽게 녹고 무독성인 저렴하고 내구성 있는 금속은 무엇인가요?

encourage
[enkə́:ridʒ]

vt. 장려하다, 격려하다, 용기를 돋우다, 고무하다

The organization **encourages** tree planting.
- organization [ɔ̀:rgənizéiʃən] n. 조직, 기구
- tree planting 식수, 식목, 나무 심기

그 기구는 나무 심기를 장려합니다.

enhance
[enhǽns]

vt. 향상하다, 높이다, 늘리다 vi. 높아지다

The vice president for operations said that the changes would **enhance** business efficiency.
- vice president 부사장, 상무, 전무
- operation [àpəréiʃən] n. 운영, 경영, 조업
- business efficiency 사업 효율성, 거래 효율성

경영 부사장은 변화가 사업 효율성을 향상시킬 것이라고 말했습니다.

equipment
[ikwípmənt]

n. 정비, 준비, 능력, 여장, 자질, 소양

It is the largest user of high-tech **equipment** in China.

- high-tech 첨단기술의, 고부가가치의

그곳이 중국 내에서 첨단기술 장치를 가장 많이 사용합니다.

excavation
[èkskəvéiʃən]

n. 발굴, 채굴

The miners say that gold **excavation** is a long and risky process.

- miner [máinər] n. 광부
- risky [ríski] a. 위험한, 모험적인
- process [práses] n. 공정, 과정, 절차, 작업

그 광부들은 금 채굴이 길고 위험한 작업이라고 말합니다.

fertilizer
[fɔ́:rtəlàizər]

n. 거름, 비료, (벌이나 나비 등의) 수정을 위한 매개물

We produce very effective **fertilizers** for pear trees.

- effective [iféktiv] a. 효과적인, 유효한, 인상적인, 실제의

우리는 배나무에 매우 효과적인 비료를 생산합니다.

flowchart
[floutʃɑ:rt]

n. 작업 공정도

They present a **flowchart** of table lamp production line which is comprised of several different sections.

- present [prizént] vt. 제시하다
- table lamp 탁상용 전기스탠드
- production line 생산 라인
- be comprised of ~으로 구성되다
- section [sékʃən] n. 부문, 구분, 구획

그들은 몇몇 다른 부문으로 구성된 탁상용 전기스탠드 생산 라인에 대한 작업 공정도를 제시합니다.

fluctuation
[flʌktʃuéiʃən]

n. 변동

We need to reorganize the production system because of the recent economic **fluctuation**.

- reorganize [ri:ɔ́:rgənàiz] vt. 재조직하다, 재편성하다
  vi. 다시 세우다, 정리하다
- production system 생산 체계
- recent [ríːsənt] a. 최근의
- economic [ìːkənámik] a. 경제의, 재정의, 경기의
  cf. economical [ìːkənámikəl] a. 실속 있는, 경제적인, 절약하는

우리는 최근의 경기 변동 때문에 생산 체계를 재편성할 필요가 있습니다.

for minimal outlay

최소 비용으로

This will provide efficient solar energy collection **for minimum outlay**.

- provide [prəváid] vt. 제공하다, 공급하다
  vi. 준비하다
- efficient [ifíʃənt] a. 효율적인
- solar energy [sóulə:r] [énərdʒi] 태양 에너지
- collection [kəlékʃən] n. 수집, 모집, 퇴적, 헌금

이것은 최소 비용으로 효율적인 태양 에너지 집적을 제공할 것입니다.

franchise
[frǽntʃaiz]

n. 가맹사업, 독점 판매권

Our company will give the **franchise** consultant a great opportunity to join our team.

- consultant [kənsʌ́ltənt] n. 의논상대, 고문, 컨설턴트
- opportunity [àpərtjúːnəti] n. 기회

우리 회사는 가맹사업 고문에게 우리 팀에 합류할 멋진 기회를 제공할 것입니다.

functional
[fʌ́ŋkʃənəl]

a. 실용적인, 기능적인, 작용의, 함수의

Shoes have not always served such a purely **functional** purpose.

- serve [sə:rv] vt. 섬기다, 봉사하다, ~에 이바지하다
  vi. 봉사하다, 도움이 되다
- purely [pjuərli] ad. 순전히, 온전히, 단순하게, 맑게, 깨끗하게
- purpose [pə́:rpəs] n. 목적, 의도, 요점, 의지

신발이 항상 그렇게 순전히 기능적 목적만을 위한 것은 아니었습니다.

goods
[gudz]

n. 물건, 상품, 재산, 재화

Electronic **goods** can become outdated very quickly.

- electronic [ilèktránik] a. 전자의, 일렉트론의, 전기로 소리를 내는

전자 제품은 매우 빨리 구식이 될 수 있습니다.

grease
[gri:z, gri:s]

n. 윤활유 vt. ~에 기름을 바르다

Computer assemblers in that company do not use thermal **grease** any more.

- assembler [əsémblər] n. 조립공
- thermal [θə́:rməl] a. 열량의, 온도의, 더운

그 회사의 컴퓨터 조립공은 더 이상 방열 윤활유를 사용하지 않습니다.

harvest
[há:rvist]

n. 수확, 추수, 결과, 보상 vt. 수확하다

The **harvest** is better than the average year.

- average year 평년

추수가 평년보다 낫습니다.

hectic
[héktik]

a. 몹시 바쁜, 홍조를 띤

The employees seem to be extremely busy in dealing with their **hectic** schedule.

- employee [implɔ́ii:] n. 직원, 고용인
- extremely [ikstrí:mli] ad. 극도로
- deal with ~을 다루다, 처리하다

직원들은 몹시 바쁜 일정을 처리하느라 극도로 바빠 보입니다.

indigenous
[indídʒənəs]

a. 토착의

They insist on producing **indigenous** crops only.

- insist on ~을 고집하다
- crop [krɑp] n. 작물, 농작물, 수확

그들은 토착 작물만을 생산하기를 고집합니다.

infusion
[infjú:ʒən]

n. 주입, 혼합, 우려냄, 달여낸 즙

She followed proper instructions to make herbal infusion tea.

- proper [prápər] a. 적절한, 올바른, 예의바른, 정식의
- instruction [instrʌ́kʃən] n. 설명, 훈련, 교훈, 지시
- herbal [hɔ́:rbəl] a. 약초의, 풀의 n. 본초서, 식물지

그녀는 우려낸 약초차를 만들기 위해 적절한 지시를 따랐습니다.

initiate
[iníʃièit]

vt. 착수하다

While we collect some information, the department will **initiate** the process of your petition.

- collect [kəlékt] vt. 수집하다 vi. 모이다
- information [ìnfərméiʃən] n. 정보
- department [dipá:rtmənt] n. 부서
- process [práses] n. 진행, 과정, 경과
- petition [pətíʃən] n. 청원, 탄원, 진정

우리가 정보를 수집하는 동안 그 부서는 당신의 청원 절차에 착수할 것입니다.

involve
[inválv]

vt. 요구하다, 수반하다, 관련시키다, 감싸다

Production and design of new models **involve** considerable financial means.

- considerable [kənsídərəbəl] a. 상당한, 중요한, 유력한
- financial [fainǽnʃəl] a. 재정의, 재무의, 금융상의
- means [mi:nz] n. 자력, 수단, 방법, 기관, 수입

새로운 모델의 생산과 구상은 상당한 재정적 수단을 요구합니다.

launch
[lɔ:ntʃ]

vt. 출시하다, 진출하다, 시작하다

AT&T plans to **launch** dozens of new smartphones based on Google's Android operating system.

- AT&T: The American Telephone and Telegraph
  Company를 전신으로 한 통신회사
- plan to ~할 계획이다
- dozens of 수십 개의
- based on ~을 토대로 한
- operating system 작동체계, 운영체계

AT&T는 구글의 안드로이드 운영체계를 토대로 한 새로운 스마트폰 수십 개를 출시할 계획입니다.

lucrative
[lú:krətiv]

a. 수익성 있는, 돈벌이가 되는

The factory's plan is focused on **lucrative** business only.

- factory [fǽktəri] n. 공장
- be focused on ~에 초점을 맞추다, ~에 집중하다

그 공장의 기획은 수익성 있는 사업에만 집중되어 있습니다.

minimize
[mínəmàiz]

vt. 최소화하다, 최소로 어림잡다, 경시하다
opp. maximize

Spaces are organized to maximize the efficiency
of production and **minimize** the movement of
people.
- organize [ɔ́:rgənàiz] vt. 구성하다, 조직하다,
  체계화하다
- the efficiency of production 생산의 효율성
- movement [mú:vmənt] n. 이동, 움직임, 운동
공간은 생산의 효율성은 최대화하고 사람의 움직임은
최소화하도록 구성됩니다.

monopoly
[mənápəli]

n. 독점권

The problems are caused by government's
exploiting **monopoly** business activities.
- problem [prábləm] n. 문제
- be caused by ~에 의해 야기되다, ~에 의해 초래되다
- government [gʌ́vərnmənt] n. 정부
- exploit [iksplɔ́it] vt. 개발하다, 이용하다, 착취하다
- activity [æktívəti] n. 활동, 활약, 행동, 움직임
그 문제는 정부의 착취성 독점 사업 활동에 의해
초래됩니다.

prefabricated
[pri:fǽbrikèitid]

a. 조립식

They are manufacturers of **prefabricated**
warehouses.
- manufacturer [mæ̀njəfǽktʃərə:r] n. 제조업자
- warehouse [wɛ́ə:rhàus] n. 창고
그들은 조립식 창고의 제조업자입니다.

prominence
[prámənəns]

n. 돌출, 현저, 탁월

The new gadget he invented brought him into
national **prominence**.

- gadget [gǽdʒit] n. 장치, 도구, 묘산, 시시한 녀석
- invent [invént] vt. 발명하다, 고안하다, 꾸며내다
- bring 사람 into 상태 ~가 ~하게 만들다

그가 발명한 새로운 장치는 그에게 국가적 명성을
가져왔습니다.

rebound
[ribáund]

vi. 회복되다, 되돌아오다
vt. 되돌아가게 하다, 되튀기다

Demand for video game monitors has not
rebounded since 1990.

- demand [dimǽnd] n. 수요

비디오 게임 모니터에 대한 수요는 1990년대 이후로
회복되지 않고 있습니다.

recharge
[ri:tʃá:rdʒ]

vt. 재충전하다 n. 재충전

It will be possible to **recharge** a car battery with a
wind turbine.

- turbine [tə́:rbin] n. 터빈, 압력에 의해 회전하는
  엔진이나 기관

풍력 터빈으로 자동차 전지를 재충전하는 것이
가능해질 것입니다.

reduce
[ridjú:s]

vt. 줄이다, 축소하다, 떨어뜨리다

Many companies continued to **reduce** the
production.

- continue to 계속 ~하다

많은 회사들이 생산을 계속 축소했습니다.

replica
[réplikə]

n. 복제품, 그대로 닮은 것

They illegally earn their money by selling **replicas** of famous articles.

- illegally [illí:gəli] ad. 불법적으로
- earn money 돈을 벌다
- famous article [féiməs ά:rtikl] 명품

그들은 명품의 복제품을 팔아 불법적으로 돈을 법니다.

scuff
[skʌf]

vi. 발을 질질 끌며 걷다 vt. 마모시키다
n. scuffing 마모

They invented a new and economical coating material to prevent the rail from **scuffing**.

- invent [invént] vt. 발명하다, 고안하다
- economical [ì:kənámikəl] a. 경제적인
- coating [kóutiŋ] n. 도포, 덧칠
- material [mətíəriəl] n. 물질, 재료, 제재 a. 물질의
- prevent [privént] vt. 막다, 예방하다, 보호하다
           vi. 방해하다
- rail [reil] n. 철도, 난간, 울타리

그들은 그 철도가 마모되지 않도록 막아주는 새롭고 저렴한 도포 물질을 발명했습니다.

separate
[sépərèit]

a. 분리된, 격리된, 따로따로의

The staff engaged in the manufacturing process should be **separated** from the staff responsible for animal care.

제조에 종사하는 직원은 동물관리를 맡은 직원과 격리되어야 합니다.

shovel
[ʃʌvəl]

n. 삽 vt. 삽으로 푸다 vi. 삽으로 일하다

The miners stood in a row and **shoveled** up the coals.

- miner [máinər] n. 광부
- in a row 한 줄로
- coal [koul] n. 석탄

광부들은 한 줄로 서서 석탄을 삽으로 퍼냈습니다.

shred
[ʃred]

vt. 갈기갈기 찢다 vi. 잘게 찢기다

The designer angrily **shredded** the seemingly well-dyed cloth into pieces.

- designer [dizáinər] n. 설계자, 입안자
- angrily [ǽŋgrəli] ad. 성나서, 화나서
- seemingly [síːmiŋli] ad. 외관상으로는, 겉으로는, 표면적으로는
- well-dyed [wel-daid] 잘 염색된
- cloth [klɔ(ː)θ] (pl. -s [-ðz]) n. 천, 직물
- into pieces 산산이, 잘게

그 디자이너는 외관상으로는 잘 염색된 직물을 화가 나서 갈기갈기 찢었습니다.

slowdown
[slóudàun]

n. 경기후퇴

In spite of the **slowdown**, they keep manufacturing huge amounts of luxury items.

- in spite of ~에도 불구하고
  syn. despite [dispáit]
- manufacture [mæ̀njəfǽktʃəːr] vt. 제조하다, 제작하다
- huge amounts of 엄청나게 많은, 막대한 양의
- luxury item [lʌ́kʃəri] [áitəm] 사치품

경기후퇴에도 불구하고 그들은 막대한 양의 사치품을 계속해서 제조하고 있습니다.

speck
[spek]

n. 점, 미량, 작은 얼룩

There are **specks** and minute flaws in the recently yielded wallpapers.

- minute [mainjú:t] a. 미소한, 사소한, 하찮은
  [mínit] n. 분, 잠시
- flaw [flɔ:] n. 결점, 흠, 결함, 하자
- recently [rí:səntli] ad. 최근에
- yielded [ji:ldid] a. 생산된
- wallpaper [wɔ́:lpèipə:r] n. 벽지

최근에 생산된 벽지에 작은 얼룩과 사소한 하자가 있습니다.

streamline
[strí:mlàin]

vt. 능률적으로 하다, 효율화하다

The factory yields new softwares which **streamline** data flow.

- factory [fǽktəri] n. 공장
- yield [ji:ld] vt. 생산하다, 양도하다
  vi. 산출하다, 양보하다
- data flow 자료의 흐름

그 공장은 자료의 흐름을 효율화하는 새로운 소프트웨어를 생산합니다.

subcontractor
[sʌ́bkántræktər]

n. 하청업자

The **subcontractor** makes the components and supplies them to the auto company.

- component [kəmpóunənt] n. 구성요소, 부품
- supply A to B A를 B에 공급하다

그 하청업자는 부품을 만들어서 자동차 회사에 공급합니다.

synthetics
[sinθétiks]

n. 화학섬유, 합성화학, 화학산업

We tried to make clothing that would be
impervious to spills by using special treatments
for **synthetics.**

- clothing [klóuðiŋ] n. 의류, 피복, 덮개
- impervious [impə́:rviəs] a. 통하지 않는, 손상되지
    않는, 둔감한, 무감동한
- spills [spilz] n. 엎질러진 액체, 더러움, 흔적
- treatment [trí:tmənt] n. 처치, 취급, 치료

우리는 합성섬유를 특수 처리하여 액체가 쏟아져도
손상되지 않는 섬유를 만들려고 노력했습니다.

system
[sístəm]

n. 체계, 계통, 조직, 방식

Using that production **system,** farmers can protect
crops from weeds.

- production system 생산체계
- protect A from B A를 B로부터 보호하다
- crop [krɑp] n. 곡물, 농작물, 한 떼, 한 무리
- weed [wi:d] n. 잡초, 해초, 담배

저 생산 체계를 이용하여 농부들은 농작물을
잡초로부터 보호할 수 있습니다.

weaver
[wí:və:r]

n. 직조공

There is still a traditional weaver who looms
fabrics with a **weaving** machine.

- traditional [trədíʃənəl] a. 전통적인
- loom [lu:m] n. 베틀, 직기
- fabrics [fǽbrik] n. 직물, 천, 편물
- weaving machine 직조기

직조기를 사용하여 천을 짜는 전통적인 직조공이
여전히 존재합니다.

yield
[ji:ld]

vi. 산출하다, 생산하다, 양보하다
vt. 생산하다, 양도하다

We **yield** a lot of convenient equipments for the elderly.

- convenient [kənví:njənt] a. 편리한
- equipment [ikwípmənt] n. 장비, 준비, 설비, 능력
- the elderly 나이가 지긋한 사람들, 노인들

우리는 노인들을 위한 편리한 장비를 많이 생산합니다.

가전제품(home appliances)의 명칭들

- 전기요
  electric mattress/electric blanket
- 드라이기 hair dryer
- 스탠드 table lamp
- 믹서기 electric blender
- 진공청소기 vacuum cleaner
- 전자레인지 microwave/microwave oven
- 가스레인지 gas range/gas stove
- 냉장고 refrigerator/fridge
- 냉동고 freezer
- 세탁기 washing machine/washer
- 탈수기 dryer/clothes dryer
- 탈수기가 딸린 세탁기 washer-dryer
- 식기세척기 dishwasher
- 전기오븐 electric oven
- 가스오븐 gas oven
- 토스터 toaster/toaster oven
- 정수기 water purifier
- 전기주전자 electric (water) kettle

- 다리미 iron
- 전기면도기 electric razor
- 환풍기 ventilation fan
- 선풍기 electric fan/motor fan
- 공기청정기 air purifier
- 온수기 water heater
- 냉수기 water cooler
- 전기밥솥 electric rice-cooker
- 캠코더 camcorder
- 전동칫솔 electric toothbrush
- 에어컨, 공기조절 냉/난방장치
  air conditioner
- 노트북 laptop computer,
  notebook computer
- 컴퓨터 desktop computer
  (주로 IBM 사의 제품 지칭),
  MAC
  (주로 Apple 사의 제품 지칭)

다음에 해당하는 단어를 쓰시오.

• 작동시키다: act	activate
• 농업, 농경, 농예, 농학: agr	agriculture
• 기구, 장치, 설비, 적용, 응용, 전기기구, 소방차: appl	appliance
• 경작에 알맞은: ar	arable
• 진품의: aut	authentic
• 소개되다, 비워지다, 철수되다: b eva	be evacuated
• ~에 맞춰져 있다, ~에 기어를 넣다: be g to	be geared to
• 사업 관행: b p	business practice
• 수용력, 능력, 용량: cap	capacity
• ~을 이용하다, ~에 편승하다: cap	capitalize on
• 요업 제품의, 도기의, 도자기: c	ceramic
• 공인한, 증명된, (법적) 정신이상자로 인정된: cer	certified
• 소형의, 빽빽이 채워 넣다: com	compact
• 경쟁자, 경쟁상대: comp	competitor
• 결정적인, 확실한, 단호한, 종국의: con	conclusive
• 밀집한, 복합기업, 그룹, 집성체, 결합시키다, 결합하다: con	conglomerate
• 농작물, 곡물, 수확물, 베어내다, 깎다, 자라다, 나다, 되다: c	crop
• 천연 그대로의, 미숙한, 투박한, 원료, 원유: cr	crude
• 낙농장, 유제품: d	dairy
• 확실히, 분명히, 일정하게, 한정되게: def	definitely
• 고갈시키다: de	deplete
• 다양화하다, 다채롭게 하다, 다양한 것을 만들다: div	diversify
• 내구성 있는, 오래 견디는, 영속성 있는: dur	durable
• 장려하다, 격려하다, 용기를 돋우다, 고무하다: enc	encourage
• 향상하다, 높이다, 늘리다, 높아지다: enh	enhance
• 정비, 준비, 능력, 여장, 자질, 소양: equi	equipment
• 발굴, 채굴: exc	excavation
• 거름, 비료, (벌이나 나비 등의) 수정을 위한 매개물: fer	fertilizer
• 작업 공정도: f c	flowchart
• 변동: flu	fluctuation
• 최소 비용으로: for m o	for minimal outlay
• 가맹사업, 독점 판매권: fra	franchise
• 실용적인, 기능적인, 작용의, 함수의: func	functional
• 물건, 상품, 재산, 재화: go	goods
• 윤활유, ~에 기름을 바르다: gre	grease

• 수확, 추수, 결과, 보상, 수확하다: h	harvest
• 몹시 바쁜, 홍조를 띤: hec	hectic
• 토착의: ind	indigenous
• 주입, 혼합, 우려냄, 달여낸 즙: inf	infusion
• 착수하다: in	initiate
• 요구하다, 수반하다, 관련시키다, 감싸다: inv	involve
• 출시하다, 진출하다, 시작하다: lau	launch
• 수익성 있는, 돈벌이가 되는: luc	lucrative
• 최소화하다, 최소로 어림잡다, 경시하다: min	minimize
• 독점권: mono	monopoly
• 조립식: pref	prefabricated
• 돌출, 현저, 탁월: pro	prominence
• 회복되다, 되돌아오다, 되돌아가게 하다, 되튀기다: reb	rebound
• 재충전하다, 재충전: rec	recharge
• 줄이다, 축소하다, 떨어뜨리다: re	reduce
• 복제품, 그대로 닮은 것: re	replica
• 발을 질질 끌며 걷다, 마모시키다: sc	scuff
• 분리된, 격리된, 따로따로의: sep	separate
• 삽, 삽으로 푸다, 삽으로 일하다: sho	shovel
• 갈기갈기 찢다, 잘게 찢기다: sh	shred
• 경기후퇴: slo	slowdown
• 점, 미량, 작은 얼룩: sp	speck
• 능률적으로 하다, 효율화하다: str	streamline
• 하청업자: sub	subcontractor
• 화학섬유, 합성화학, 화학산업: syn	synthetics
• 체계, 계통, 조직, 방식: sys	system
• 직조공: wea	weaver
• 산출하다, 생산하다, 양보하다, 양도하다: yi	yield

17. 회의와 협상에 관련된 어휘

adjust
[ədʒʌ́st]

vt. 맞추다, 조정하다, 순응시키다, 청산하다, 결정하다
vi. 순응하다, 조정되다

If you need to **adjust** your schedule, please let me know as soon as possible.
- schedule [skédʒu(:)l] n. 일정, 예정표, 시간표
- as soon as possible 가능한 한 빨리
  ab. asap, ASAP
당신의 스케줄을 조정할 필요가 있다면, 가능한 한 빨리 저에게 알려 주세요.

advisory
[ædváizəri]

a. 자문의, 권고의, 고문의 n. 상황보고, 기상보고

We are involved in an **advisory** capacity on the project.
- be involved in ~에 관련되다, 연루되다, 말려들다
- advisory capacity 자문역, 조언자 역할, 고문자격
- project [prɑ́dʒekt] n. 계획, 설계, 과제
우리는 그 과제에 자문역을 맡고 있습니다.

agenda
[ədʒéndə]

n. 의제, 의사일정, 비망록

The speakers will receive a meeting **agenda** this afternoon.
그 연사는 오늘 오후에 회의 의제를 받게 될 것입니다.

available
[əvéiləbəl]

a. ~할 여유가 있는, 이용할 수 있는, 입수할 수 있는

Are you **available** for a conference now?
- conference [kánfərəns] n. 회담, 회의, 의논
지금 회의에 참석할 수 있나요?

bottom
[bátəm]

n. 하부, 아래쪽, 바닥, 근본

There is a simple way to put a label at the **bottom** of the survey.
- label [léibəl] n. 분류 표시, 쪽지, 꼬리표, 호칭, 부호
- survey [sə́:rvei] n. 설문지, 조사서, 검사, 측량, 개관
설문지 아래에 분류 표시를 붙이는 간단한 방법이 있습니다.

cast a ballot
[bǽlət]

투표하다

I **cast a ballot** against the proposal to invest in construction business.
- proposal [prəpóuzəl] n. 신청, 제안
- invest [invést] vt. 투자하다 vi. 투자하다(in)
- construction [kənstrʌ́kʃən] n. 건설, 구조
저는 건설 사업에 투자하려는 제안에 반대투표를 했습니다.

committee
[kəmíti]

n. 위원회, 위원, 후견인

The **committee** members convened for a meeting at 3:00 pm.
- committee members 위원회 구성원들, 위원단들
- convene [kənvíːn] vi. 모이다, 회합하다
vt. 모으다, 소집하다
- meeting [míːtiŋ] n. 회의, 모임, 회합
그 위원회 구성원들은 오후 3시에 회의를 위해 모였습니다.

conduct
[kandʌ́kt]

vt. 인도하다, 안내하다, 집행하다, 이행하다
vi. ~로 통하다(to), 지휘하다, 전도(傳導)하다

The negotiations have been **conducted** in a positive manner.

- negotiation [nigòuʃiéiʃən] n. 협상, 양도, 절충, 극복
- in a positive manner 긍정적인 자세로, 긍정적인 방식으로

그 협상은 긍정적인 자세로 이행되어 왔습니다.

confer
[kənfə́:r]

vt. 수여하다, 증여하다 vi. 의논하다, 상의하다

The manager **conferred** with the executives about the factory workers' discontent.

- executive [igzékjətiv] n. 임원, 행정부, 행정관
  a. 실행의, 행정상의, 집행권을 갖는
- factory [fǽktəri] n. 공장
- discontent [dìskəntént] n. 불만, 불평

관리자는 공장 노동자의 불만에 대해서 임원들과 상의했습니다.

confident
[kánfidənt]

a. 확신 있는, 자신 있는, 대담한, 뻔뻔스러운

I am highly **confident** that the statistics have no error.

- highly [háili] ad. 대단히, 높이, 격찬하여, 고위에
- statistics [stətístiks] n. 통계, 통계학

저는 그 통계에 오류가 없다고 매우 확신합니다.

controversy
[kántrəvə̀:rsi]

n. 논란, 논쟁

As there remains still **controversy** on the matter, we need enough time to talk about it.

- remain [riméin] vi. 남다, 남아 있다 n. 잔존물, 잔액

그 문제에 대해서는 여전히 논란거리가 남아 있으므로 그에 대해서 충분히 이야기할 시간이 필요합니다.

convince
[kənvíns]

vt. 납득시키다, 설득하다, 확신하다, 깨닫게 하다

I was **convinced** that I could do anything I needed to.
- be able to ~할 수 있다

저는 필요한 모든 것을 할 수 있을 거라는 확신을 얻게 되었습니다.

cooperatively
[kouápərèitivli]

ad. 협조적으로, 협동해서

The auditor suggested that the company should work **cooperatively** with its subcontractors.
- auditor [ɔ́:ditər] n. 회계감사관, 감사, 방청자, 청강생
- subcontractor [sʌbkəntrǽktər] n. 하청업자, 하도급자

회계감사관은 그 회사가 하청업자들과 협동해서 일할 것을 제안했습니다.

correct
[kərékt]

vt. 바로잡다, 고치다, 교정하다
a. 옳은, 정확한, 예절에 맞는

Several attempts to **correct** the problem met with failures.
- several [sévərəl] a. 몇몇의, 몇 개의, 각자의
- attempt [ətémpt] n. 시도, 습격, 미수
- failure [féiljər] n. 실패, 태만, 부족, 쇠약

그 문제를 바로잡기 위한 몇 가지 시도는 실패했습니다.

counteroffer
[kàuntərɔ́(:)fər]

n. 반대신청, 대안, 수정 제안

Why don't you suggest **counteroffer** if you are so unhappy with the new plan for the project?
- suggest [səgdʒést] vt. 제안하다, 암시하다
- project [prədʒékt] vt. 입안하다, 계획하다, 투영하다
  vi. 불쑥 나오다, 뻐죽 내밀다,
      분명히 의사를전달하다
  [prádʒekt] n. 기획

그 기획을 위한 새로운 계획에 그토록 불만이라면 반대신청을 하지 그래요?

deadlock
[dédlàk]

n. 교착상태, 수렁, 막힘

After a long and dreary **deadlock**, the meeting could finally begin with her kind and considerate remark about the amendment.
- dreary [dríəri] a. 암울한, 황량한, 처량한, 울적한
- considerate [kənsídərit] a. 인정이 있는, 사려 깊은
- remark about/on ~에 대해 의견을 말하다,
  ~을 비평하다
- amendment [əméndmənt] n. 수정안, 교정, 변경, 개선

길고 암울한 교착상태 끝에, 그 회의는 수정안에 대한 그녀의 친절하고 사려 깊은 논평으로 마침내 재개될 수 있었습니다.

decision by majority
[mədʒɔ́(:)rəti]

다수결

Before we make a **decision by majority**, how about taking some time to discuss the losses and gains of the investment?
- make a decision 결정하다
- discuss [diskʌ́s] vt. 토론하다
- losses and gains 득실
- investment [invéstmənt] n. 투자

다수결로 결정하기 전에 투자의 득실을 토론하는 시간을 좀 가져보면 어떨까요?

deficit
[défəsit]

n. 적자, 부족액, 결손

During the meeting, they made every effort to find the factors that had caused trade **deficits**.
- make every effort ~하기 위해 갖은 노력을 다하다
- factor [fǽktər] n. 요인, 인자
- trade [treid] n. 매매, 무역

회의 중에 그들은 무역 적자를 유발한 원인을 찾기 위해 갖은 노력을 다했습니다.

discrepancy
[diskrépənsi]

n. 불일치, 모순

There are severe **discrepancies** on their projects.
- severe [sivíə:r] a. 엄한, 호된, 모진
- project [prádʒekt] n. 계획, 설계

그들의 계획에는 심각한 모순이 있습니다.

discuss
[diskʌs]

vt. 토론하다, 상의하다, 논하다

We have four items to **discuss** today.
- item [áitəm] n. 항목, 기사, 물건

오늘 우리는 네 가지 토론할 항목이 있습니다.

diversity
[divə́:rsəti, dai-]

n. 다양성, 변화, 분기도

There is a **diversity** of opinions about what to do.
- opinion [əpínjən] n. 의견, 견해, 지론, 소신

무엇을 해야 할지에 대한 의견이 분분합니다.

embark on
[embɑ:rk]

~에 착수하다

This is an excellent opportunity to **embark on** a contract with a well-known company.
- contract [kántrækt] n. 계약, 약정서

이것은 유명한 회사와 계약을 착수할 탁월한 기회입니다.

estimate
[éstəmèit]

n. 측정, 평가, 판단 vt. 측정하다, 평가하다, 어림잡다
vi. 견적하다, 견적서를 만들다

His **estimate** of the cost for the project was on the nose.
- cost [kɔ:st] n. 가격, 원가, 비용, 경비
- project [prádʒekt] n. 안, 계획, 설계, 예정
- on the nose 정확한, 준비된, 냄새나는, 불쾌한

그가 기획의 비용을 계산한 것은 정확했습니다.

expansion
[ikspǽnʃən]

n. 확장, 확대, 팽창

As you all know, I have been investigating opportunities for international **expansion**.

- investigate [invéstəgèit] vt. 조사하다, 연구하다,
  심사하다
- opportunity [ἀpərtjúːnəti] n. 기회, 호기, 행운, 가망
- international expansion 국제적인 확장

여러분 모두 알다시피 저는 국제적으로 확장할 기회를 조사해 오고 있었습니다.

expectation
[èkspektéiʃən]

n. 예상, 기대, 가능성, 확률

The annual turnover seems to have fallen short of our **expectation** this year.

- annual [ǽnjuəl] a. 1년의, 1년마다의, 1년생의
- turnover [tɔ́ːrnòuvəːr] n. 총매상, 회전, 반전, 방향전환,
  변절

올해의 연간 총매상은 우리의 기대에 못 미치는 듯합니다.

furnished
[fɔ́ːrniʃt]

a. 가구가 있는

The reception room was luxuriously **furnished**.

- reception room 접수구, 접견실, 대합실
- luxuriously [lʌgʒúəriəsli] ad. 사치스럽게, 화려하게

그 접견실은 화려하게 꾸며져 있었습니다.

hotly
[hátli]

ad. 뜨겁게, 몹시, 성을 내어

They debated **hotly** on the question.
그들은 그 문제에 대해 격렬하게 논쟁했습니다.

mediator
[míːdièitəːr]

n. 중재인, 매개자, 조정자

Dr. Brown works for the displaced Philistines as a **mediator** for the international dispute settlement association.

- displace [displéis] vt. 추방하다, 바꾸어 놓다,
  대신 들어오다, 제거하다
- Philistines [fíləstìːn, filísti:n, filistàin]
  n. 필리스틴 사람(옛날 Palestine의 남부에 살던
  민족이며 유대인의 강적, 속물이라는 의미로도
  사용됨)
- international [intərnǽʃənəl] a. 국제적인
- dispute [dispjúːt] vt. vi. 논쟁하다 n. 토론, 논의
- settlement [sétlmənt] n. 식민, 이민, 정착
- association [əsòusiéiʃən] n. 연합, 협회

브라운 박사는 추방된 필리스틴 사람을 위해 국제 분쟁 해결 연합의 중재자로 일합니다.

mention
[ménʃən]

vt. 말하다, 언급하다 n. 기재, 언급, 진술

Why didn't anyone **mention** pay raise during the meeting?

- pay raise 임금 인상

왜 회의 동안 아무도 임금 인상을 언급하지 않았나요?

merger
[mə́ːrdʒər]

n. 합병, 합동, 융합
vt. merge

The company tried to bribe her to get her to support the **merger**.

- try to ~하려 애쓰다
- bribe [braib] vt. 매수하다, 뇌물로 꾀다
  vi. 뇌물을 쓰다
  n. 뇌물
- support [səpɔ́ːrt] vt. 지지하다, 후원하다, 부양하다

그 회사는 그녀가 합병을 지지하게 만들도록 그녀를 매수하려 애썼습니다.

moderator
[mádərèitə:r]

n. 의장, 사회자, 중재자

Every attendee praises the **moderator** for her
creative progress of proceedings and brilliant ideas.

- attendee [ətèndí:] n. 출석자
- praise [preiz] n. 칭찬, 찬양
- creative [kri:éitiv] a. 창조적인
- progress [prágrəs] n. 전진, 진행
- proceedings [prousí:diŋz] n. 진행, 행동, 조처
- brilliant [bríljənt] a. 찬란하게 빛나는, 명석한

모든 참석자는 사회자의 창의적인 진행 절차와 명석한
아이디어로 인해 그녀를 칭찬합니다.

niche
[nitʃ]

n. 빈틈, 적소, 조각품 등을 놓는 벽감, 활동 범위, 분야,
생태적 지위, 수익성이 높은 특정 시장 분야

There are lots of misinformation with internet
marketing particularly when it comes to **niche**
marketing.

- lots of 많은
- misinformation [mìsinfɔ:rméiʃən] n. 잘못된 정보, 오보
- marketing [má:rkitiŋ] n. 매매, 출하, 쇼핑
- particularly [pərtíkjələrli] ad. 특히, 각별히, 낱낱이,
  상세히
- when it comes to ~에 관해서는, ~라면, ~할 때

인터넷 매매, 특히 틈새시장 매매에 관해서는 그릇된
정보가 많습니다.

officially
[əfíʃəli]

ad. 공식적으로, 공무상으로, 표면상으로, 직권에 의해

On June 1, we will **officially** begin to solicit
proposals for the project.

- solicit [səlísit] vt. 간청하다, 조르다, 부탁하다, 끌다
- proposal [prəpóuzəl] n. 제의, 안건, 청혼
- project [prádʒekt] n. 계획, 설계, 예정

6월 1일에, 우리는 그 기획을 위한 안건 청구를
공식적으로 시작할 것입니다.

omission
[oumíʃən]

n. 생략, 탈락, 소홀, 태만, 누락

The negotiator left very serious **omission** in the contract.

- negotiator [nigóuʃièitər] n. 협상자, 교섭자
- serious [síəriəs] a. 진지한, 중대한
- contract [kántrækt] n. 계약, 약정, 계약서

그 협상자는 계약서에 매우 심각한 누락사항을 남겼습니다.

oppose
[əpóuz]

vt. vi. 반대하다, 대항하다, 적대하다

Please don't think that I am **opposed** to you if I express some negative opinions about your plan.

- be opposed to ~에 반대하다, ~와 대립하다
- express [iksprés] vt. 표현하다, 나타내다
  - a. 명시된, 분명한, 특수한, 정확한
  - n. 급행편
- negative [négətiv] a. 부정의, 반대의, 소극적인
- opinion [əpínjən] n. 의견, 견해

제가 당신의 계획에 대해 어떤 부정적인 견해를 표명한다고 해서 당신에게 반대하는 것이라고는 생각하지 말아주세요.

patron
[péitrən]

n. 보호자, 후원자, 단골손님

A willing **patron** has come forward to help us.

- willing [wíliŋ] a. 기꺼이 ~하는, 자진하는, 자발적인
- come forward to 지원하다, 나서다, 검토하다

자발적인 후원자가 우리를 돕기 위해 나섰습니다.

persist
[pə:rsíst]

vi. 고집하다, 주장하다, 집요하게 계속하다(in)

In spite of serious financial problems, he **persists**
in his project.
- in spite of ~에도 불구하고 syn. despite
- financial problems 재정적인 문제
- project [prádʒekt] n. 계획, 설계, 예정

심각한 재정문제에도 불구하고, 그는 자신의 계획을
고집합니다.

preservation
[prèzərvéiʃən]

n. 보존, 저장, 보호

They are concerned about environmental
preservation.
- environmental [invàiərənméntl] a. 환경의

그들은 환경보존에 관심이 있습니다.

preside over/at
[prizáid]

주재하다, 의장 노릇하다, 사회를 보다

He is the right person to **preside over** such a
grand international conference.
- grand [grænd] a. 웅장한, 장대한
- international [ìntərnǽʃənəl] a. 국제적인
- conference [kánfərəns] n. 회의, 회담

그는 그렇게 웅장한 국제회의에서 사회를 볼
적임자입니다.

probability
[pràbəbíləti]

n. 있음직함, 개연성, 확률

I think it is a possible scenario with a non-
negligible **probability**.
- scenario [sinéəriòu] n. 극본, 대본, 계획, 계획안
- non-negligible 무시할 수 없는, 하찮지 않은

저는 그것이 무시할 수 없는 개연성을 가진 실행
가능한 계획안이라고 생각합니다.

procedure
[prəsíːdʒər]

n. 순서, 절차, 진행

These will help you learn about our company policies and departmental **procedures**.

- learn about ~에 대해 배우다, ~에 대해 알게 되다
- policy [pálǝsi] n. 정책, 방책, 방침 pl. policies
- departmental [dipàːrtméntl] a. 부문별, 구의, 국의, 부서의

이것은 당신이 우리 회사의 정책과 부서별 절차에 대해 알게되는 데 도움을 줄 것입니다.

refute
[rifjúːt]

vt. 논박하다, 이의를 제기하다

His aim is not to present a good and reasonable proposal but to **refute** the opposite side's ideas.

- aim [eim] n. 목적, 계획, 과녁, 조준
  vt. 겨냥하다 vi. 겨누다, 목표로 삼다
- present [prizént] vt. 소개하다, 제출하다, 선물하다
  vi. 나타나다
  [prézǝnt] a. 현재의, 출석해 있는
  n. 현재, 오늘날
- reasonable [ríːzǝnǝbǝl] a. 분별 있는, 사리를 아는,
  이치에 맞는
- proposal [prǝpóuzǝl] n. 신청, 제안
- opposite [ápǝzit] a. 마주보고 있는, 정반대의
  ad. 반대 위치에, 맞은편에

그의 목표는 바르고 합리적인 안건을 제시하는 것이 아니라 반대편 의견을 논박하는 데 있습니다.

regeneration
[ridʒènǝréiʃǝn]

n. 회생, 재생

The town's **regeneration** plan is to support the local economy.

- local [lóukǝl] a. 지방의

그 도시의 회생 계획은 지역 경제를 돕기 위한 것입니다.

relinquish
[rilíŋkwiʃ]

vt. 포기하다, 양도하다, 그만두다

Do we have to **relinquish** the hope of mediating between the two warring countries?

- mediate [míːdièit] vt. 조정하다, 화해시키다
  vi. 중재하다
- warring [wɔ́ːriŋ] a. 서로 싸우는, 적대하는

전쟁 중인 두 국가 사이를 중재하겠다는 우리의 희망을 포기해야만 하나요?

renew
[rinjúː]

vt. 새롭게 하다, 되찾다, 회복하다

The contract may **renew** the two companies' old friendship and cooperation.

- contract [kántrækt] n. 계약, 계약서
- company [kʌ́mpəni] n. 회사, 단체
- friendship [fréndʃip] n. 우호, 친선
- cooperation [kouɑ̀pəréiʃən] n. 협력, 제휴

그 계약이 두 회사 간의 오랜 우정과 협력을 회복할 수 있을 것입니다.

respectful
[rispéktfəl]

a. 정중한, 존중하는

Please be **respectful** to others when discussing the regeneration plan.

- regeneration [ridʒènəréiʃən] n. 회생, 갱생

회생 계획을 토론할 때 다른 사람들도 존중해 주기 바랍니다.

respectively
[rispéktivli]

ad. 각각, 각자

Our competitors have 35% and 25% market share **respectively**.

- competitor [kəmpétətər] n. 경쟁자
- share [ʃɛəːr] n. 할당, 부담, 역할, 몫

우리 경쟁사는 각각 35%와 25%의 시장 점유율을 갖고 있습니다.

scope
[skoup]

n. 범위, 영역, 목적, 의도

I am trying to narrow the **scope** and figure out which issues I can address.

- try to ~하기 위해 노력하다
  cf. try ~ing 시험 삼아 ~을 해보다
- narrow [nǽrou] vt. 좁히다, 제한하다, 편협하게 하다
  vi. 좁아지다
  a. 좁은, 빠듯한, 답답한, 아슬아슬한, 정밀한
- figure out 알아내다, 밝혀내다
- issue [íʃu:] n. 문제점, 유출, 발행, 논쟁, 결과
- address [ədrés] vt. 말을 걸다, 연설하다,
  ~이라고 부르다, ~을 제출하다

저는 범위를 좁혀 어떤 문제에 대해 말해야 할지 알아내기 위해 노력 중입니다.

signify
[sígnəfài]

vt. 의미하다, 뜻하다 vi. 중대하다, 영향을 끼치다

With a nod, he **signified** that he approved.

- nod [nɑd/nɔd] n. 끄덕임, 좀, 흔들림
- approve [əprú:v] vt. 승인하다, 찬성하다
  vi. 인가하다(of)

고개를 끄덕여 그는 찬성의 뜻을 표했습니다.

stipulation
[stìpjəléiʃən]

n. 약속, 계약, 규정, 명기

They finally agreed to the **stipulation** of the rates.

- finally [fáinəli] ad. 최후로, 결정적으로
- agree to ~에 동의하다, 승낙하다
  cf. agree with ~와 의견이 같다
- rate [reit] n. 요금, 비율
  vt. 평가하다 vi. 평가되다

그들은 마침내 요금에 관한 계약에 동의했습니다.

strategize
[strǽtədʒàiz]

vt. 전략을 짜다, 주의 깊게 계획하다

We need to **strategize** and figure out how we are going to approach this.

- figure out 알아내다, 해결하다
- approach [əpróutʃ] vt. vi. 접근하다, 다가가다,
  교섭을 시작하다
  n. 접근, 입구, 입문, 연구법,
  해결 방법

우리는 이것에 어떻게 접근할지 전략을 짜고 방법을
알아낼 필요가 있습니다.

suggestion
[səgdʒéstʃən]

n. 제안, 연상, 암시

They rejected my **suggestion** because it was too expensive.

- reject [ridʒékt] vt. 거절하다, 각하하다, 무시하다,
  물리치다
- expensive [ikspénsiv] a. 비용이 드는, 사치스러운, 비싼

그들은 너무 많은 비용이 든다는 이유로 제 제안을
거부했습니다.

temporarily
[témpərèrili]

ad. 임시적으로, 일시적으로

It may encourage workers **temporarily**, but it is not the right solution.

- encourage [enkɔ́:ridʒ] vt. 용기를 돋우다, 격려하다,
  권하다, 장려하다
- solution [səlú:ʃən] n. 해결책, 해답

일시적으로 노동자를 격려할 수는 있을지라도, 그것이
바른 해결책이 아닙니다.

tentative
[téntətiv]

a. 잠정적인, 임시의, 시험적인

According to the **tentative** schedule, they will debate on the construction on May 3.

- schedule [skédʒu(ː)l] n. 일정, 시간표
- debate [dibéit] n. 토론, 논쟁
  vt. vi. 토론하다, 토의하다
- construction [kənstrʌkʃən] n. 건조, 건축, 구성

잠정적인 일정에 따르면 그들은 건설에 대해 5월 3일에 토론할 것입니다.

terms and conditions

조건

I still doubt whether these **terms and conditions** are reasonable or not.

- doubt [daut] vt. 의심하다, 믿지 않다
- reasonable [ríːzənəbəl] a. 분별 있는

저는 여전히 이 조건들이 합리적인지 여부에 대해 의심하고 있습니다.

vote
[vout]

n. 투표, 선거, 유권자, 의결, 표결
vi. 투표하다 vt. 투표로 결정하다, ~에 투표하다

The proposal was rejected by a **vote** of 12 to 30.

- proposal [prəpóuzəl] n. 신청, 제안, 청혼, 안건
- reject [ridʒékt] vt. 거부하다, 거절하다, 사절하다, 물리치다

그 안건은 12대 30의 표결로 부결되었습니다.

vote by show of hands

거수투표

They are worried about the **vote by show of hands**, as it may suppress the candid expression of individual opinions.

- be worried about ~을 걱정하다
- suppress [səprés] vt. 억압하다, 억누르다, 참다
- candid [kǽndid] a. 정직한, 솔직한
- expression [ikspréʃən] n. 표정, 표현
- individual [ìndəvídʒuəl] a. 개개의, 개인적인

그들은 개인의 솔직한 의사 표현을 억압할 수 있다는 이유로 거수투표에 대해 염려합니다.

voter turnout
[vóutər] [tə́:rnàut]

투표율, 투표 참가자 수

The **voter turnout** itself shows dissatisfaction with the idea of buying another factory site.

- dissatisfaction [dissæ̀tisfǽkʃən] n. 불만, 불평
- factory [fǽktəri] n. 공장
- site [sait] n. 위치, 장소

투표율 자체가 또 다른 공장 부지를 사들이려는 생각에 대한 불만을 드러냅니다.

written offer
[rítn] [ɔ́(:)fər]

서면 제의

We submitted a **written offer** to the consortium for the mergers and acquisitions of the company.

- submit [səbmít] vt. 복종시키다, 제출하다
                       vi. 복종하다, 감수하다
- consortium [kənsɔ́:rʃiəm] n. 협회, 조합, 차관단
- mergers and acquisitions (M&A) 인수합병

우리는 그 회사의 인수합병을 위한 협력단에 서면 제의서를 제출했습니다.

다음에 해당하는 단어를 쓰시오.

• 맞추다, 조정하다, 순응시키다, 청산하다, 결정하다: adj	adjust
• 자문의, 권고의, 고문의, 상황보고, 기상보고: adv	advisory
• 의제, 의사일정, 비망록: age	agenda
• ~할 여유가 있는, 이용할 수 있는, 입수할 수 있는: ava	available
• 하부, 아래쪽, 바닥, 근본: bot	bottom
• 투표하다: c a b	cast a ballot
• 위원회, 위원, 후견인: com	committee
• 인도하다, 안내하다, 집행하다, 이행하다, ~로 통하다, 지휘하다: cond	conduct
• 수여하다, 증여하다, 의논하다, 상의하다: con	confer
• 확신 있는, 자신 있는, 대담한, 뻔뻔스러운: conf	confident
• 논란, 논쟁: con	controversy
• 납득시키다, 설득하다, 확신하다, 깨닫게 하다: con	convince
• 협조적으로, 협동해서: coo	cooperatively
• 바로잡다, 고치다, 교정하다, 옳은, 정확한, 예절에 맞는: cor	correct
• 반대신청, 대안, 수정 제안: cou	counteroffer
• 교착상태, 수렁, 막힘: dea	deadlock
• 다수결: dec by m	decision by majority
• 적자, 부족액, 결손: def	deficit
• 불일치, 모순: dis	discrepancy
• 토론하다, 상의하다, 논하다: dis	discuss
• 다양성, 변화, 분기도: div	diversity
• 착수하다: emb on	embark on
• 측정, 평가, 판단, 측정하다, 평가하다, 어림잡다, 견적하다: est	estimate
• 확장, 확대, 팽창: exp	expansion
• 예상, 기대, 가능성, 확률: exp	expectation
• 가구가 있는: fur	furnished
• 뜨겁게, 몹시, 성을 내어: ho	hotly
• 중재인, 매개자, 조정자: med	mediator
• 말하다, 언급하다, 기재, 언급, 진술: me	mention
• 합병, 합동, 융합: mer	merger
• 의장, 사회자, 중재자: mod	moderator
• 빈틈, 적소, 조각품 등을 놓는 벽감, 활동 범위, 분야, 생태적 지위: nic	niche
• 공식적으로, 공무상으로, 표면상으로, 직권에 의해: offi	officially
• 생략, 탈락, 소홀, 태만, 누락: omi	omission
• 반대하다, 대항하다, 적대하다: opp	oppose

- 보호자, 후원자, 단골손님: patr — patron
- 고집하다, 주장하다, 집요하게 계속하다: per — persist
- 보존, 저장, 보호: pres — preservation
- 주재하다, 의장 노릇하다, 사회를 보다: pre — preside over/at
- 있음직함, 개연성, 확률: prob — probability
- 순서, 절차, 진행: proc — procedure
- 논박하다, 이의를 제기하다: ref — refute
- 회생, 재생: reg — regeneration
- 포기하다, 양도하다, 그만두다: rel — relinquish
- 새롭게 하다, 되찾다, 회복하다: ren — renew
- 정중한, 존중하는: res — respectful
- 각각, 각자: resp — respectively
- 범위, 영역, 목적, 의도: sco — scope
- 의미하다, 뜻하다, 중대하다, 영향을 끼치다: sign — signify
- 약속, 계약, 규정, 명기: sti — stipulation
- 전략을 짜다, 주의 깊게 계획하다: stra — strategize
- 제안, 연상, 암시: sug — suggestion
- 임시적으로, 일시적으로: tem — temporarily
- 잠정적인, 임시의, 시험적인: ten — tentative
- 조건: t   and c — terms and conditions
- 투표, 선거, 유권자, 의결, 표결, 투표하다, 투표로 결정하다: v — vote
- 거수투표: v   by s   of h — vote by show of hands
- 투표율, 투표 참가자 수: v   t — voter turnout
- 서면 제의: w   o — written offer

18. 광고와 홍보에 관련된 어휘 A

advertisement
[ædvərtáizmənt]

n. 광고, 선전, 통고, 고시

When he watched the **advertisement**, he turned onto the product.

- turn onto ~에 흥미를 갖게 되다
- product [prάdəkt] n. 제품, 산물, 작품, 결과

광고를 보았을 때 그는 제품에 흥미를 갖게 되었습니다.

anticipate
[æntísəpèit]

vt. 예상하다, 앞지르다, 선수를 쓰다
vi. 장래를 보고 말하다, 예상보다 빨리 나타나다

We **anticipate** an re-opening for a bilingual customer service associate.

- opening [óupəniŋ] n. 개시, 개장, 개방
- bilingual [bailíŋgwəl] a. 2개 국어를 사용하는,
  두 나라 말을 하는
- customer service associate 소비자 서비스 조합

우리는 2개 국어로 제공될 소비자 서비스 조합을 재개할 것으로 예상합니다.

attribute
[ətríbju:t]

n. 속성, 특성 vt. ~의 덕분으로 돌리다

The number of pockets is the **attribute** greatly appreciated by consumers.

- pocket [pákit] n. 주머니 vt. 챙겨넣다, 저장하다
- appreciate [əprí:ʃièit] vt. 평가하다, 진가를 인정하다,
                                      고맙게 여기다, 감사하다
- consumer [kənsú:mər] n. 소비자, 수요자

주머니의 수가 소비자들에게 높이 평가받는 특징입니다.

availability
[əvèiləbíləti]

n. 입수 가능성, 이용 가능성, 유효성

Please note that on all catalog products, prices, and **availability** are subject to change.

- note [nout] vt. 주의하다, 알아두다, 가리키다
- catalog product 일람표에 있는 제품, 편람에 든 상품
- price [prais] n. 가격, 대가, 시세
- subject to change 바뀔 수 있는, 변할 수 있는

일람표에 있는 모든 제품의 가격과 입수 가능성은 바뀔 수 있음을 양지해 주세요.

brochure
[brouʃúər]

n. 소책자, 가제본 책, 팸플릿

Call today for a free **brochure** of exotic destinations.

- exotic [igzátik] a. 외국의, 외국풍의
- destination [dèstənéiʃən] n. 목적지, 용도, 끝점

이국적인 장소에 대한 무료 책자를 받으려면 오늘 전화하세요.

competition
[kàmpətíʃən]

n. 경쟁, 겨루기, 시합

The market is huge, but so is the **competition**.

- huge [hju:ʤ, ju:ʤ] a. 거대한, 막대한

시장은 크지만 경쟁도 막대합니다.

confidential
[kὰnfidénʃəl]

a. 은밀한, 기밀의, 친한, 신임이 두터운

Details of these arrangements are commercially **confidential**.

- detail [dí:teil] n. 세부사항, 상술, 세공
- arrangement [əréindʒmənt] n. 설비, 배열, 배치, 조절, 장치
- commercially [kəmɔ́:rʃəli] ad. 상업적으로, 통상적으로, 거래상으로

이러한 설비의 세부사항은 통상기밀입니다.

---

critically
[krítikəli]

ad. 비판적으로, 혹평하여, 위태롭게, 위급하게

This software is designed to help the users think **critically**.

- be designed to ~을 위해 고안되다

이 소프트웨어는 사용자의 비판적 사고를 돕기 위해 고안되었습니다.

---

delegated
[déligèitid]

a. 위임한, 대리로 보낸, 대리로 세운
n. delegate 대표자, 대리인, 파견인

The administrator has granted limited **delegated** purchasing authority.

- administrator [ædmínəstrèitər] n. 관리자, 행정관, 집행관
- grant [grænt, grɑ:nt] vt. 부여하다, 승인하다, 허가하다
- purchasing authority 구매권

그 관리자는 제한된 대리 구매권을 부여했습니다.

derision
[diríʒən]

n. 비웃음

The gaudy and exaggerated advertisement makes this product worthy of **derision**.
- gaudy [gɔ́:di] a. 야한, 번쩍번쩍 빛나는
- product [prɑ́dəkt] n. 산물, 결과
- worthy of ~에 어울리는, ~에 족한, 훌륭한, 가치 있는

그 조야하고 과장된 광고는 이 제품이 비웃음을 살 만하게 합니다.

detect
[ditékt]

vt. 감지하다, 발견하다, 간파하다

You can **detect** a lot of relevant providers dedicated to supplying technology solutions.
- relevant [réləvənt] a. 관련된
- provider [prəváidər] n. 공급자, 설비자
- dedicated [dédikèitid] a. 헌신적인, 일신을 바친,
  전용의, 특정한 목적만을 위한
- supply [səplái] n. 공급, 지급, 재고품
  vt. 공급하다
- technology [teknɑ́lədʒi] n. 공업, 기술
- solution [səlú:ʃən] n. 용해, 해결, 해답, 해법

당신은 기술적인 해법을 주는 데 전념한 적절한 공급자를 많이 찾아낼 수 있을 것입니다.

division
[divíʒən]

n. 과, 부서, 국

The advertising budget is divided equally among the three **divisions** in the department.
- budget [bʌ́dʒit] n. 예산, 예산안, 경비, 운영비
- divide [diváid] vt. 나누다, 분배하다, 쪼개다
- equally [í:kwəli] ad. 같게, 대등하게, 평등하게, 동시에

홍보 예산은 부서의 세 개 과에 공평하게 배분됩니다.

embarrassing
[imbǽrəsiŋ]

a. 곤란한, 당황한, 거북한

It would have been very **embarrassing** for the
company if we had published the wrong numbers.
- publish [pʌ́bliʃ] vt. 발표하다, 출판하다, 공표하다
  vi. 발행하다, 출판하다
- wrong number 잘못된 수치, 잘못된 전화번호
우리가 잘못된 수치를 발표했더라면 회사로서는 매우
당혹스러웠을 것입니다.

emphasize
[émfəsàiz]

vt. 강조하다, 역설하다, 강세를 두다

We would like to **emphasize** our luxury in-room
amenities.
- luxury [lʌ́kʃəri] a. 고급의, 사치스러운
  n. 사치품, 쾌락, 호사
- in-room 실내의, 방안의
- amenities [əménətiz] n. 설비, 시설
우리는 고급스러운 실내 설비를 강조하고자 합니다.

exclusive right

독점권

Our company has the **exclusive rights** to
distribute these product.
- distribute [distríbju:t] vt. 배급하다, 분배하다, 배포하다,
  시행하다
우리 회사는 이 제품을 배급하는 독점권을 갖고
있습니다.

expensive
[ikspénsiv]

a. 돈이 드는, 값비싼, 사치스러운

These products are less **expensive** than our
competitors.
- competitor [kəmpétətər] n. 경쟁자, 경쟁상대
이것은 경쟁사 제품보다 더 저렴합니다.

exquisite
[ikskwízit]

a. 훌륭한, 절묘한, 예민한, 세련된

Come and see our range of **exquisite** products.

오셔서 우리의 여러 훌륭한 제품들을 보세요.

fabricate
[fǽbrikèit]

vt. 조립하다, 제작하다, 만들어 내다

We put all our energy to **fabricate** this new and innovative address system.

- pull all one's energy ~에 모든 힘을 쏟다
- innovative [ínouvèitiv] a. 혁신적인
- address [ədrés, ǽdres] n. 주소, 연설

우리는 이 새롭고 혁신적인 주소체계를 만들기 내기 위해 모든 힘을 쏟았습니다.

foundation
[faundéiʃən]

n. 설립, 제정, 재단, 협회, 기초, 토대

The most important consideration in the **foundation** of all standards is reason.

- consideration [kənsìdəréiʃən] n. 고려, 숙려, 존경
- reason [rí:zən] n. 이성, 상식, 추리력, 판단력, 도리

모든 기준을 제정하는 데 있어서 가장 중요한 고려 사항은 합리성입니다.

guarantee
[gæ̀rəntí:]

vt. 보증하다, 담보하다, 확언하다 n. 보증서

We **guarantee** that you will sleep like a baby on our new bed.

우리의 새 침대에서는 아기처럼 잠들 수 있을 거라고 보증합니다.

halt
[hɔːlt]

vi. 정지하다, 멈추다 vt. 정지시키다
n. 휴식, 정지, 멈춤

If you **halt** between two controversial ideas, please take account of our product's environmentally friendly aspect.

- controversial [kὰntrəvə́ːrʃəl] a. 논쟁의, 논쟁적인
- take account of ~을 고려하다, 참작하다,
  ~에 주의를 기울이다
- product [prάdəkt] n. 산물, 결과
- environmentally [invὰiərənméntli] ad. 환경적으로
- friendly [fréndli] a. 친한, 우호적인, 마음에 드는
- aspect [ǽspekt] n. 양상, 국면

당신이 만일 두 개의 논쟁적인 생각 사이에서 망설인다면, 우리 회사의 친환경적인 측면을 고려해 주시기 바랍니다.

---

impress
[imprés]

vt. 감명을 주다, 인상을 주다, 영향을 주다

Market researchers reported that customers were most **impressed** by the coffee maker's delayed-start function.

- market researcher 시장 조사자, 시장 분석가
- delayed-start function 지연 시작 기능, 일정 시간 후 작동되도록 타이머를 설정할 수 있는 기능

시장 조사자들은 소비자들이 커피메이커의 지연 시작 기능에 가장 큰 인상을 받는다고 보고 했습니다.

---

individualized
[ìndəvídʒuəlàizd]

a. 개별화된, 구별된, 각각 고려된

It will be a good way to create an **individualized** gift for special people.

- create [kriéit] vt. 고안하다, 디자인하다, 만들어 내다
- gift [gift] n. 선물 재능, 선사
- special [spéʃəl] a. 특별한, 전문의, 유별난, 특이한

특별한 사람을 위한 개별화된 선물을 만들어 내는 것은 좋은 방법이 될 겁니다.

orthodox
[ɔ́:rθədɑ̀ks]

a. 정통한, 정설의, 옳다고 인정된

Our strong point is the cooperation between alternative medication and **orthodox** medicine.

- cooperation [kouɑ̀pəréiʃən] n. 협력, 제휴
- alternative [ɔ:ltɔ́:rnətiv, æl-] n. 대안 a. 양자택일의
- medication [mèdəkéiʃən] n. 약물 치료
- medicine [médəsən] n. 약, 의학, 내과치료

우리의 강점은 대체 의학과 정통 의학 사이의 협력에 있습니다.

pragmatic
[prægmǽtik]

a. 실용적인, 분주한

The sturdy joining makes the chair a more **pragmatic** construction.

- sturdy [stɔ́:rdi] a. 억센, 튼튼한
- construction [kənstrʌ́kʃən] n. 건설, 구조

튼튼한 결합부는 의자가 더 실용적인 구조가 되게 만듭니다.

questionnaire
[kwèstʃənέər]

n. 설문지, 질문서, 질문표, 조사표

Market research **questionnaires** are commonly used to collect data.

- research [risɔ́:rtʃ] n. 연구, 조사, 탐구, 탐색
- commonly [kámənli] ad. 일반적으로, 보통으로, 상례로
- collect [kəlékt] vt. 모으다, 마음을 가라앉히다, 수금하다, 집중하다, 기력을 회복하다
- data [déitə] n. 자료, 지식, 정보

시장 조사 설문지는 자료를 모으기 위해 흔히 사용됩니다.

representative
[rèprizéntətiv]

n. 대행자, 대표자, 대리인, 대의원

Our sales **representative** will be happy to serve you.

- sales representative 판매사원, 영업사원
- serve [sə:rv] vt. 섬기다, 봉사하다, ~에 이바지하다
  vi. 봉사하다, 도움이 되다

우리의 판매사원은 당신을 기꺼이 모실 것입니다.

security
[sikjúəriti]

n. 보안, 방위, 안전, 무사 pl. 유가증권

The home **security** devices have never been more popular.

가정용 보안장치는 전례 없는 인기를 얻고 있습니다.

slash
[slæʃ]

vt. 대폭 인하하다, 내리쳐 베다
n. 벰, 짓이김, 깊은 상처, 채찍질, 삭감, 혹평

Barnes & Noble's new prices for best ebooks have been **slashed** by 70%.

- be slashed by ~까지 대폭 인하되다

최고의 전자책에 대한 반즈 앤 노블의 가격은 70%까지 대폭 인하되었습니다.

spacious
[spéiʃəs]

a. 넓은, 광범위한, 풍부한

Enjoy our **spacious** and comfortable suite accommodations.

- comfortable [kʌ́mfərtəbəl] a. 편한
- suite [swi:t] n. 침실, 거실, 응접실이 있는 호텔방, 한 벌
- accommodations [əkɑ̀mədéiʃənz] n. 숙박, 편의 시설

우리의 넓고 안락한 스위트룸 시설을 즐기세요.

strive
[straiv]

vi. 노력하다, 애쓰다, 분투하다

We **strive** to keep our rates competitive against the major worldwide shipping services.
- rate [reit] n. 요금, 가격, 비율, 속도
- competitive [kəmpétətiv] a. 경쟁력 있는, 자유경쟁적인, 경쟁의
- worldwide [wɔ́:rldwáid] a. 세계적인, 세계에 미치는
- shipping service 운송 서비스

우리는 주요 해외운송 서비스 업체에 맞서 가격경쟁력을 유지하기 위해 노력 중입니다.

sturdy
[stə́:rdi]

a. 억센, 튼튼한

These shoes are really **sturdy** and comfortable for everyone to wear.
- comfortable [kʌ́mfərtəbəl] a. 기분 좋은, 편한, 위안의

이 신발은 정말 튼튼하고 모두가 신기에 편안합니다.

target
[tá:rgit]

n. 목표, 표적, 목표액

We are pleased that the **target** was exceeded, albeit by a narrow margin.
- be exceeded 초과하다, 상회하다, 넘어서다
- albeit [ɔ:lbí:it] conj. 비록 ~일지라도
- narrow [nǽrou] a. 한정된, 좁은, 아슬아슬한, 정밀한
- margin [má:rdʒin] n. 차이, 여유, 수익, 여백, 한계

비록 작은 차이일지라도 목표액을 초과하게 되어 우리는 만족합니다.

unveil
[ʌnvéil]

vt. 밝히다, 공개하다, 베일을 벗기다
vi. 정체를 드러내다

We have applied for auto design patent and hope to unveil the engine-generator at the motor show.

- apply for 출원하다, 신청하다, 지원하다
- auto design 자동차 디자인
- patent [péitənt] n. 특허, 특허품, 특권
- engine-generator 기관 발생기

우리는 자동차 디자인 특허 신청을 했고, 자동차 박람회에서 그 기관 발생기를 발표하고자 합니다.

unwillingness
[ʌnwíliŋnis]

n. 내키지 않아 함, 본의가 아님, 꺼림

I don't see advertisements on TV because of my unwillingness to buy anything that is not indispensable.

- advertisement [ædvərtáizmənt] n. 광고, 선전
- indispensable [indispénsəbəl] a. 절대 필요한, 긴요한

저는 필수불가결한 것이 아니라면 무엇이든 사는 것을 꺼리기 때문에 텔레비전 광고를 보지 않습니다.

variety
[vəráiəti]

n. 다양성, 변화, 불일치, 종류

There is a wide variety of choices in sizes and types.

- wide [waid] a. 광범위한, 넉넉한, 폭넓은
- sizes and types 크기와 종류

크기와 종류에서 폭넓은 선택의 여지가 있습니다.

visibility
[vìzəbíləti]

n. 가시성, 선명성, 시정거리, 탁월함, 눈에 띄는 존재

We would like to find a way to increase our **visibility** in the local market.

- increase [inkrí:s] vt. 증가시키다, 증진시키다, 증대하다
- local market 지방 시장, 지역 시장

우리는 지역 시장에서 우리의 존재감을 증진시킬 방법을 찾고자 합니다.

warehouse
[wɛ́ə:rhàus]

n. 창고, 도매상점, 큰 가게

Trucks have been parked inside a **warehouse**.

트럭들은 창고 안에 주차되어 있습니다.

다음에 해당하는 단어를 쓰시오.

- 광고, 선전, 통고, 고시: adv — advertisement
- 예상하다, 앞지르다, 선수를 쓰다, 장래를 보고 말하다: anti — anticipate
- 속성, 특성, ~의 덕분으로 돌리다: att — attribute
- 입수 가능성, 이용 가능성, 유효성: ava — availability
- 소책자, 가제본 책, 팸플릿: bro — brochure
- 경쟁, 겨루기, 시합: com — competition
- 은밀한, 기밀의, 친한, 신임이 두터운: conf — confidential
- 비판적으로, 혹평하여, 위태롭게, 위급하게: crit — critically
- 위임한, 대리로 보낸, 대리로 세운: del — delegated
- 비웃음: der — derision
- 감지하다, 발견하다, 간파하다: de — detect
- 독점권: e   r — exclusive right
- 과, 부서, 국: div — division
- 곤란한, 당황한, 거북한: emba — embarrassing
- 강조하다, 역설하다, 강세를 두다: emph — emphasize
- 돈이 드는, 값비싼, 사치스러운: ex — expensive
- 훌륭한, 절묘한, 예민한, 세련된: exq — exquisite
- 조립하다, 제작하다, 만들어 내다: fab — fabricate
- 설립, 재정, 재단, 협회, 기초, 토대: foun — foundation
- 보증하다, 담보하다, 확언하다, 보증서: guar — guarantee
- 정지하다, 멈추다, 정지시키다, 휴식, 정지, 멈춤: h — halt
- 감명을 주다, 인상을 주다, 영향을 주다: imp — impress
- 개별화된, 구별된, 각각 고려된: indiv — individualized
- 정통한, 정설의, 옳다고 인정된: ort — orthodox
- 실용적인, 분주한: pra — pragmatic
- 설문지, 질문서, 질문표, 조사표: que — questionnaire
- 대행자, 대표자, 대리인, 대의원: rep — representative
- 보안, 방위, 안전, 무사, 유가증권: sec — security
- 대폭 인하하다, 내리쳐 베다, 벰, 짓이김, 깊은 상처: sl — slash
- 넓은, 광범위한, 풍부한: sp — spacious
- 노력하다, 애쓰다, 분투하다: str — strive
- 억센, 튼튼한: stu — sturdy
- 목표, 표적, 목표액: tar — target
- 밝히다, 공개하다, 베일을 벗기다, 정체를 드러내다: unv — unveil
- 내키지 않아 함, 본의가 아님, 꺼림: un — unwillingness

- 다양성, 변화, 불일치, 종류: var   variety
- 가시성, 선명성, 시정거리, 탁월함, 눈에 띄는 존재: vis   visibility
- 창고, 도매상점, 큰 가게: war   warehouse

19. 광고와 홍보에 관련된 어휘 B

adjust
[ədʒʌ́st]

vi. 조절되다, 순응하다
vt. 조정하다, 정비하다, 청산하다

These chairs **adjust** automatically to fit the contours of your body.
 - automatically [ɔ̀:təmǽtikəli] ad. 자동적으로
 - contours [kántuərz] n. 곡선, 윤곽, 정황, 상황, 형세
이 의자들은 당신 신체 곡선에 맞춰 자동적으로 조절됩니다.

allegedly
[əlédʒidli]

ad. 주장하는 바에 따르면, 소문에 의하면

The Brown electric razor is the item that is **allegedly** near the top of electric product line.
 - electric [iléktrik] a. 전기의
 - razor [réizə:r] n. 면도칼, 면도기
           vt. ~을 면도질하다, 분배하다
 - product line [prádəkt] [lain] 생산라인
브라운 전기면도기는 주장하는 바에 따르면 전자제품 라인 중 최고에 가까운 품목입니다.

alluring
[əlúəriŋ]

a. 유혹하는, 매혹적인
syn. fascinating

This silk scarf will make you the most **alluring** woman in the world.
이 스카프는 당신을 세상에서 가장 매혹적인 여인으로 만들어 줄 것입니다.

browse
[brauz]

vt. 검색하다, 여기저기 읽다, 이것저것 구경하다
vi. (초식동물이) 어린 잎을 먹다, 막연히 읽다

Some people have online part time jobs where
they are paid just by **browsing** advertisements.
- advertisement [æ̀dvərtáizmənt] n. 광고, 선전
어떤 사람들은 광고를 검색만 해도 돈을 받는
인터넷상의 시간제 일자리를 갖고 있습니다.

captivate
[kǽptəvèit]

vt. 마음을 사로잡다, 현혹시키다, 매혹하다

My job is to inspire business owners to **captivate**
their customers.
- inspire [inspáiər] vt. 격려하다, 고취하다, 영감을 주다
- owner [óunər] n. 임자, 소유자
제 일은 사업주가 고객들의 마음을 사로잡도록 영감을
주는 것입니다.

catchy
[kǽtʃi]

a. 마음을 끄는, 인기를 끌 것 같은, 틀리기 쉬운,
현혹되기 쉬운

With **catchy** music and fancy designs, fast food
advertisements attract customers.
- fancy [fǽnsi] a. 공상의, 화려한
  n. 공상, 좋아함
  vt. vi. 좋아하다, 공상하다, 생각하다
- advertisement [æ̀dvərtáizmənt] n. 광고, 선전
- attract [ətrǽkt] vt. 마음을 끌다, 매혹하다
- customer [kʌ́stəmər] n. 손님, 고객, 단골
마음을 끄는 음악과 화려한 디자인으로, 패스트푸드
광고는 소비자를 끌어들입니다.

consolidate
[kənsɑ́lədèit]

vt. 지위를 강화하다, 결합하다
vi. 합체되다, 굳어지다

The launch will bring fame to this cosmetics
brand by **consolidating** dermatology services.

- launch [lɔ:ntʃ] n. 진수, 발진, 발사
  vt. 진출시키다, 진수시키다
  vi. 시작하다, 착수하다
- cosmetics [kɑzmétiks] n. 화장품
- dermatology [dɔ̀:rmətɑ́lədʒi] n. 피부의학, 피부과학

그 출시는 피부과 서비스를 확고히 함으로써 화장품
브랜드에 명성을 가져올 것입니다.

---

curb
[kə:rb]

vt. 억제하다, 구속하다 n. 재갈, 고삐, 연석

Don't let others **curb** your desire to be an owner
of this special car.

- owner [óunər] n. 임자, 소유자

이 특별한 차의 소유자가 되려는 욕망을 다른 사람이
억제하게 하지 마세요.

---

deflect
[diflékt]

vt. 비껴가게 하다 vi. 비껴가다

We still have our survival potentials when other
marketers **deflect** to our extended area.

- survival [sərváivəl] n. 살아남음, 생존
- potential [pouténʃəl] a. 잠재적인, 가능한
  n. 잠재력, 가능성
- marketer [mɑ́:rkitə:r] n. 마케팅 담당자, 시장 경영자
- extended [iksténdid] a. 광대한, (기간을) 연장한
- area [ɛ́əriə] n. 지역, 구역

다른 시장 경영자가 우리의 확장 영역을 비껴감에 따라
우리는 여전히 생존 가능성을 가지게 되었습니다.

deliberately
[dilíbəritli]

ad. 고의로, 일부러, 신중히

We tried not to imitate other smart phones, neither **deliberately** nor not.
- try to ~하려고 노력하다
- imitate [ímitèit] vt. 모방하다, 흉내 내다

우리는 의도적으로든 아니든 간에 다른 스마트폰을 모방하지 않으려고 노력했습니다.

distract
[distrǽkt]

vt. 빗나가게 하다, 흩뜨리다, 미혹되게 하다

Pop-up ads may **distract** people's attention from the main page content.
- pop-up a. 갑자기 튀어나오는, 그림이 튀어나오는
  n. 입체식의 것
- ad [ǽd] n. 광고
- attention [əténʃən] n. 주의
- content [kəntént] a. 만족하는
  [kántent] n. 내용, 목차

갑자기 튀어나오는 광고는 사람들의 주의를 중심 페이지의 내용으로부터 빗나가게 할 수 있습니다.

elaborate
[ilǽbərèit]

a. 공들인, 정교한
vt. 애써 만들다, 퇴고하다, 정교하게 만들다
vi. 상세하게 설명하다, 부연하다, 갈고 닦다

We have combined our products with **elaborate** performance and stylish interior.
- combine [kəmbáin] vt. 결합시키다 vi. 연합하다
- performance [pərfɔ́:rməns] n. 실행, 수행
- stylish [stáiliʃ] a. 현대식의, 유행에 맞는, 세련된
- interior [intíəriər] a. 안의, 안쪽의 n. 실내, 내부

우리는 제품에 정교한 성능과 세련된 내부를 결합시켰습니다.

emphatic
[imfǽtik]

a. 뚜렷한, 어조가 강한, 단호한

Vacuum cleaners become an **emphatic** and essential house appliance.

- vacuum cleaner 진공청소기
- essential [isénʃəl] a. 근본적인, 본질적인, 가장 중요한
  n. 본질적인 것, 필수적인 것
- house appliance 가전제품

진공청소기는 확고하고도 필수적인 가전제품이 되었습니다.

endorse
[endɔ́:rs]

vt. 보증 선전하다, 찬성하다, 승인하다, 배서하다

This recorder was **endorsed** by GE vice president.

이 녹음기는 GE의 부사장에 의해서 보증 선전되었습니다.

ergonomic
[ə̀:rgənámik]

a. 인체공학의
n. ergonomics 인체공학

There are **ergonomic** keyboards, mice, and monitors being released all the time.

- release [rilí:s] vt. 발매하다, 방면하다, 면제하다,
  방출하다
  n. 해방, 투하, 발표, 개봉, 발사

인체공학적인 키보드, 마우스, 모니터가 상시 발매되고 있습니다.

exempt
[igzémpt]

a. 면제된, ~이 없는 vt. (의무를) 면제하다

Only normal aging and wear of textiles are **exempted** from this warranty.

- normal [nɔ́:rməl] a. 정상의, 표준의, 정규적인
- textiles [tékstail] n. 직물, 옷감

직물이 정상적으로 낡게 된 것이나 마모된 것만 보증을 받지 못합니다.

exposition
[èkspəzíʃən]

n. 박람회

Don't lose your chance to see one of the world's most exciting electronic **exposition**.
- exciting [iksáitiŋ] a. 흥분시키는, 활기찬, 자극적인, 흥미로운
- electronic [ilèktránik] a. 전자(학)의

세계에서 가장 흥미로운 전자제품 박람회를 보는 기회를 놓치지 마세요.

feasibility
[fi:zəbíləti]

n. 예비, 가능성, 편리, 그럴듯함, 실행할 수 있음

We need to find vendors who can do an advertisement **feasibility** study for us.
- vendor [véndər] n. 매각인, 노점상, 판매인

우리를 위해서 광고 예비 조사를 해줄 판매인이 필요합니다.

fortify
[fɔ́:təfài]

vt. 강화하다, 튼튼하게 지키다
vi. 요새를 쌓다, 축성하다

You can **fortify** your home and protect your assets with this gadget.
- protect [prətékt] vt. 보호하다, 막다
- assets [ǽsets] n. 자산, 재산
- gadget [gǽdʒit] n. 장치, 부속품

이 장치로 당신은 집을 더 튼튼하게 지키고 당신의 자산을 보호할 수 있습니다.

frustrate
[frʌ́streit]

vt. 좌절시키다, (적을) 쳐부수다
vi. 좌절하다, 꺾이다, 실망하다

With this smart phone application, you don't have to feel **frustrated** in finding a parking lot.
- application [ǽplikéiʃən] n. 적용, 응용
- parking lot [pá:rkiŋ] [lɑt] 주차장

이 스마트폰 기능이 있으면 당신은 주차장을 찾느라 고생할 필요가 없습니다.

handbill
[hǽndbil]

n. 전단지, 광고지

They tried **handbill** distribution in popular spots to attract the passers-by into the theater.

- distribution [dìstrəbjúːʃən] n. 분배, 배급, 분포
- popular [pápjələr] a. 대중적인, 인기 있는, 유행의
- attract [ətrǽkt] vt. 흥미를 끌다
- passer-by [pǽsərbai] n. 행인
- theater [θíː)ətəːr] n. 극장, 연극

그들은 사람들이 많이 찾는 장소에서 전단지를 나누어 줘서 지나가는 사람들을 극장으로 끌어들이려고 노력했습니다.

hang a sign

간판을 달다

They are **hanging a sign** to advertise Coca-cola.

- advertise [ǽdvərtàiz] vt. 선전하다, 광고하다
  - vi. 광고를 내다,
    - 자기 선전을 하다

그들은 코카콜라를 선전하기 위해 간판을 달고 있습니다.

holding company
[hóuldiŋ] [kʌ́mpəni]

지주회사

Stone **Holding Company** is well-known for its distribution of quality products and reliable service.

- be well-known for ~으로 유명하다
- distribution [dìstrəbjúːʃən] n. 분배, 배포
- quality [kwáləti] a. 양질의, 훌륭한
  - n. 질, 품질, 특성
- reliable [riláiəbəl] a. 확실한, 신뢰성 있는, 의지가 되는

스톤 홀딩 컴퍼니는 품질 좋은 제품의 분배와 신뢰할 만한 서비스로 유명합니다.

meditation
[mèdətéiʃən]

n. 숙고, 명상

This herb is really good for providing individuals with a sound sleep and deep **meditation**.

- herb [həːrb] n. 풀, 초본
- provide [prəváid] vt. 제공하다, 주다

이 약초는 사람들이 숙면하고 깊은 명상을 하는 데 정말 좋습니다.

participant
[pɑːrtísəpənt]

n. 참석자 a. 관여하는, 참가하는 (of)

The comfortable recliner leather sofa wins long-lasting applause by the **participants**.

- comfortable [kʌ́mfərtəbəl] a. 편한, 안락한
- recliner [rikláinə] n. 기대는 사람, 기댈 것
- leather [léðəːr] n. 가죽
- applause [əplɔ́ːz] n. 박수갈채, 칭찬

그 편하게 기대어 누울 수 있는 가죽소파는 참가자들의 긴 박수갈채를 받았습니다.

pioneer
[pàiəníər]

n. 개척자

BMW proudly unveiled their new **pioneer** series.

- proudly [praudli] ad. 자랑스럽게, 거만하게
- unveil [ʌnvéil] vt. 밝히다, 공개하다, 베일을 벗기다
  vi. 정체를 드러내다
- series [síəriːz] n. 일련, 연속

BMW는 새로운 파이어니어 시리즈를 자랑스럽게 공개했습니다.

runner-up
[rʌ́nəːr-ʌp]

n. 차점자, 2위

Our company is the **runner-up** in the mobile phone industry.

우리 회사는 휴대전화 산업에서 2위입니다.

soar
[sɔːr]

vi. 폭등하다, 부풀다, 높이 날다
vt. 날아서 ~에 이르다
n. 비상의 범위, 고도, 높이 날아오름

The price of dairy products are going to **soar** very shortly.
- dairy [déəri] n. 낙농장, 낙농업
- shortly [ʃɔ́ːrtli] ad. 곧, 이내, 간략하게

낙농업 제품의 가격은 금세 치솟을 것입니다.

---

stall
[stɔːl]

vt. 지연시키다, 만류하다
vi. 멎다, 시간을 벌다, 힘을 아끼며 경기하다
n. 구실, 외양간, 속임수, 시간 벌기 수법

These cherry and raspberry jam are rich in antioxidants that can **stall** aging.
- antioxidant [æ̀ntiɑ́ksədənt] n. 노화 방지제,
산화 방지제
- aging [éidʒiŋ] n. 노화

이 체리와 라즈베리 잼은 노화를 지연시킬 수 있는 항산화제가 풍부합니다.

---

stay tuned
[stei] [tjuːnd]

채널을 고정시키다

Most listeners **stay tuned** during radio commercials.
- listener [lísnər] n. 청취자, 청강생
- commercial [kəmɔ́ːrʃəl] a. 상업의, 광고용의
n. 광고방송

대부분의 청취자는 라디오 광고 중에도 채널을 고정시킵니다.

strategy
[strǽtədʒi]

n. 전략

We should develop and employ innovative
strategies to deal with difficult customers.
- develop [divéləp] vt. 발전시키다, 개발하다
  vi. 발달하다, 발생하다, 진화하다
- employ [emplɔ́i] vt. 쓰다, 고용하다, 소비하다
  n. 고용, 사용, 근무
- deal with 다루다, 처리하다, 대처하다
우리는 힘든 손님들을 응대할 참신한 전략을 개발하고
도입해야만 합니다.

surely
[ʃúərli]

ad. 확실히, 분명하게

This laptop is **surely** more compact than the
previous line.
- laptop [lǽptàp] n. 노트북 컴퓨터
- compact [kəmpǽkt] a. 밀집한, 아담한, 소형인
이 노트북은 이전의 라인들에 비해 확실히 더 작습니다.

tactics
[tǽktiks]

n. 전략

Future marketing **tactics** should be kid-friendly.
- kid-friendly [kid-fréndli] a. 아이에게 우호적인,
  아이에게 친화적인
미래의 홍보 전략은 아이에게 친화적이어야만 합니다.

thrilling
[θríliŋ]

a. 흥분되는

This diamond necklace will be perfect if you are
thinking of a more **thrilling** gift for a special
person.
- necklace [néklis] n. 목걸이
- perfect [pɔ́:rfikt] a. 완벽한, 완전한
특별한 사람을 위해 더욱 흥분되는 선물을 생각한다면
이 다이아몬드 목걸이가 완벽할 것입니다.

touch up a photograph
[fóutəgræf]

사진을 조금 수정하다

This image optimizer enables you to **touch up a photograph** easily and quickly.

- optimizer [áptəmàizər] n. 최적화 도구,
    최적화하는 사람
- enable A to B ~에게 능력을 주다,
    가능성을 주다, 가능하게 하다
- photograph [fóutəgræf] n. 사진 vt. vi. 사진을 찍다

이 이미지 최적화 도구는 당신이 쉽고 빠르게 사진을 수정하도록 해줍니다.

unbiased
[ənbáiəst]

a. 편견 없는

Comprehensive and **unbiased** reviews show a quick and hygienic traits of this hand-dryer.

- comprehensive [kàmprihénsiv] a. 포괄적인,
    이해력이 있는
- review [rivjú:] n. 평가, 재조사, 검토, 비평, 논평
    vt. 재검토하다
- hygienic [hàidʒiénik] a. 위생적인
- trait [treit] n. 특색, 특징

포괄적이고 편견 없는 평가는 이 손 건조기의 빠르고 위생적인 특징을 보여줍니다.

unprecedented
[ʌnprésədèntid]

a. 전례 없는

All our electric ovens offer an **unprecedented** 30-year warranty.

- electric [iléktrik] a. 전기의 n. 전기장치
- offer [ɔ́(:)fər] vt. 권하다, 제공하다, 시도하다
    vi. 나타나다, 제물을 바치다,
    신청하다, 청혼하다
- warranty [wɔ́(:)rənti] n. 담보, 보증

우리의 모든 전자 오븐은 전례 없는 30년 보증을 제공합니다.

variable
[véəriəbl]

a. 변하기 쉬운, 변덕스러운

The **variable** cost has remained the same since 2011.

가변비용이 2011년 이래 동일하게 유지되고 있습니다.

yearn for
[jə:rn]

열망하다

If you **yearn for** a relatively light bicycle, this will be your perfect choice.

- relatively [rélətivli] ad. 비교적, ~에 비례하여
- perfect [pə́:rfikt] a. 완전한

당신이 상대적으로 가벼운 자전거를 열망한다면 이것이 완벽한 선택이 될 것입니다.

다음에 해당하는 단어를 쓰시오.

- 조절되다, 순응하다, 조정하다, 정비하다, 청산하다: ad   adjust
- 주장하는 바에 따르면, 소문에 의하면: all   allegedly
- 유혹하는, 매혹적인: all   alluring
- 검색하다, 여기저기 읽다, (초식동물이) 어린 잎을 먹다: b   browse
- 마음을 사로잡다, 현혹시키다, 매혹하다: c   captivate
- 마음을 끄는, 인기를 끌 것 같은, 틀리기 쉬운, 현혹되기 쉬운: c   catchy
- 지위를 강화하다, 결합하다, 합체되다, 굳어지다: con   consolidate
- 억제하다, 구속하다, 재갈, 고삐, 연석: c   curb
- 비껴가게 하다, 비껴가다: d   deflect
- 고의로, 일부러, 신중히: d   deliberately
- 빗나가게 하다, 흩뜨리다, 미혹되게 하다: d   distract
- 공들인, 정교한, 애써 만들다, 상세하게 설명하다: el   elaborate
- 뚜렷한, 어조가 강한, 단호한: em   emphatic
- 보증 선전하다, 찬성하다, 승인하다, 배서하다: en   endorse
- 인체공학의: e   ergonomic
- 면제된, ~이 없는, (의무를) 면제하다: ex   exempt
- 박람회: ex   exposition
- 예비, 가능성, 편리, 그럴듯함, 실행할 수 있음: f   feasibility
- 강화하다, 튼튼하게 지키다, 요새를 쌓다, 축성하다: f   fortify
- 좌절시키다, 쳐부수다, 꺾이다, 실망하다: f   frustrate
- 전단지, 광고지: h   handbill
- 간판을 달다: h   a   s   hang a sign
- 지주회사: h   c   holding company
- 숙고, 명상: m   meditation
- 참석자, 관여하는, 참가하는: p   participant
- 개척자: p   pioneer
- 차점자, 2위: r   runner-up
- 폭등하다, 부풀다, 높이 날다, 날아서 ~에 이르다, 비상의 범위, 고도: s   soar
- 지연시키다, 만류하다, 멎다, 시간을 벌다, 구실, 외양간: s   stall
- 채널을 고정시키다: s   t   stay tuned
- 전략: s   strategy
- 확실히, 분명하게: s   surely
- 전략: t   tactics
- 흥분되는: t   thrilling
- 사진을 조금 수정하다: t   u   a   p   touch up a photograph

- 편견 없는: un   unbiased
- 전례 없는: un   unprecedented
- 변하기 쉬운, 변덕스러운: v   variable
- 열망하다: y   f   yearn for

20. 거래와 운송에 관련된 어휘

accurate
[ǽkjərit]

a. 정확한, 정밀한, 빈틈없는, 신중한

We have an excellent reputation for being productive, efficient, and **accurate**.

- excellent [éksələnt] a. 우수한, 뛰어난, 훌륭한, 일류의
- have a reputation for ~으로 유명하다,
  ~으로 명성을 얻다
- productive [prədʌ́ktiv] a. 생산적인, 다산의,
  이익을 낳는
- efficient [ifíʃənt] a. 능률적인, 효과적인, 유능한

우리는 생산적이고, 효율적이며, 정확한 것으로 탁월한 명성을 갖고 있습니다.

additional
[ədíʃənəl]

a. 부가의, 추가의, 특별한

Orders exceeding the weight limit are subject to **additional** shipping fees.

- order [ɔ́:rdər] n. 주문, 질서, 명령
- exceeding [iksí:diŋ] a. 대단한, 지나친, 초과하는
- the weight limit 중량제한
- be subject to ~하게 되어 있다
- shipping fee 운송 요금

중량제한을 초과하는 주문은 부가적인 운송 요금을 내게 되어 있습니다.

administrative
[ædmínəstrèitiv]
task

행정업무, 관리업무

She has been very busy performing various **administrative tasks** associated with delivery operations.

- perform [pərfɔ́:rm] vt. vi. 실행하다, 이행하다,
　　　　　　　　　　　연주하다, 공연하다
- various [véəriəs] a. 여러 가지의
- task [tæsk] n. 일, 업무
- be associated with ~와 연관되다, ~와 연합하다
- operation [ὰpəréiʃən] n. 작업, 효력, 수술

그녀는 배송 작업과 관련된 여러 관리업무를 하느라 매우 바빴습니다.

---

antitrust
[ǽntitrΛst]

a. 독점 금지의

To evade domestic **antitrust** law, the firm moved its headquarters to a foreign country.

- evade [ivéid] vt. vi (적, 공격을) 피하다, 회피하다,
　　　　　　　　　　　빠져나가다
- domestic [douméstik] a. 국내의, 가정의, 길들여진
- firm [fə:rm] n. 회사, 상사
　　　　　　　 a. 단단한, 굳은
- headquarters [hedkwɔ́:rtərz] n. 본부, 본사
- foreign [fɔ́(:)rin] a. 외국의

국내의 독점 금지법을 피하기 위해 그 회사는 본사를 외국으로 이전했습니다.

backorder
[bækɔ́:rdər]

vt. 미처 주문 처리를 하지 못하다

We apologize for any disappointment that the **backordered** items may cause.
- apologize [əpáledʒàiz] vt. 사과하다, 변명하다
- disappointment [dìsəpɔ́intmənt] n. 실망, 기대에 어긋남
- item [áitəm] n. 품목, 항목
- cause [kɔ:z] vt. 초래하다, ~의 원인이 되다
  n. 원인, 주장, 근거
우리는 주문 처리가 못된 품목으로 인해 야기될 수 있는 모든 실망에 대해 사과드립니다.

barter
[bá:rtər]

vt. vi. 물물 교환하다

They **bartered** items from the food basket to meet their essential needs.
- item [áitəm] n. 항목
- basket [bǽskit] n. 바구니
- essential [isénʃəl] a. 필수의, 근본적인
그들은 기본적인 필요를 충족시키기 위해 음식 바구니에서 꺼낸 품목들을 물물 교환했습니다.

bidding
[bídiŋ]

n. 명령, 입찰, 입후보, 초대

These goods can be sold in a number of ways, including competitive **bidding**.
- a number of 다수의
- including [inklú:diŋ] prep. ~을 포함하여, ~와 함께
- competitive [kəmpétətiv] a. 경쟁의, 독점적이 아닌
이 제품은 경쟁 입찰을 포함하여 여러 방식으로 판매될 수 있습니다.

bootleg
[bú:tlèg]

a. 밀매된 vt. vi. 밀매하다
n. 장화의 몸통, 불법제조, 해적판, 밀매술

The Mexican cartel deals **bootleg** copies of computer software.

- cartel [kɑ:rtél] n. 카르텔, 기업 연합

그 멕시코 기업 연합은 밀매된 컴퓨터 소프트웨어 사본을 거래합니다.

broker
[bróukər]

n. 중개인
cf. brokerage [bróukəridʒ] n. 중개업, 중개업소

I asked the real estate **broker** to reduce commission.

- real estate [rí:əl] [istèit] 부동산
- reduce [ridjú:s] vt. 줄이다, 축소하다, 쇠약하게 하다, 떨어뜨리다
  vi. 줄다, 내려가다, 약해지다
- commission [kəmíʃən] n. 수수료, 임무, 위원회

저는 부동산 중개인에게 수수료를 인하해 달라고 요청했습니다.

collaborate
[kəlǽbərèit]

vi. 협력하다, ~에 대해 공동연구하다 (on/in)

The two companies **collaborate** with each other in machine development field.

- with each other 서로, 상호
- machine [məʃí:n] n. 기계, 장치

그 두 회사는 기계 개발 분야에서 상호 협력합니다.

commercial relations
[kəmɔ́:rʃəl] [riléiʃənz]

통상관계

The expansion of **commercial relations** between Korea and the European Union will constitute a significant development in the global economy.

- expansion [ikspǽnʃən] n. 팽창, 확장, 확대
- constitute [kánstətjù:t] vt. 구성하다, 조직하다
- significant [signífikənt] a. 중요한, 의미 있는
- development [divéləpmənt] n. 발전, 발달, 개발
- global [glóubəl] a. 지구의, 세계적인
- economy [ikánəmi] n. 경제

한국과 유럽연합 사이의 통상 관계의 확장은 세계 경제에 중요한 발전을 이루어낼 것입니다.

consignment
[kənsáinmənt]

n. 위탁 판매

I am interested in buying books on **consignment**.

- be interested in ~에 흥미가 있다

저는 위탁 판매되는 책을 사는 데 관심이 있습니다.

correspondence
[kɔ́:rəspándəns]

n. 편지, 통신, 일치, 대응

Our company policy requires all **correspondence** in French.

- policy [páləsi] n. 방침, 수단, 정책, 현명, 신중, 지모

우리 회사 방침은 모든 편지가 프랑스어로 되어 있기를 요구합니다.

courier
[kúriər]

n. 급송 택배, 급사, 밀사

We need international **couriers** that can send our packages abroad.

- package [pǽkidʒ] n. 소포, 꾸러미
- period [píəriəd] n. 기간, 시대

우리는 소포를 해외로 보내 줄 국제 급송 택배가 필요합니다.

dispatch
[dispǽtʃ]

vt. 급송하다, 급파하다, 신속히 처리하다, 죽이다

When will my order **dispatch**?

언제 제가 주문한 것이 발송되나요?

disposal
[dispóuzəl]

n. 처분, 처리, 양도, 매각

The buildings in **disposal** have been offered for sales on the open market.

- in disposal 처분할
- be offered 권장받다, 제안받다, 신청받다, 제공받다
- the open market 오픈 마켓, 열린 시장
  (eBay, Auction, Gmarket처럼 개인이나 사업자 누구나
  물건을 사고 팔 수 있는 온라인상의 매매 공간)

처분할 건물을 오픈 마켓에서 매각하도록 제안을
받았습니다.

down payment
[daun] [péimənt]

계약금, 첫 할부금

I signed the contract and placed a **down payment** on a car.

- signed the contract 계약서를 작성하다
- place [pleis] vt. 주문하다, 배치하다, 두다, 걸다

저는 계약서에 서명을 하고 차량의 첫 할부금을
지불했습니다.

due date
[djú:] [deit]

지급 기일, 납부일, 만기일

If payment is received more than 15 days after the **due date**, your account will incur a late fee of 10%.

- payment [péimənt] n. 납부, 상환, 지불, 변제, 보수
- be received 수령되다, 받게 되다
- account [əkáunt] n. 계좌, 청구서, 계산, 신용거래, 보고
- incur [inkɔ́:r] vt. 초래하다, 부딪히다, 당하다
- late fee 지연 요금, 시간외 특별요금, 지체 요금

지급 기일 후 15일 이상 지나서 납부가 접수되면,
당신의 계좌에서 10%의 지연 요금이 발생할 것입니다.

duties
[djúːtiz]

n. 관세
cf. duty free 관세 면제

On international shipments, all **duties** and taxes
are paid by the recipient.
- international shipment 국제 운송, 국제 배송
- recipient[risípiənt] n. 수령인, 받는 사람
　　　　　　　　a. 받는, 감수성 있는, 수용하는
- tax [tæks] n. 세금, 조세, 의무, 회비, 분담액, 청구액
　cf. tax free 부가세 면제
- be paid by ~에 의해 지불되다
국제 운송에서 모든 관세와 세금은 수령인이 지불하게
됩니다.

efficiency
[ifíʃənsi]

n. 능률, 유능, 효용성

They turned to new technologies to cut costs and
improve **efficiency**.
- turn to ~에 호소하다, ~을 의지하다
- cut cost 경비를 삭감하다, 비용을 절감하다
- improve [imprúːv] vt. 증진시키다, 개선하다,
　　　　　　　　　　　향상시키다
　　　　　　　vi. 호전되다, 개선되다, 늘다
그들은 비용을 절감하고 효율을 높이기 위해 신기술에
의지했습니다.

enclose
[enklóuz]

vt. 둘러싸다, 에워싸다, 넣다, 동봉하다

Please **enclose** a check with your purchase order.
- check [tʃek] n. 수표, 회계전표
- purchase order 구매 주문서, 물품 주문서
수표를 구매 주문서와 동봉해 주세요.

currency
[kə́:rənsi]
exchange rate

n. 환율

As the **currency exchange rate** changes, international shipping rates will be significantly affected.

- rate [reit] n. 율, 비율, 가격, 속도, 요금
- significantly [signífikəntli] ad. 중요하게, 중대하게
  뜻있게, 의미심장하게
- affect [əfékt] vt. 영향을 주다, 감동시키다, ~인 체하다,
  가장하다

환율이 변화함에 따라 국제 운송 요금 역시 중대한 영향을 받을 것입니다.

execute
[éksikjùːt]

vt. 실행하다, 실시하다, 완수하다, 이행하다

A business is a commercial enterprise that **executes** economic activities.

- commercial [kəmə́:rʃəl] a. 상업의, 영리 위주의,
  대량생산된, 공업용의
- enterprise [éntərpràiz] n. 기업, 기획, 모험심
- economic [ì:kənámik] a. 경제의, 재정상의, 실리적인
- activity [æktívəti] n. 활동, 활약, 사업

상사란 경제활동을 이행하는 영리 위주의 기업입니다.

executive
[igzékjətiv]

n. 경영진, 임원, 관리직, 행정부, 주지사
a. 집행권을 갖는, 실행 가능한, 관리직의

He is scheduled to meet with Global Organic Foods **executives** to complete the financial details of the plan.

- be scheduled to ~하도록 예정되어 있다
- meet with ~와 만나다, ~을 받다, ~을 겪다
- complete [kəmplí:t] vt. 마무리하다, 달성하다,
  이행하다, 채우다
- financial [finǽnʃəl] a. 금융의, 재정상의, 재무의
- details [díteilz] n. 세부사항, 상술

그는 그 계획의 재정적 세부사항을 마무리하기 위해 글로벌 오가닉 푸즈 사의 임원과 만나기로 되어 있습니다.

expire
[ikspáiər]

vi. 종료되다, 만기되다, 끝나다

The contract between the two companies will **expire** at the end of next year.

- contract [kántrækt] n. 계약, 약정서, 계약서
- at the end of the year 연말

두 회사 사이의 계약은 내년 말에 종료될 것입니다.

fixed price
[fikst] [prais]

정가

K-Steel Co., Ltd. entered into a written contract with Smart Contractor for the supply of steel at a **fixed price**.

- steel [sti:l] n. 강철 vt. (강철과 같이) 견고하게 하다
- enter into 시작하다, 개시하다
- contract [kántrækt] n. 계약, 약정서
- contractor [kántræktər] n. 계약자
- project [prádʒekt] n. 계획, 설계
  [prədʒékt] vt. 계획하다, 설계하다

K-스틸 유한 책임회사는 정가로 철강을 공급하기 위해 스마트 컨트랙터 사와 서면 계약을 맺었습니다.

freight
[freit]

n. 화물 운송, 무거운 짐, 부담, 비용

The trucking industry is having dramatic
implications for the airline **freight** industry.

- dramatic implication 극적인 관련성, 밀접한 영향관계,
  인상적인 관계
- industry [índəstri] n. 산업, 공업, 근면, 연구, 저술

그 트럭 운송 사업은 항공 운송 사업과 극적인
관련성을 갖고 있습니다.

go out of business

폐업하다

You should not expect any return services, when
you buy items from **going out of business**
establishments.

- business establishment 사업체

당신이 폐업하는 사업체로부터 물건을 살 때는 환불
서비스를 기대해서는 안 됩니다.

grain
[grein]

n. 낟알, 한 알, 미량, 기질, 성질

We must import about 50% of our requirements
of **grain** and fodder crops.

- import [impɔ́:rt] vt. 수입하다 vi. 중요하다
  import 상품 from 나라
  opp. export
- requirement [rikwáiə:rmənt] n. 필요량, 요구, 수요
- fodder [fádə:r] n. 사료
- fodder crops 사료용 작물

우리는 곡물과 사료용 작물 수요량의 50%를
수입해야만 합니다.

grateful
[gréitfəl]

a. 감사하는, 고마워하는, 기분 좋은, 쾌적한

I would be **grateful** if you could send me the
original order by express delivery.

- original order 원 주문, 최초의 주문
  cf. deliver order 화물인도 지시서
- express delivery 특급 운송

원 주문을 특급 운송으로 보내 주시면 감사하겠습니다.

invoice
[ínvɔis]

n. 송장

We will submit full payment on receipt of a
corrected **invoice**.

- submit [səbmít] vt. 제출하다, 일임하다, 복종시키다
  vi. 복종하다, 굴복하다, 감수하다
- payment [péimənt] n. 지불, 납입, 변상, 변제, 상환
- receipt [risí:t] n. 인수증, 영수증, 수령액

우리는 수정된 송장의 영수증대로 완불할 것입니다.

meet
[mi:t]

vt. 충족시키다, 맞서다, 대처하다
vi. 회합하다, 교차하다, 겸비하다

The supply cannot **meet** the demand.
공급이 수요를 맞추지 못합니다.

motivate
[móutəvèit]

vt. 야기하다, 동기를 주다, 자극하다, 움직이다

The plans were **motivated** by increased demand
for multimedia products.

- increased [inkrí:st] a. 증가한, 증진된
- demand [dimǽnd] n. 요구, 수요, 판로

그 계획은 멀티미디어 제품에 대한 수요증가에 자극을
받았습니다.

nontransferable
[nὰntrænsfɔ́:rəbəl]

a. 양도할 수 없는

This voucher is non-exchangeable, **nontransferable**, and is not redeemable for cash.
- voucher [váutʃər] n. 상품권, 보증인
- non-exchangeable [nὰn-ikstʃéindʒəbəl]
  a. 교환할 수 없는
- redeemable [ridí:məbəl] a. 구제할 수 있는,
  상환할 수 있는

이 상품권은 교환, 양도, 현금으로의 상환이 불가합니다.

option
[ápʃən]

n. 선택권, 옵션

We have no choice but commercial arbitration, though it may not be the best **option**.
- have no choice but (to do) ~ 할 수밖에 없다
- arbitration [ὰ:rbitréiʃən] n. 중재, 조정, 중재 재판

비록 최상의 선택이 아닐지라도 우리는 통상 중재를 택할 수밖에 없습니다.

priority
[praiɔ́(:)rəti]

n. 우선사항, 긴급사안, 우선권, 선취권

Your satisfaction is our **priority**.

당신의 만족이 우리의 우선사항입니다.

prolonged
[prəlɔ́:ŋd]

a. 장기의, 연장한, 오래 끄는

The **prolonged** business relationship with the company has given us a great opportunity to develop such an excellent product.
- opportunity [ὰpərtjú:nəti] n. 기회, 호기
- excellent [éksələnt] a. 우수한, 훌륭한

그 회사와의 장기적인 거래 관계로 인해 우리는 이토록 탁월한 제품을 개발할 기회를 얻었습니다.

prosperous
[práspərəs]

a. 성공적인, 순조로운, 번영하는, 부유한

We look forward to establishing a long and
prosperous relationship with your company.

- look forward to ~ing/명사 ~을 고대하다
우리는 당신의 회사와 오래도록 성공적인 관계를
확립하기를 고대합니다.

retailer
[rí:teilə:r, ritéilə:r]

n. 소매상

The **retailer** sells baseball caps and hats for
children.
그 소매상은 야구 모자와 아동용 모자를 판매합니다.

shareholder
[ʃέərhòuldə:r]

n. 주주
syn. stockholder

It is a national distribution system whose
shareholders are prominent distributors.

- national distribution system 국가적 유통체계
- distribution [dìstrəbjú:ʃən] n. 유통, 분배
- prominent [prámənənt] a. 걸출한, 두드러진, 탁월한
- distributor [distríbjətər] n. 분배자, 배급업자, 대리점
그것은 걸출한 배급업자가 주주인 국가적 유통체계입니다.

shipping
[ʃípiŋ]

n. 운송, 선적, 적하

Shipping cost is calculated based on the weight of
the items purchased.

- be calculated 계산되다
- based on ~을 토대로, ~에 기초하여
- weight [weit] n. 무게, 중량
- item [áitəm] n. 물건, 상품, 항목, 기사
- purchased [pə́:rtʃəst] a. 구매한, 사들인
운송 요금은 구매한 물건의 무게를 토대로 계산됩니다.

stamp
[stæmp]

n. 우표, 인지

For efficient packaging, our office assistant bought self-adhesive roll **stamp** dispensers.
- efficient [ifíʃənt] a. 효율적인, 유능한, 능률적인
- packaging [pǽkidʒiŋ] n. 포장, 담기
- buy [bai] (p. pp. bought [bɔ:t]) vt. 사다, 구입하다,
  획득하다
- self-adhesive [sélf-ædhí:siv]
  a. 풀이나 물을 쓰지 않고 붙일 수 있는, 자기 접착성의
- dispenser [dispénsər] n. 디스펜서, 분배자, 조제자

효율적인 포장을 위해 우리의 사환은 풀을 쓰지 않고도 붙일 수 있는 우표분배기를 샀습니다.

steadily
[stédili]

ad. 견실하게, 꾸준히, 착실하게

Sales of electronic equipment have been increasing **steadily** over the past ten years.
- electronic [ilèktránik] a. 전자의, 전기로 소리를 내는
- equipment [ikwípmənt] n. 장비, 설비, 준비, 능력
- increase [inkrí:s] vi. 늘다, 증진되다
  vt. 늘리다, 강하게 되다

전자장비 판매는 지난 10년간 꾸준히 증가해 오고 있는 중입니다.

stockroom
[stókru:m]

n. 창고, 물품 보관소

Let's call the **stockroom** and ask for more supplies.
- call 전화를 걸다, 연락을 하다
- ask for 요청하다

창고에 전화해서 공급을 더 요청합시다.

supplier
[səpláiər]

n. 공급자, 제조업자, 공급국가

The company found a new **supplier** with lower prices.

그 회사는 더 저렴한 가격으로 공급할 새로운 업자를 찾았습니다.

swap
[swɑp]

vt. 교환하다

The website allows members to **swap** items between as many as ten people at once.

- item [áitəm] n. 물건, 항목, 조항, 상품, 품목
- as many as ~와 같은 수의,
                          ~이나 되는(no less than)
- at once 즉시, 곧, 한번에

그 웹사이트는 10명이나 되는 회원이 한번에 물건을 교환하도록 허용해 줍니다.

take off

할인하다, (모자, 옷을) 벗다, 일을 쉬다, 옮기다, 데리고 가다

From tonight, you can **take** 30% **off** on your purchase of promotional items.

- purchase [pɔ́:rtʃəs] vt. 사다, 구입하다, 획득하다
                          n. 매입, 구입
- promotional [prəmóuʃənl] a. 판매촉진용의, 선전용의
- item [áitəm] n. 항목

오늘 밤부터 당신은 판매장려 품목 구매 시 30% 할인을 받게 될 것입니다.

third party
[θə:rd] [pá:rti]

제3자

The **third party's** interference caused a breach of the existing contract.
- interference [ìntərfíərəns] n. 방해, 훼방, 간섭, 충돌
- breach [bri:tʃ] n. 파괴, 위반 vt. ~을 어기다
- existing [igzístiŋ] a. 현재의
- contract [kántrækt] n. 계약
  [kəntrǽkt] vt. 계약하다 vi. 수축하다

제3자의 개입이 기존 거래의 파기를 초래했습니다.

trademark
[tréidmà:rk]

n. 상표

I would like to know a reputable company that can sell my **trademark**.
- reputable [répjətəbəl] a. 평판 좋은, 훌륭한

저는 제 상표를 팔아 줄 명성 있는 회사를 알고 싶습니다.

transit
[trǽnsit]

n. 운송, 통과, 통행, 통로
vt. vi. 통과하다, 나르다

There is almost no possibility of damage in **transit**.
- possibility [pàsəbíləti] n. 가능성, 장래성, 실현 가능성
- damage [dǽmidʒ] n. 손상, 손해, 배상금

운송에서 손상이 있을 가능성은 거의 없습니다.

voucher
[váutʃər]

n. 상품권, 영수증, 증빙서

The shoe gift **voucher** can be spent in all Norman Shoe Stores.
- gift [gift] n. 선물, 재능 syn. talent
- spend (p. pp. spent [spent])
  vt. 보내다, 쓰다, 사용하다, 소비하다
  vi. 낭비하다, 돈을 쓰다, 알을 낳다, 탕진되다
- store [stɔ:r] n. 상점, 가게

이 구두선물용 상품권은 모든 노먼 구두점에서 사용할 수 있습니다.

wholesaler
[hóulsèilər]

n. 도매상

They are a **wholesaler** of durable dishes and elegant dinner plates.

- durable [djúərəbəl] a. 내구성 있는, 단단한
- elegant [éligənt] a. 기품이 있는, 우아한, 훌륭한
- plate [pleit] n. 접시

그들은 내구성 있는 그릇과 우아한 정찬용 접시를 파는 도매상입니다.

win a contract
[kántrækt]

~와 계약하다, 계약을 따내다

The corporation **wins a contract** to supply sportswear and equipment for swimming and sporting clubs.

- corporation [kɔ̀:rpəréiʃən] n. 협회, 법인
- supply [səplái] vt. 공급하다, 지급하다
  - vi. 대리를 맡다
  - n. 공급, 재고품
- sportswear [spɔ́:rtswɛ̀ə:r] n. 운동복
- equipment [ikwípmənt] n. 장비, 설비

그 회사는 운동복과 장비를 수영장 및 스포츠 센터에 공급할 계약을 따냈습니다.

주요 국가별 화폐 단위

- 대한민국(Korea): Won
- 미국(USA): Dollar 1 dollar=100 cents
- 중국(China): Yuan 1 yuan=100 fen
- 일본(Japan): Yen 1 yen=100 sen
- 스위스(Switzerland): Franc 1 franc=100 centimes
- 멕시코(Mexico): Peso 1 peso=100 centavos
- 브라질(Brazil): Real 1 real=100 centavos
- 베트남(Vietam): đồng
- 타이(Thailand): Baht 1 baht=100 satang
- 뉴질랜드(New Zealand): Dollar/NZD
- 호주(Australia): Dollar/AUD

유럽경제통화동맹(European Economic and Monetary Union)에 가입한 유럽

- 유로화 사용지역(Euro Zone): 오스트리아, 벨기에, 키프로스, 핀란드, 프랑스, 독일, 그리스,
  아일랜드, 이탈리아, 룩셈부르크, 몰타, 네덜란드, 포르투갈, 슬로바키아, 슬로베니아, 스페인,
  에스토니아, 리투아니아, 라트비아 19개국 (2015년 1월 기준)

- Euro Zone이 아닌 EU 국가의 화폐 단위

  덴마크(Denmark): Krone 1 krone=100 Øre

  스웨덴(Sweden): Krona 1 krona=100 ore

  영국(United Kingdom): Pound 1 pound=100 pence

  불가리아(Bulgaria): Lev 1 lev=100 stotinki

  체코(Czech): Koruna 1 korn=100 haler(u)

  헝가리(Hungary): Forint 1 forint=100 filler

  폴란드(Poland): Zlote 1 zlote=100 grosz

  루마니아(Romania): Leu 1 leu=100 bani

다음에 해당하는 단어를 쓰시오.

한국어	영어
• 정확한, 정밀한, 빈틈없는, 신중한: acc	accurate
• 부가의, 추가의, 특별한: add	additional
• 행정업무, 관리업무: a t	administrative task
• 독점 금지의: ant	antitrust
• 미처 주문 처리를 하지 못하다: bac	backorder
• 물물 교환하다: bar	barter
• 명령, 입찰, 입후보, 초대: bi	bidding
• 밀매된, 밀매하다, 장화의 몸통, 불법제조, 해적판, 밀매술: boo	bootleg
• 중개인: bro	broker
• 협력하다, ~에 대해 공동연구하다: col	collaborate
• 통상관계: c r	commercial relations
• 위탁 판매: con	consignment
• 편지, 통신, 일치, 대응: cor	correspondence
• 급송 택배, 급사, 밀사: cou	courier
• 환율: cur ex r	currency exchange rate
• 급송하다, 급파하다, 신속히 처리하다, 죽이다: dis	dispatch
• 처분, 처리, 양도, 매각: dis	disposal
• 계약금, 첫 할부금: d p	down payment
• 지급 기일, 납부일, 만기일: d d	due date
• 관세: d	duties
• 능률, 유능, 효용성: eff	efficiency
• 둘러싸다, 에워싸다, 넣다, 동봉하다: enc	enclose
• 실행하다, 실시하다, 완수하다, 이행하다: exe	execute
• 경영진, 임원, 행정부, 주지사, 집행권을 갖는, 실행 가능한: ex	executive
• 종료되다, 만기되다, 끝나다: exp	expire
• 정가: f p	fixed price
• 화물 운송, 무거운 짐, 부담, 비용: f	freight
• 송장: in	invoice
• 폐업하다: g o of b	go out of business
• 낟알, 한 알, 미량, 기질, 성질: g	grain
• 감사하는, 고마워하는, 기분 좋은, 쾌적한: gra	grateful
• 충족시키다, 맞서다, 대처하다, 회합하다, 교차하다, 겸비하다: me	meet
• 야기하다, 동기를 주다, 자극하다, 움직이다: mot	motivate
• 양도할 수 없는: non	nontransferable
• 선택권, 옵션: o	option

- 우선사항, 긴급사안, 우선권, 선취권: pr   priority
- 장기의, 연장한, 오래 끄는: pro   prolonged
- 성공적인, 순조로운, 번영하는, 부유한: pros   prosperous
- 소매상: ret   retailer
- 주주: s   shareholder
- 운송, 선적, 적하: ship   shipping
- 우표, 인지: s   stamp
- 견실하게, 꾸준히, 착실하게: stea   steadily
- 창고, 물품 보관소: st   stockroom
- 공급자, 제조업자, 공급국가: sup   supplier
- 교환하다: sw   swap
- 할인하다, (모자, 옷을) 벗다, 일을 쉬다, 옮기다, 데리고 가다: t   o   take off
- 제3자: t   p   third party
- 상표: tra   trademark
- 운송, 통과, 통행, 통로, 통과하다, 나르다: tr   transit
- 상품권, 영수증, 증빙서: vou   voucher
- 도매상: who   wholesaler
- ~와 계약하다, 계약을 따내다: w   a c   win a contract

복습 문제 16-20

다음 설명에 맞는 단어를 보기에서 찾으시오.

1. to send someone or something somewhere for a special purpose
2. something that one hopes or intends to accomplish
3. to present so as to invite notice or attention
4. to improve or increase the value, quality or intensity of something
5. to change something so as to make it suitable for a new use or situation

> 보기   a. unveil   b. enhance   c. dispatch   d. adjust   e. target

다음 빈칸에 적절한 단어를 보기에서 찾으시오.

6. When he watched the _____, he turned onto the product.
7. Trucks have been parked inside a _____.
8. The company found a new _____ with lower prices.
9. They finally agreed to the _____ of the rates.
10. Future marketing _____ should be kid-friendly.

> 보기   a. advertisement   b. tactics   c. supplier   d. stipulation   e. warehouse

문장의 밑줄 친 부분의 의미에 가까운 단어를 보기에서 찾으시오.

11. The variable cost has remained the same since 2011.
12. I was convinced that I could do anything I needed to.
13. Details of these arrangements are commercially confidential.
14. We look forward to establishing a long and prosperous relationship with your company.
15. The sturdy joining makes the chair a more pragmatic construction.

> 보기   a. successful   b. classified   c. assured   d. mutable   e. practical

다음 문장을 해석하시오.

16. Come and see our range of exquisite products.

17. We have an excellent reputation for being productive, efficient, and accurate.

18. Vacuum cleaners become an emphatic and essential house appliance.

19. The retailer sells baseball caps and hats for children.

20. Please note that on all catalog products, prices and availability are subject to change.

다음 문장을 작문하시오.

21. 이것은 경쟁사 제품보다 훨씬 저렴합니다.

22. 크기와 종류에서 폭넓은 선택의 여지가 있습니다.

23. 그 감정 보고서는 상당히 중요합니다.

24. 당신의 만족이 우리의 우선사항입니다.

25. 지금 회의에 참석할 수 있나요?

25. Are you available for a conference now?
24. Your satisfaction is our priority.
23. The appraisal report is pretty important.
22. There is a wide variety of choices in sizes and types.
21. These products are less expensive than our competitors.

20. 일러두기 있도록 모든 제품에 가격과 입고 가능성은 바뀔수 있다는 등을 알고계 주세요.
19. 그 소매상은 아기 모자와 어린이 야구용 모자를 판매하여 팔았습니다.
18. 진공청소기는 활발하고도 필수적인 가정제품이 되었습니다.
17. 우리는 생산적이고, 효율적이며, 정확한 것으로 탁월한 명성을 갖고 있습니다.
16. 우리 우리의 여러 훌륭한 제품들을 백화점 파세요.

1. c 2. e 3. a 4. b 5. d 6. a 7. e 8. c
9. d 10. b 11. d 12. c 13. b 14. a 15. c

정답

21. 사내제도와 인사에 관련된 어휘

---

advertising
[ǽdvərtàiziŋ]

a. 광고의 n. 광고, 광고업

He is going to be the head of the **advertising** department in Fox News.

- head [hed] n. 부장, 수석, 총재

그는 폭스 뉴스의 광고부서 부장이 될 것입니다.

---

annulment
[ənʌ́lmənt]

n. 취소, 폐지

He has brought the contract for **annulment** with no indication of reasons.

- contract [kántræk] n. 계약
- indication [ìndikéiʃən] n. 지시, 지적, 적응증, 표시

그는 이유를 표하지 않고 계약을 취소해 버렸습니다.

---

apprise
[əpráiz]

vt. 알리다, 통지하다

I am pleased to **apprise** you of your promotion from the post of assistant manager to manager of the department.

- be pleased to ~하게 되어 기쁘다
- assistant manager [əsístənt] [mǽnidʒəːr] 대리
  cf. general manager 부장,
      deputy general manager 차장, manager 과장
- department [dipáːrtmənt] n. 부서

저는 당신이 대리의 지위에서 부서의 과장으로 승진하게 된 것을 알리게 되어 기쁩니다.

appropriate
[əpróupriət]

a. 적합한, 특유의, 고유한

Each employee's performance will be examined as we determine the **appropriate** increase.

- performance [pərfɔ́:rməns] n. 수행, 성과, 공적
- determine [ditə́:rmin] vt. 결심하다, 결정하다
- increase [ínkri:s] n. 증가, 증진, 번식

적절한 인상액을 결정할 때 각 직원의 성과가 검토될 것입니다.

auditor
[ɔ́:ditər]

n. 회계 감사관, 방청객, 청강생

The staff should follow the **auditor's** suggestions.

- staff [stæf] n. 간부, 참모, 직원, 부원
- suggestion [səgdʒéstʃən] n. 제안, 제의, 연상, 암시

그 간부는 회계 감사관의 제안을 따라야 합니다.

commission
[kəmíʃən]

n. 수수료, 임무, 직무

In the early years, most automobile sales workers were paid on **commission**.

- automobile [ɔ́:təməbi:l] n. 자동차
- sales [seilz] a. 판매의

초창기에 대부분의 자동차 판매 직원들은 수수료로 보수를 받았습니다.

compensate
[kámpənsèit]

vt. 보상하다, 변상하다, 급료를 주다
vi. 보충하다, 메우다(for)

All affected employees will be **compensated** for the extra time.

- affected [əféktid] a. 영향을 받은, 감동된, 병에 걸린
- be compensated for ~에 대한 보상을 받다
- extra time 초과시간

모든 관련된 직원들은 초과시간에 대해 급료를 받을 것입니다.

convenience
[kənví:njəns]

n. 편의, 형편 좋음, 공중화장실

For your **convenience**, our office hours are as
follows.

- office hours 근무시간
- as follows 다음과 같은
- for your convenience 당신의 편의를 위해
  cf. at your convenience 당신이 편한 대로

여러분의 편의를 위한 우리의 근무시간은 다음과
같습니다.

cut the staff

(직원을) 감원하다

We need to **cut the staff** for company's resuscitation.

- resuscitation [risʌsətèiʃən] n. 소생, 회생

우리는 회사의 회생을 위해서 감원할 필요가 있습니다.

demoralize
[dimɔ́:rəlàiz]

vt. 사기를 꺾다, 타락시키다, 풍기를 문란케 하다

If you are at a **demoralized** workplace, can you
find a way to improve it?

- workplace [wɔ́:rkplèis] n. 직장, 일터

당신이 사기가 저하된 직장에 있다면 그것을 개선할
방안을 찾을 수 있겠습니까?

deprive
[dipráiv]

vt. 허용하지 않다, 빼앗다, 면직하다, 박탈하다

A man may be **deprived** of a deserved promotion
by a superior who has a personal negative opinion
of him.

- be deprived of ~을 박탈당하다, ~을 허용받지 못하다
- promotion [prəmóuʃən] n. 승진, 진급, 장려, 판매촉진
- superior [səpíəriər] n. 상사, 선배, 우월한 사람
- personal [pɔ́:rsənəl] a. 개인의, 인신 공격의, 인격적인,
  사람의, 신체의

자신에게 개인적으로 부정적인 견해를 갖고 있는 상사에
의해 마땅한 승진의 기회를 박탈당할 수도 있습니다.

designate
[dézignèit]

vt. 가리키다, 지시하다, 명명하다, 지명하다, 선정하다

The director is allowed to **designate** his or her successor.

- director [diréktər] n. 관리자, 국장, 중역, 이사
- be allowed to ~하는 것이 허용되다
- successor [səksésər] n. 후임자, 후계자, 상속자

그 관리자는 자신의 후임을 지명하는 것이 허용됩니다.

---

despite
[dispáit]

prep. ~에도 불구하고, 자기도 모르게
n. 무례, 악의, 원한

Despite the recession, managers decided to raise employees' salaries.

- recession [riséʃən] n. 퇴거, 후퇴, 들어간 곳, 우묵한 곳
- manager [mǽnidʒɚ:r] n. 경영자, 부장, 간사, 이사
- raise salaries 임금을 인상하다
- employee [implɔ́ii:] n. 종업원, 고용인
           opp. employer

경기후퇴에도 불구하고 경영자들은 근로자의 임금을 인상하기로 결정했습니다.

---

disappoint
[disəpɔ́int]

vt. 실망시키다, 낙담시키다

Although it was dismissal by stipulation, he was severely **disappointed**.

- dismissal [dismísəl] n. 해산, 면직
- stipulation [stìpjəléiʃən] n. 계약조건
- severely [sivíə:rli] ad. 심하게, 호되게, 모질게

계약조건에 따른 해고였지만 그는 몹시 실망했습니다.

---

disbursement
[disbɔ́:rsmənt]

n. 지불금, 지불

The airline company again defers **disbursement** of December salary.

- defer [difɔ́:r] vt. vi. 유예하다, 연기하다, 양보하다

그 항공사는 또다시 12월 임금 지불을 연기했습니다.

dismissal
[dismísəl]

n. 해고, 해산, 이혼, 면직

I don't think the **dismissal** is illegal or unjust at all.

- illegal [illí:gəl] a. 불법의, 위법의
- unjust [ʌndʒʌ́st] a. 부정한, 불공평한

저는 그 해고가 불법이거나 부당하다고는 전혀 생각하지 않습니다.

draw up a new agreement

새 계약서를 작성하다
draw-drew-drawn

He was promoted upon **drawing up a new agreement** at the end of the two-year period.

- be promoted upon 승진하다, 진전되다

그는 2년의 기간이 끝나는 시점에서 새 계약서를 작성하며 승진되었습니다.

headquarters
[hédkwɔ̀:rtərz]

n. 본사, 본부, 본국

She is visiting from our corporate **headquarters** in New York.

- be visiting from ~에서 방문 중이다
- corporate [kɔ́:rpərit] a. 회사의, 단체의, 법인의
  n. corporation [kɔ̀:rpəréiʃən]

그녀는 뉴욕에 있는 우리 본사에서 방문 중입니다.

implement
[ímpləmənt]

vt. 이행하다, 권한을 주다, 효력을 주다
n. 도구, 수단, 시행

We have decided to **implement** the new hiring system.

- decide to ~하기로 결정하다

우리는 그 새로운 고용체계를 이행하도록 결정했습니다.

incentive
[inséntiv]

n. 격려, 자극, 장려금 a. 자극적인, 유발하는

University professors write articles not only to have **incentives** but also to get promotion chances.
- professor [prəfésər] n. 교수
- article [á:rtikl] n. 논문, 기사
- promotion [prəmóuʃən] n. 승진, 진급

대학교수들은 장려금 수령뿐 아니라 승진의 기회를 얻기 위해 논문을 씁니다.

increase
[ínkri:s]

n. 인상, 증대, 번식, 자손, 이자 vt. [inkrí:s] 늘리다, 증대하다, 증진하다 vi. 번식하다, 강해지다, 늘다

She supports the wage **increase**.
- wage [weidʒ] n. 임금, 급료, 보상

그녀는 임금 인상을 지지합니다.

labor dispute
[léibər] [dispjú:t]

노사분규

They tried to reduce the possibility of the **labor dispute** occurrence.
- reduce [ridjú:s] vt. 줄이다, 축소하다
            vi. 줄다, 내려가다
- occurrence [əkə́:rəns] n. 사건, 발생

그들은 노사분규의 발생 가능성을 줄이기 위해 노력했습니다.

lay off

해고하다

The factory owner **laid off** some of the employees who worked inefficiently.
- inefficiently [ìnifíʃəntli] ad. 무능하게, 비효율적으로

그 공장주는 비효율적으로 작업하는 직원들 일부를 해고했습니다.

malign
[məláin]

vt. 해를 끼치다, 헐뜯다 a. 유해한

The former employees believe that the employer did **malign** them.

이전 직원들은 고용주가 그들에게 해를 끼쳤다고 믿습니다.

mastermind
[mǽstə:màind]

n. 입안자, 지도자 vt. 배후에서 조종하다

The sabotage **mastermind** was arrested on the porch of his house.

- sabotage [sǽbətà:ʒ] n. 쟁의, 태업
- be arrested 체포되다
- porch [pɔ:rtʃ] n. 현관, 입구

태업 주동자는 자기 집 현관에서 체포되었습니다.

meagerly
[mí:gə:rli]

ad. 불충분하게, 미약하게

Although teachers feed our minds and souls, they are so **meagerly** paid.

- feed [fi:d] (p. pp. fed [fed])
  vt. 양식을 공급하다, 먹이다, 부양하다
  vi. 풀을 뜯어먹다, 사료를 먹다

교사들은 우리의 정신과 영혼에 양분을 제공하지만 너무나 미약하게 보수를 받습니다.

notify
[nóutəfài]

vt. 알려주다, 통고하다, 신고하다

We would **notify** you of the starting time.

시작할 시간을 우리가 당신에게 알려드리겠습니다.

offset
[ɔ́:fsét]

n. 차감, 갈라짐, 분파
vt. 상쇄하다, 차감하다, 맞비기다
vi. 갈라져 나오다, 파생하다

Tax **offset** encourages mature age workers to stay in the workplace.

- encourage [enkɔ́:ridʒ] vt. 용기를 돋우다, 고무하다, 권하다
- mature [mətjúə:r] a. 장년기의, 성숙한, 익은, 심사숙고한
- tax [tæks] n. 세금, 조세
- workplace [wə:rkpleis] n. 직장

세금 차감은 장년 노동자가 직장에 남을 수 있도록 고무합니다.

paid leave
[peid] [li:v]

유급 휴가

I am looking for firms where I can get at least 4 weeks **paid leave** per year.

- firm [fə:rm] n. 회사 a. 단단한
- per [pər] prep. 마다

저는 1년에 적어도 4주의 유급 휴가를 받을 수 있는 회사를 찾고 있습니다.

performance
[pərfɔ́:rməns]

n. 성과, 실행, 이행, 업적, 성적

To reward you for your **performance**, the Board of Directors has approved a bonus for all employees.

- reward [riwɔ́:rd] vt. vi. 보답하다, 보복하다
- the board of directors 이사회
- approve [əprú:v] vt. 승인하다, 허가하다, 찬성하다

당신들의 성과에 보답하기 위해 이사회가 모든 직원에게 보너스를 주기로 승인했습니다.

postpone
[poustpóun]

vt. 연기하다, 미루다

When the economy is performing poorly, companies tend to **postpone** promotions.

- economy [ikánəmi] n. 경제, 효율적 사용, 절약
- perform [pərfɔ́:rm] vi. 진행되다, 수행되다, 연기하다, 연주하다
  vt. 이행하다, 실행하다, 공연하다
- poorly [púərli] ad. 실패하여, 불완전하게, 불충분하게, 가난하게, 서투르게, 빈약하게
- tend to ~하는 경향이 있다
- promotion [prəmóuʃən] n. 승진, 승급, 진급, 조장

경제상황이 나쁘게 전개되면 회사는 승진을 연기하는 경향이 있습니다.

predecessor
[prédisèsər]

n. 전임자, 선배, 선조

The **predecessor** gave some advice so that her successor may not share her fate.

- advice [ædváis] n. 충고, 조언
- successor [səksésər] n. 상속자, 후계자
- fate [feit] n. 운명, 숙명

전임자는 후임이 자기와 같은 운명을 겪지 않도록 조언을 해주었습니다.

preferential treatment
[prèfərénʃəl] [trí:tmənt]

특혜, 특별대우

The Pregnancy Anti-Discrimination Act does not mean **preferential treatment** for pregnant employees.

- pregnancy [prégnənsi] n. 임신
- discrimination [diskrìmənéiʃən] n. 차별, 구별

임산부 차별 방지법이 임신한 직원에게 특혜를 베푸는 것을 의미하지는 않습니다.

put a strain on
[strein]

~에 부담을 주다

Significant downsizing may **put a strain on** the remaining employees.

- significant [signífikənt] a. 의미심장한, 중요한, 심각한
- downsizing [daunsàiziŋ] n. 소형화, 축소

심각한 인원감축은 남아 있는 직원들에게 부담을 줄 수 있습니다.

recommendation
[rèkəmendéiʃən]

n. 추천, 소개장, 권고, 장점

If you are willing to write me a **recommendation** letter, please let me know.

- be willing to 기꺼이 ~하다
- recommendation letter 추천서

저를 위해 기꺼이 추천서를 써줄 수 있다면 부디 알려주시기 바랍니다.

He has my highest **recommendation**.

- highest recommendation 초강력 추천

그를 매우 강력하게 추천하는 바입니다.

Ms. Irons has asked me to write a letter of **recommendation** to accompany her application.

- accompany [əkʌ́mpəni] vt. 첨가시키다, 함께 가다,
  수반시키다
  vi. 반주하다
- application [æplikéiʃən] n. 원서, 신청, 지원, 응용

아이언즈 씨는 원서에 수반될 추천서를 써 달라고 저에게 부탁했습니다.

reinstate
[riːinstéit]

vt. 복직시키다, 건강을 회복시키다

The employees had been dismissed after the
strike, and only one of them was **reinstated**.

- employee [implɔ́iː] n. 고용인, 종업원
- dismiss [dismís] vt. 해고하다, 해산하다
            vi. 해산되디
- strike [straik] n. 파업, 타격
        vt. 맞부딪치다, 치다

파업 이후 그 직원들은 해고되었고 오직 한 사람만이
복직되었습니다.

renew
[rinjúː]

vt. 갱신하다, 재개하다, 회복하다 vi. 새로워지다

I wish to let you know that I have chosen to
renew the contract.

계약을 갱신하는 쪽을 택했음을 당신에게 알려드리고
싶습니다.

resignation
[rèzignéiʃən]

n. 사직, 사직서, 사표

It is almost a forced retirement, since he wrote the
letter of **resignation** against his will.

- forced [fɔːrst] a. 강제적인, 무리한
- retirement [ritáiəːrmənt] n. 은퇴, 퇴직
- against one's will ~의 의지에 반하여

그가 자신의 의사에 반해 사직서를 썼기 때문에 그것은
거의 강제 퇴직이라고 할 수 있습니다.

retire
[ritáiə:r]

vi. 물러나다, 칩거하다, 은퇴하다
vt. 퇴직시키다, 회수하다
n. retirement [ritáiə:rmənt]

He will be taking over as a director of
management planning when Peter Degen **retires**
next month.
- take over 이어받다, 양도받다, 접수하다
- director [diréktər] n. 지도자, 관리자, 국장, 이사
피터 디긴이 다음 달 퇴직하면 그가 경영기획이사
자리를 물려받을 것입니다.

The teacher lived on her pension after her
retirement.
- live on ~으로 살아가다
- pension [pénʃən] n. 연금, 부조금, 장려금, 보호금
그 교사는 은퇴 후 연금으로 살아갔습니다.

retiree
[ritaiərí:]

n. 퇴직자

The **retiree** computes interest for his severance
pay deposited in the bank.
- compute [kəmpjú:t] vt. 계산하다, 추정하다
- severance [sévərəns] n. 해직, 절단, 단절, 분리
- deposit [dipázit] n. 예금 vt. 예금하다
그 퇴직자는 은행에 예치된 퇴직금의 이자를
계산합니다.

retirement home
[ritáiə:rmənt] [houm]

퇴직자 전용 주택

Our employees can live in the **retirement home**
after they retire from the company.
우리 직원들은 회사에서 퇴직한 후 퇴직자 전용
주택에서 살 수 있습니다.

sabotage
[sǽbətɑ̀:ʒ]

n. 태업, 생산 방해

By means of **sabotage**, they make an appeal against unreasonable criteria for personnel dismissal.

- by means of ~에 의하여, ~으로써
- appeal against ~에 반대를 외치다,
  ~에 반대하여 상고하다
- unreasonable [ʌnríːzənəbəl] a. 비합리적인, 무분별한
- criteria [kraitíəriə] n. 기준, 표준, 특징
  sing. criterion
- personnel [pɔ̀ːrsənél] n. 직원, 인사
- dismissal [dismísəl] n. 해고, 통지, 추방

태업이라는 수단을 통해 그들은 직원 해고의 불합리한 기준에 대한 반대를 외쳤습니다.

salary review
[sǽləri] [rivjúː]

연봉 심사

Before the **salary review**, each employee will have a chance to explain his or her performance.

- employee [implɔ́ii] n. 고용인, 종업원
- explain [ikspléin] vt. 명백하게 하다, 해석하다
  vi. 설명하다, 변명하다
- performance [pərfɔ́ːrməns] n. 실행, 성과, 성적

연봉심사 전에 각 직원은 자신의 업적에 대해 소명할 기회를 갖게 될 것입니다.

senior management
[síːnjər] [mǽnidʒmənt]

고위 경영진

Fringe benefits are only allowed with prior approval of a **senior management**.

- fringe [frindʒ] n. 가장자리, 부수적인, 2차적인
- benefit [bénəfit] n. 이득
- fringe benefits 추가 혜택
  cf. perk [pəːrk] n. 임직원의 특전, 임시 수입, 촌지
- be allowed 허가되다, 허용되다
- prior [práiər] a. 앞서의, 사전의
- approval [əprúːvəl] n. 승인, 찬성, 허가

추가 혜택은 선임 관리자의 사전 승인을 받았을 때만 허용됩니다.

sincere
[sinsíəːr]

a. 충심의, 진실한, 성실한, 거짓 없는

Please accept my **sincere** congratulations on your success.

- accept [æksépt] vt. 받아들이다, 수락하다, 순응하다
- congratulations [kəngrǽtʃəléiʃənz] n. 축사
  sing. 축하, 경하

당신의 성공을 진심으로 축하드립니다.

slight chance
[slait] [tʃæns]

희박한 가능성, 작은 기회

There is only a **slight chance** of promotion for fat women or overweight men in that company.

- promotion [prəmóuʃən] n. 승진, 진급, 진흥
- overweight [óuvərwèit] a. 지나치게 뚱뚱한
  n. 초과 중량

그 회사에서는 뚱뚱한 여성이나 과체중 남성이 승진할 가능성은 조금밖에 없습니다.

vibrant
[váibrənt]

a. 활기 넘치는, 힘찬, 설레는

Your finances will be **vibrant**, with a salary increase from a job promotion.

- finances [fainǽnsiz] n. 재원, 세입, 소득, 자금
- salary increase [sǽləri] [inkrí:s] 봉급 인상, 임금 인상
- promotion [prəmóuʃən] n. 승진, 진급

직장 내 승진에 따른 임금 인상으로 당신의 재원은 활기가 넘치게 될 것입니다.

다음에 해당하는 단어를 쓰시오.

• 광고의, 광고, 광고업: adv		advertising
• 취소, 폐지: ann		annulment
• 알리다, 통지하다: app		apprise
• 적합한, 특유의, 고유한: appr		appropriate
• 회계 감사관, 방청객, 청강생: au		auditor
• 수수료, 임무, 직무: com		commission
• 보상하다, 변상하다, 급료를 주다, 보충하다, 메우다: com		compensate
• 편의, 형편 좋음, 공중화장실: conv		convenience
• (직원을) 감원하다: c　　the s		cut the staff
• 사기를 꺾다, 타락시키다, 풍기를 문란케 하다: dem		demoralize
• 허용하지 않다, 빼앗다, 면직하다, 박탈하다: de		deprive
• 가리키다, 지시하다, 명명하다, 지명하다, 선정하다: des		designate
• ~에도 불구하고, 자기도 모르게, 무례, 악의, 원한: desp		despite
• 실망시키다, 낙담시키다: dis		disappoint
• 지불금, 지불: dis		disbursement
• 해고, 해산, 이혼, 면직: dis		dismissal
• 새 계약서를 작성하다: d　u a n　a		draw up a new agreement
• 본사, 본부, 본국: he		headquarters
• 이행하다, 권한을 주다, 효력을 주다, 도구, 수단, 시행: imp		implement
• 격려, 자극, 장려금, 자극적인, 유발하는: inc		incentive
• 인상, 증대, 번식, 자손, 이자, 늘리다, 증대하다, 강해지다, 늘다: in		increase
• 노사분규: l　　d		labor dispute
• 해고하다: l　　o		lay off
• 해를 끼치다, 헐뜯다, 유해한: mal		malign
• 입안자, 지도자, 배후에서 조종하다: mas		mastermind
• 불충분하게, 미약하게: mea		meagerly
• 알려주다, 통고하다, 신고하다: not		notify
• 차감, 갈라짐, 분파, 상쇄하다, 차감하다, 갈라져 나오다, 파생하다: off		offset
• 유급 휴가: p　　l		paid leave
• 성과, 실행, 이행, 업적, 성적: per		performance
• 연기하다, 미루다: po		postpone
• 전임자, 선배, 선조: pre		predecessor
• 특혜, 특별대우: p　　t		preferential treatment
• ~에 부담을 주다: p　a s　on		put a strain on
• 추천, 소개장, 권고, 장점: rec		recommendation

- 복직시키다, 건강을 회복시키다: rei   reinstate
- 갱신하다, 재개하다, 회복하다, 새로워지다: re   renew
- 사직, 사직서, 사표: res   resignation
- 물러나다, 칩거하다, 은퇴하다, 퇴직시키다, 회수하다: re   retire
- 퇴직자: ret   retiree
- 퇴직자 전용 주택: r   h   retirement home
- 태업, 생산 방해: sab   sabotage
- 연봉 심사: s   r   salary review
- 고위 경영진: s   m   senior management
- 충심의, 진실한, 성실한, 거짓 없는: sin   sincere
- 희박한 가능성, 작은 기회: s   c   slight chance
- 활기 넘치는, 힘찬, 설레는: vib   vibrant

22. 고객 서비스에 관련된 어휘

accrue
[əkrú:]

vi. 축적하다, 이자가 붙다, 자연히 증가하다

The company that performs delegate customer service will **accrue** the income.

- delegate [déligət, déligèit] n. 대표자, 대리인
  [déligèit] vt. 대리로 보내다, 위임하다
- income [ínkʌm] n. 수입, 소득

대리로 고객 서비스를 수행하는 회사는 소득이 늘어날 것입니다.

arbitration
[à:rbitréiʃən]

n. 중재, 조정

After due reflection, the customer signed an **arbitration** agreement.

- due [dju:] a. 마땅한, 합당한, 만기가 된, 도착 예정인
- reflection [rifiékʃən] n. 숙고, 반사, 반영

잘 생각한 뒤에 그 고객은 중재안에 서명했습니다.

aspect
[æspekt]

n. 양상, 국면, 방향, 견해

This is the **aspect** of the question which we should consider.

- question [kwéstʃən] n. 문제, 현안, 의심, 질문

이것이 우리가 고려해야 할 문제의 양상입니다.

assistance
[əsístəns]

n. 지원, 원조, 도움, 조력

Their technical support staff provides telephone
assistance to the registered users.

- technical support staff 기술 지원 직원
- provide [prəváid] vt. 제공하다, 공급하다, 대비하다
- registered users 등록한 사용자

그 기술 지원 직원들은 등록한 사용자들에게 전화
지원을 제공합니다.

---

authorization
[ɔ̀:θərizéiʃən]

n. 승인, 위임, 공인, 허가, 권한 부여

These are Return Merchandise **Authorization**
(RMA) procedures for defective products.

- return [ritɔ́:rn] n. 반품, 반환, 복귀, 귀향, 말대꾸
- merchandise [mɔ́:rtʃəndàiz] n. 상품, 제품, 재고품
- procedure [prəsí:dʒər] n. 절차, 순서, 조치, 진행
- defective [diféktiv] a. 하자 있는, 결점 있는, 불완전한

이것은 하자 있는 제품에 대한 반품 승인 절차입니다.

---

be frightened at
[fráitnd]

~에 대해 놀라다, ~으로 놀라다

The manager had to apologize to the customer
who **was** very **frightened at** the incident.

- apologize to ~에게 사과하다, 사죄하다, 변명하다
- incident [ínsədənt] n. 사건 a. 흔히 있는

지배인은 그 사건으로 많이 놀란 고객에게 사과를
해야만 했습니다.

blemish
[blémiʃ]

n. 흠, 오점 vt. ~에 흠을 내다

Since dirt concealed surface **blemishes**, the customer didn't notice them.

- dirt [də:rt] n. 진흙, 쓰레기
- conceal [kənsí:l] vt. 숨기다, 비밀로 하다
- surface [sə:rfis] n. 표면, 외부
  vt. 표지를 달다, 떠오르게 하다
  vi. 떠오르다, 명백해지다

먼지가 표면의 흠을 가려서 고객은 그것을 알아차리지 못했습니다.

clarify
[klǽrəfài]

vt. 명확하게 하다, 분명히 말하다, 해명하다, 정화하다

It is important that we **clarify** the issue.

- issue [íʃu:] n. 문제, 논쟁, 결말, 출구, 발행

우리가 그 문제를 분명히 하는 것이 중요합니다.

collision
[kəlíʒən]

n. 충돌, (의견의) 불일치

They offer **collision** repair service with Chinese speaking representatives.

- repair service [ripéə:r] [sə́:rvis] 수리 서비스
- representative [rèprizéntətiv] n. 대표자, 대리인, 사원
  a. 대표하는

그들은 중국말을 하는 사원들로 충돌 수리 서비스를 제공합니다.

come with

~이 딸려 있다, ~가 따라오다

I bought a refrigerator and it **came with** a two-year guarantee.

- refrigerator [rifrídʒərèitə:r] n. 냉장고, 증기 응결기,
  냉각장치
- guarantee [gæ̀rəntí:] vt. 확실히 하다, 보장하다, 보증하다
  n. 보증, 보증인, 보증서

제가 냉장고를 샀는데 2년 품질 보증서가 딸려 왔습니다.

complaint
[kəmpléint]

n. 고충, 불평, 어려움

I wrote a letter of **complaint**.

제가 불편사항을 편지로 썼습니다.

component
[kəmpóunənt]

n. 부품, 성분, 구성요소
a. 구성하고 있는, 성분을 이루는

Thanks to the additional coverage of many vehicle **components**, this program will protect you against unexpected repair bills.

- additional [ədíʃənəl] a. 특별한, 추가의, 부가의
- vehicle [víːikəl, víːhi-] n. 자동차, 탈것, 매개물, 전달수단
- protect [prətékt] vt. vi. 보호하다, 막다, 지키다
  cf. protect A against/from B
- unexpected [ʌnikspéktid] a. 예상치 않은, 의외의, 돌연한
- repair bills 수리비 계산서

많은 자동차 부품에 대한 추가적인 보증 덕분에, 이 프로그램으로 당신은 예상치 못한 수리비용을 막게 될 것입니다.

contend with

~에 대처하다, 대응하다, 다투다, 경쟁하다

We should **contend with** upset or unsatisfied customers quickly and gently.

- upset [ʌpsét] a. 당황한, 화가 난
  vt. 뒤집어 엎다, 전복시키다, 당황하게 하다
  vi. 뒤집히다, 전복되다
- unsatisfied [ʌnsǽtisfàid] a. 불만족하는
- gently [dʒéntli] ad. 온화하게, 점잖게

우리는 화가 나거나 불만스러워하는 고객들에게 신속하고 부드럽게 응대해야 합니다.

courteous
[kɔ́:rtiəs]

a. 예의 바르게, 정중한

Part-time sales support representatives provide
courteous customer service to all customers.
- sales support representative 판매 지원 직원

시간제 판매 지원 직원이 모든 고객에게 예의바르게
고객 서비스를 제공합니다.

customize
[kʌ́stəmàiz]

vt. 주문제작하다, 개인의 희망에 맞추다

With our extensive array of options, you can
customize your own dress shirt.
- extensive [iksténsiv] a. 광범위한, 넓은, 다방면에 걸친
- array [əréi] n. 정렬, 배열, 세트
- option [ápʃən] n. 선택할 수 있는 것, 선택권,
        선택의 자유
- dress shirts 예복용 와이셔츠

폭넓게 배열된 선택사항으로, 당신은 자신만의 예복용
와이셔츠를 주문제작할 수 있습니다.

damage
[dǽmidʒ]

vt. 손해를 입히다, 손상시키다 n. 손해, 손상, 배상금

How can I exchange a **damaged** product?

파손된 제품은 어떻게 하면 교환할 수 있나요?

dedication
[dèdikéiʃən]

n. 헌신

The mission of Cathay Pacific is **dedication** to the
highest quality of customer service.

캐세이 퍼시픽의 임무는 최고 품질의 고객 서비스를
위해 헌신하는 것입니다.

demand
[diménd]

vt. vi. 묻다, 요구하다, 필요로 하다

Consumers have the right to **demand** a refund.

- consumer [kənsú:mər] n. 소비자, 수요자
  opp. producer 생산자
- right [rait] n. 권리, 정확함, 옳음, 공정
- refund [rí:fʌnd] n. 상환, 환불

소비자는 환불을 요구할 권리가 있습니다.

electronically
[ilèktránikəli]

ad. 온라인상으로, 전자적으로, 전자공학적으로

You need to submit an application **electronically**.

- submit [səbmít] vt. 제출하다, 제공하다
  vi. 복종하다, 감수하다
- application [æ̀plikéiʃən] n. 원서, 신청서, 지원, 근면

당신은 신청서를 온라인상으로 제출해야 합니다.

enjoyable
[endʒɔ́iəbəl]

a. 유쾌한, 즐거운, 재미있는

I am sorry that you did not have an **enjoyable** experience.

- experience [ikspíəriəns] n. 경험, 체험, 경력

유쾌한 경험을 하지 못했다니 죄송합니다.

entirety
[entáiərti]

n. 완전, 전체, 전액

We must examine the problem in its **entirety**.

- examine [igzǽmin]
  vt. 조사하다, 검진하다, 진찰하다
  vi. 조사하다, 음미하다(into)

우리는 그 문제를 전체적으로 조사해야만 합니다.

exchange
[ikstʃéindʒ]

vt. vi. 교환하다, 바꾸다
exchange 사물 with 사람: ~와 ~을 교환하다
exchange A for B: A를 B로 바꾸다

The woman was trying to **exchange** her purchase.
- purchase [pə́:rtʃəs] n. 구입품, 구입, 구매
vt. 사다, 구입하다, 획득하다
그 여자는 자신이 구입한 물건을 교환하려고 애쓰고
있었습니다.

extraordinary
[ikstrɔ́:rdənèri]

a. 대단한, 비상한, 의외의, 특별한

Providing **extraordinary** customer service doesn't
involve any single technique or concept.
- provide [prəváid] vt. vi. 공급하다, 제공하다, 준비하다,
마련하다, 대비하다
- customer service 고객 서비스
- involve [inválv] vt. 수반하다, 영향을 끼치다, 감싸다,
열중시키다
- technique [tekní:k] n. 수완, 기교, 기술, 수법
- concept [kánsept] n. 개념, 생각, 착상
특별한 고객 서비스를 제공한다는 것은 어느 하나의
기술이나 개념에만 국한된 것이 아닙니다.

gratis
[gréitis]

a. 무료의 ad. 공짜로
syn. for nothing

They place **gratis** infrastructure in data centers.
- infrastructure [ínfrəstrʌ̀ktʃər] n. 기반시설, 하부조직,
경제 기반
- data center [déitə] [séntər] 정보센터
그들은 정보센터에 무료 기반시설을 설치합니다.

hotline
[hátlàin]

n. 긴급 직통전화, 정부 수뇌 간의 직통전화

We provide 24 hour **hotline** services.
우리는 24시간 긴급 직통전화 서비스를 제공합니다.

immediately
[imí:diatli]

ad. 즉시, 곧, 바로 가까이

When your item has been shipped, you will
immediately receive a shipping notification e-mail.
- item [áitəm] n. 물건, 기사, 항목, 품목
- ship [ʃip] vt. 수송하다, 발송하다, 적재하다, 배에 싣다
- receive [risí:v] vt. vi. 수령하다, 받다, 이해하다,
  인정하다
- shipping [ʃipiŋ] n. 선적, 출하, 적하
- notification [nòutəfikéiʃən] n. 통지, 고시, 신고, 공고
당신의 물건이 적재되면, 즉시 출하 통지 전자우편을
받을 것입니다.

inquiry
[inkwáiəri]

n. 문의, 조회, 연구, 탐구

For customer service or **inquiries**, contact the
guest relations department.
- guest relations department 고객 관리 부서
  cf. GRO: guest relations officer 고객 관리 전문
  상담요원
고객 서비스나 문의는 고객 관리 부서에 연락하세요.

isolated
[áisəlèitid]

a. 고립된, 분리된, 격리된, 절연한

Please know that it was an **isolated** incident.
- incident [ínsədənt] n. 사건, 일, 삽화
부디 그것이 유례없는 일임을 알아주십시오.

maintenance
[méintənəns]

n. 정비, 유지, 부양, 생활비, 필수품

They take the system down every night for
maintenance.
- take the system down 시스템을 중지시키다
- every night 밤마다
그들은 정비를 위해 매일 밤 시스템을 중지시킵니다.

manufacturer
[mǽnjəfǽktʃərə:r]

n. 제조업자, 생산자, 공장주

I called the **manufacturer** to explain the problem.

- explain [ikspléin] vt. 알리다, 설명하다, 이유를 말하다
- vi. 해석하다, 해명하다

저는 문제를 설명하기 위해 제조업자에게 전화를 했습니다.

mess up
[mes]

망치다, 더럽히다, 엉망으로 만들다

Customer service can help you when you have **messed up** technical aspect of the product.

- technical [téknikəl] a. 기술적인
- aspect [ǽspekt] n. 국면, 양상, 모습

고객 서비스는 당신이 제품의 기술적 측면을 망쳤을 때 도움을 줄 것입니다.

overlook
[òuvərlúk]

vt. 간과하다

She **overlooks** how serious the misunderstanding is.

- serious [síəriəs] a. 심각한
- misunderstanding [mìsʌndə:rstǽndiŋ] n. 오해

그녀는 그 오해가 얼마나 심각한지를 간과합니다.

register
[rédʒəstə:r]

vt. 등록하다, 기록하다, 등기로 부치다

Please fill in the form below to **register** your product.

- fill in 채우다
- form [fɔ:rm] n. 서식, 형식, 모형, 외견
- product [prádəkt] n. 제품, 산물, 성과, 작품

당신의 제품을 등록하기 위해 아래의 서식을 채워 주세요.

reimburse
[rì:imbə́:rs]

vt. 상환하다, 변상하다, 배상하다

You will be **reimbursed** for any loss or damage caused by our company.

- loss [lɔ(:)s] n. 손실, 손해, 감소, 소모, 실패
- damage [dǽmidʒ] n. 손상, 손해
- caused by ~에 의해 초래된

당신은 우리 회사에 의해 초래된 손실이나 손해에 대해서 무엇이든 변상을 받게 될 것입니다.

replacement
[ripléismənt]

n. 교체, 대체, 후계

We are unable to repair the unit and will instead provide a **replacement**.

- be unable to ~할 수 없다
- repair [ripéə:r] vt. 수리하다, 고치다, 회복하다, 치료하다
  vi. 가다, 다니다, 의지하다
- unit [jú:nit] n. 장치, 단위, 세트
- instead [instéd] ad. 그 대신에, 그보다도

우리가 그 장치를 고칠 수 없으니 대신 교체해 드리겠습니다.

request
[rikwést]

n. 요구, 수요, 의뢰

We hope something can be done to expedite action on this **request**.

- expedite [ékspədàit] vt. 진척시키다, 촉진하다, 신속하게 처리하다

우리는 이 요구에 따른 행동을 진척시키기 위해 무언가 행해지길 희망합니다.

scrutinize
[skrú:tənàiz]

vt. vi. 세밀히 조사하다

We shall **scrutinize** the matter before we make a decision.

- make a decision 결정하다

결정을 내리기 전에 우리는 그 문제를 세밀히 조사해야 할 것입니다.

unconditionally
[ʌ̀nkəndíʃənəli]

ad. 무조건적으로, 무제한적으로, 절대적으로

We will **unconditionally** refund 100% of your money within 30 days of purchase.

- refund [rifʌ́nd] vt. 환불하다, 반환하다, 상환하다,
  반품하다
- within [wiðín] prep. 이내에, 범위 안에
  ad. 안쪽에, 마음속으로

우리는 구매 후 30일 이내에는 무조건적으로 당신의 돈을 100% 환불해 드립니다.

wake-up call
[weik-ʌp] [kɔ:l]

모닝콜

The company provides free **wake-up call** service for the handicapped and elderly.

- handicapped [hǽndikæ̀pt] a. 신체적 장애가 있는,
  불구의
- elderly [éldərli] a. 중년을 지난, 나이가 지긋한

그 회사는 장애인과 노인을 위해 무료 모닝콜 서비스를 제공합니다.

warranty
[wɔ́(:)rənti]

n. 보증서, 영장, 담보, 명령서

It is still under **warranty**, so we will fix it free of charge.

- under warranty 보증기간 내의
- fix [fiks] vt. 고치다, 고정시키다, 결정하다
            vi. 고정되다, 굳어지다, 자리잡다
- free of charge 무료로, 요금 징수 없이

아직 보증기간이기 때문에, 무료로 그것을 고쳐드리겠습니다.

worn-out
[wɔ:rn-aut]

a. 닳은, 낡은, 진부한
wear-wore-worn

We repair unevenly **worn-out** shoes for free.

- unevenly [ʌní:vənli] ad. 평탄하지 않게, 울퉁불퉁하게

우리는 고르지 않게 닳아버린 신발을 무상으로 수선해 드립니다.

표제어 확인문제

다음에 해당하는 단어를 쓰시오.

- 축적하다, 이자가 붙다, 자연히 증가하다: acc   accrue
- 중재, 조정: arb   arbitration
- 양상, 국면, 방향, 견해: asp   aspect
- 지원, 원조, 도움, 조력: a   assistance
- 승인, 위임, 공인, 허가, 권한 부여: aut   authorization
- ~에 대해 놀라다, ~으로 놀라다: b fri a   be frighten at
- 흠, 오점, ~에 흠을 내다: ble   blemish
- 명확하게 하다, 분명히 말하다, 해명하다, 정화하다: cl   clarify
- 충돌, (의견의) 불일치: col   collision
- ~이 딸려 있다, ~가 따라오다: com   come with
- 고충, 불평, 어려움: com   complaint
- 부품, 성분, 구성요소, 구성하고 있는, 성분을 이루는: com   component
- ~에 대처하다, 대응하다, 다투다, 경쟁하다: con   contend with
- 예의 바르게, 정중한: cou   courteous
- 주문제작하다, 개인의 희망에 맞추다: cu   customize
- 손해를 입히다, 손상시키다, 손해, 손상, 배상금: dam   damage
- 헌신: ded   dedication
- 묻다, 요구하다, 필요로 하다: de   demand
- 온라인상으로, 전자적으로, 전자공학적으로: ele   electronically
- 유쾌한, 즐거운, 재미있는: en   enjoyable
- 완전, 전체, 전액: ent   entirety
- 교환하다, 바꾸다: ex   exchange
- 대단한, 비상한, 의외의, 특별한: ext   extraordinary
- 무료의, 공짜로: gra   gratis
- 긴급 직통전화, 정부 수뇌 간의 직통전화: h   hotline
- 즉시, 곧, 바로 가까이: im   immediately
- 문의, 조회, 연구, 탐구: inq   inquiry
- 고립된, 분리된, 격리된, 절연한: iso   isolated
- 정비, 유지, 부양, 생활비, 필수품: mai   maintenance
- 제조업자, 생산자, 공장주: man   manufacturer
- 망치다, 더럽히다, 엉망으로 만들다: m u   mess up
- 간과하다: ove   overlook
- 등록하다, 기록하다, 등기로 부치다: reg   register
- 상환하다, 변상하다, 배상하다: re   reimburse
- 교체, 대체, 후계: rep   replacement

- 요구, 수요, 의뢰: re   request
- 세밀히 조사하다: scr   scrutinize
- 무조건적으로, 무제한적으로, 절대적으로: unc   unconditionally
- 모닝콜: w   c   wake-up call
- 보증서, 영장, 담보, 명령서: wa   warranty
- 닳은, 낡은, 진부한: w   worn-out
- 원조, 도움, 조력: as   assistance

23. 규범과 법률에 관련된 어휘

abuse
[əbjúːs]

n. 남용, 오용, 학대, 욕

Police haven't been able to verify her claims of **abuse**.

- claim [kleim] n. 주장, 요구, 청구, 권리, 자격
- verify [vérəfài] vt. 증명하다, 입증하다, 검증하다

경찰은 학대에 관한 그녀의 주장을 입증하지 못했습니다.

---

accomplice
[əkámplis]

n. 공범, 연루자

Although the **accomplice** did not carry out the crime, she is as guilty as the criminal.

- carry out 실행하다
- guilty [gílti] a. 유죄의
- criminal [krimínəl] n. 범인, 범죄자 a. 범죄의

그녀가 범행을 실행하지는 않았을지라도 공범으로서 범인만큼이나 죄가 있습니다.

---

amnesty
[ǽmnəsti]

n. 사면 vt. 사면하다

Amnesty International asserts that human rights are the basis for social security.

- assert [əsə́ːrt] vt. 단언하다, 주장하다
- human rights 인권
- basis [béisis] n. 기초, 기준 (pl. -ses [-siːz])
- security [sikjúəriti] n. 안전, 보안, 안정

국제 사면위원회는 인권이 사회적 안정의 기초라고 주장합니다.

approval
[əprúːvəl]

n. 승인, 인정, 찬성, 면허, 인가

That company already submitted the patent for the government's **approval**.

- submit [səbmít] vt. 제출하다, 일임시키다, 진술하다
- patent [pǽtənt] n. 특허권, 특허증, 특허품
- government [gʌ́vərnmənt] n. 정부, 통치, 행정

그 회사는 정부의 승인을 위해 이미 특허를 신청했습니다.

attorney
[ətə́ːrni]

n. 변호사, 대리인

The **attorney's** defense for a sexual harassment was very substantial.

- defense for ~을 위한 변호
- harassment [hərǽsmənt] n. 희롱, 괴롭힘
- substantial [səbstǽnʃəl] a. 실속 있는, 가치 있는, 신뢰할 만한, 설득력 있는

성희롱에 대한 그 변호사의 변론은 무척 설득력이 있었습니다.

be accused of

~으로 고소되다, ~으로 비난받다

Mr. Eliott had **been accused of** tax fraud and fled abroad.

- fraud [frɔːd] n. 사기
- tax fraud 세금 사기
  cf. tax evasion 세금포탈
  evasion [ivéiʒən] n. 회피, 탈세
  tax exemption 세금공제
  exemption [igzémpʃən] n. 면제
  tax saving 절세
- flee [fliː] (p. pp. fled [fled]) vi. vt. 도망가다, 달아나다

엘리어트 씨는 세금 사기로 고발되었고 해외로 도주했습니다.

burglary
[bə́:rgləri]

n. 도둑질, 주거 침입 도둑질

The prison sentence for robbery is normally
longer than that for **burglary**.

 - sentence [séntəns] n. 판결, 선고, 문장, 글
   vt. 판결을 내리다, 형을 선고하다
 - robbery [rʌ́bəri] n. 강도질
 - normally [nɔ́:rməli] ad. 정상적으로, 대체로

강도질에 대한 징역선고는 도둑질에 대한 것보다
대체로 기간이 깁니다.

circumscribe
[sə̀:rkəmskráib]

vt. 둘레를 정하다, 제한하다, 한계를 정하다

Supreme Court tends to **circumscribe** the scope of
application of competition law.

 - Supreme Court [səprí:m] [kɔ:rt] 대법원
 - tend to ~하는 경향이 있다, 전념하다
 - scope [skoup] n. 범위, 영역
 - application [æ̀plikéiʃən] n. 적용, 응용
 - competition law [kàmpətíʃən] [lɔ:] 경쟁법

대법원은 경쟁법의 적용 범위에 대해 그 한계를 정하는
경향이 있습니다.

civic
[sívik]

a. 시민의, 공민의

It is your **civic** duty to vote.

 - duty [djú:ti] n. 의무, 임무, 직책
 - vote [vout] vi. vt. 투표하다, 선거하다
   n. 투표, 선거권, 표결

투표하는 것은 시민의 의무입니다.

client
[kláiənt]

n. 소송 의뢰인, 변호 의뢰인, 고객, 단골 손님

Too many law firms do not provide quality **client** service.
- law firm 법률 회사
- provide [prəváid] vt. 제공하다, 임명하다
                vi. 준비하다, 규정하다
- quality [kwáləti] a. 질 좋은, 상류 사회의, 우량의
                n. 질, 품질, 우수성
너무나 많은 법률 회사가 질 좋은 고객 서비스를 제공하지 않습니다.

---

commitment
[kəmítmənt]

n. 공약, 범행, 실행, 수행, 위임

This order is to fulfill the **commitment**.
- order [ɔ́:rdər] n. 규칙, 훈령, 질서, 치안
- fulfill [fulfíl] vt. 이행하다, 완수하다, 성취하다
이 훈령은 공약을 완수하기 위한 것입니다.

---

consulate
[kánsəlit]

n. 영사관

This visa may only be issued at the **consulate** of the country.
- issue [íʃu:/ísju:] vt. 발행하다, 내다, 발급하다
이 비자는 그 국가의 영사관에서만 발급될 수 있습니다.

---

courtroom
[kɔ́:rtrù(:)m]

n. 법정

Spectators should not use cell phones in the **courtroom** while the court is in session.
- spectator [spékteitə:r] n. 관객, 구경꾼, 관찰자
- in session 개회 중, 회의 중
방청객은 재판이 진행 중일 때 법정에서 휴대전화를 사용해서는 안 됩니다.

custody
[kÁstədi]

n. 보호, 감독, 후견, 감금, 금고

When parents divorce, they may have a dispute over the **custody** of the children.

- divorce [divɔ́:rs] n. 이혼, 분리 vt. vi. 이혼하다
- dispute [dispjú:t] n. 논쟁, 분쟁, 다툼

부모가 이혼할 때면 자녀 양육에 관해 논쟁을 하게 될 수도 있습니다.

death penalty
[deθ] [pénəlti]

사형

The jury recommended the **death penalty** for the men, convicted of murders in a kidnapping-for-ransom scheme.

- jury [dʒúəri] n. 배심원단, 심사원단
- recommend [rèkəménd] vt. 추천하다, 충고하다
- convict of ~에 대한 유죄를 선언하다
- murder [mɔ́:rdə:r] n. 살인 vt. 살인하다, 학살하다
- kidnapping-for-ransom n. 몸값을 위한 납치
  kidnap [kídnæp] vt. 유괴하다
  ransom[rænsəm] n. 몸값
- scheme [ski:m] n. 계획

배심원단은 몸값을 요구하기 위한 납치 모의에서 살인죄를 선고받은 남자들에 대해 사형을 권고했습니다.

defendant
[diféndənt]

n. 피고 a. 피고의

The **defendant** insisted on her innocence.

- insist on ~을 주장하다, ~을 고집하다, ~을 강요하다

피고는 자신의 결백을 주장했습니다.

detector
[ditéktər]

n. 탐지기

Even a criminal defendant should not be forced to take a lie **detector** test.
- criminal [krímənl] a. 범죄의, 형사상의 n. 범인
- defendant [diféndənt] a. 피고의 n. 피고
- be forced to ~하도록 강요받다

형사 피고인조차도 거짓말 탐지기 검사를 받도록 강요당해서는 안 됩니다.

detention
[diténʃən]

n. 구치, 감금, 억류

The young robber of a van has been sentenced to home **detention**.
- robber [rábər] n. 강도
- sentence [séntəns] n. 형벌, 판결, 문장
             vt. 판결을 내리다

밴을 훔친 어린 강도는 가택 연금을 선고받았습니다.

disclaim
[diskléim]

vt. vi. 포기하다, 부인하다, 기권하다

The contract contains a clause that **disclaims** one party's right to terminate the contract.
- contract [kántrækt] n. 계약 vt. 약정하다
- contain [kəntéin] vt. 내포하다, 담고 있다
- clause [klɔ:z] n. 조목, 조항
- terminate [tə:rmənèit] vt. 끝내다, 종결짓다
              vi. 끝나다, 종결되다

그 계약은 한쪽 편의 계약 종결권을 인정하지 않는 조항을 포함하고 있습니다.

dispute
[dispjú:t]

n. 논쟁, 토론, 반론
vt. 논하다, 반론하다, 문제삼다
vi. 논쟁하다, 논의하다

Large law firms are starting alternative **dispute** resolution practices.

- law firm 법률 회사
- alternative [ɔ:ltɔ́:rnətiv, æl-] a. 대안의, 대체의, 대신할
  n. 대안
- resolution [rèzəlú:ʃən] n. 해결, 결심, 결의
- practice [prǽktis] n. 업무, 실시, 시행, 실습

큰 법률 회사가 대안적인 분쟁 해결 업무를 시작하고 있습니다.

embezzlement
[embézəlmənt]

n. 횡령, 착복, 가로챔

Court date delayed as the property manager was charged with **embezzlement**.

- court date [kɔ:rt deit] 재판 날짜
- property [prɑ́pərti] n. 재산, 자산, 특성
- charged with ~으로 고발된, ~으로 고소된, ~이 부과된

재산 관리자가 횡령으로 고발되면서 재판 날짜가 연기되었습니다.

equity
[ékwəti]

n. 공평, 정의, 공명정대, 형평법

He highly recommended **equity** law to everyone in need for legal assistance.

- recommend [rèkəménd] vt. 추천하다, 권하다
- legal [lígəl] a. 법률상의
- assistance [əsístəns] n. 원조, 도움

그는 법률적 도움이 필요한 모든 사람에게 형평법을 강하게 추천했습니다.

ethic
[éθik]

n. 윤리, 도덕

We need a work **ethic** and a learning **ethic**.
 - work ethic 근로 윤리
 - learning ethic 학습 윤리
우리는 근로 윤리와 학습 윤리가 필요합니다.

fee
[fi:]

n. 요금, 수수료, 보수

If we don't meet the deadline, we must pay a late **fee**.
 - deadline [dédlain] n. 마감시간, 최종기한, 경계선
 - late fee 지연 요금, 시간 외 특별요금, 지체료
우리가 마감에 맞추지 못하면 지연 요금을 내야만 합니다.

generosity
[dʒènərásəti]

n. 관대, 관대한 행위, 마음이 후함

The lawyer asked the jury to take cognizance of the defendant's **generosity**.
 - lawyer [lɔ́:jə:r] n. 변호사, 법률가, 법률학자
 - jury [dʒúəri] n. 배심, 심사원
 - cognizance [kágnəzəns] n. 인지, 인식범위, 관할권
 - take cognizance of ~을 인정하다, ~을 깨닫다
 - defendant [diféndənt] n. 피고
변호사는 피고의 관대한 행위를 인정해 달라고 배심원들에게 요청했습니다.

indict
[indáit]

vt. 기소하다, 고발하다

Federal prosecutors **indicted** the two largest illegal gambling game sites.
 - federal [fédərəl] a. 동맹의, 연방정부의
 - prosecutor [prásikjù:tər] n. 검사, 검찰관
 - illegal [illí:gəl] a. 불법의 n. 불법 입국자
 - gambling [gǽmbəliŋ] n. 도박
연방 검사가 두 개의 가장 큰 불법 도박 게임 사이트를 기소했습니다.

inherent
[inhíərənt]

a. 본질적인, 내재적인

The domestic violence create multiple **inherent** problems.

- domestic [douméstik] a. 가정의, 국내의
- violence [váiələns] n. 폭력, 폭행
- domestic violence 가정폭력

가정폭력은 복합적이고 내재적인 문제를 만들어 냅니다.

juridical
[dʒuərídikəl]

a. 사법상의, 법률상의, 판사직의

They realized their lack of **juridical** power to stop drug-trafficking.

- realize [rí:əlàiz] vt. 실현하다, 깨닫다
  vi. 환금하다, 돈이 되다
- lack [læk] n. 부족, 결핍
- drug-trafficking 마약 밀매

그들은 마약 밀거래를 중단시킬 자신들의 사법권이 부족함을 깨달았습니다.

jurisdiction
[dʒùərisdíkʃən]

n. 관할구역, 사법권, 재판권, 지배권, 사법권이 미치는 범위

I want to hire a lawyer licensed to practice law in the **jurisdiction** to which my question pertains.

- lawyer [lɔ́:jə:r] n. 변호사
- licensed [láisənst] a. 면허를 얻은, 허가된
- practice law 변호사로 개업하다
- pertain [pərtéin] vi. 속하다, 관계하다, 어울리다(to)

저는 제 질문과 관련된 사법 관할구역에서 개업면허를 받은 변호사를 고용하고자 합니다.

juror
[dʒúərər]

n. 배심원, 심사원

cf. jury [dʒúəri] n. 배심원단, 심사위원단

The consensus implies that the fact-finding process is reliable across **jurors**.

- consensus [kənsénsəs] n. 일치, 합의
- imply [implái] vt. 의미하다, 함축하다
- fact-finding [fǽkt-fáindiŋ] 사실 확인
- process [práses] n. 진행, 경과, 과정 vt. 처리하다
- reliable [riláiəbəl] a. 믿음직한, 의지가 되는

그 합의는 사실 확인 절차가 배심원 전체에게 신뢰할 만하다는 점을 암시합니다.

litigation
[lìtigéiʃən]

n. 제소, 기소, 법정 다툼

We are proud of being at the forefront of intellectual property **litigation** especially in copyright.

- be proud of ~을 자랑으로 여기다, 자랑하다
- forefront [fɔ́:rfrʌnt] n. 최전선
- intellectual [ìntəléktʃuəl] a. 지능적인, 지적인
  n. 지식인
- property [prápərti] n. 재산, 자산, 성질, 특성
- copyright [kápiràit] n. 저작권, 판권

우리는 지적 재산 특히 저작권에 대한 제소에서 선두에 있음을 자부합니다.

looter
[lú:tər]

n. 약탈자, 부당이득자

Three **looters** were convicted of hauling away wine from a grocery.

- be convicted of ~에 대한 유죄를 선고받다
- haul away 빼내가다
- grocery [gróusəri] n. 식품점, 식료품

세 명의 약탈자가 가게에서 와인을 빼내간 것으로 유죄선고를 받았습니다.

menace
[ménəs]

n. 협박, 공갈 vt. 위협하다

He proceeded to show how false accusations of
menace had been made against the politician.
- proceed to 진행하다, 착수하다, 처리하다, 계속하다
- accusation [æ̀kjuzéiʃən] n. 비난, 규탄, 고소
그는 협박에 대한 거짓 고소가 그 정치인에게 어떻게
행해졌는지를 계속해서 보여줬습니다.

patent
[pǽtənt]

n. 특허, 특허품

I wanted to express my appreciation for handling
my **patent** process.
- appreciation [əprìːʃiéiʃən] n. 감사, 평가, 존중
- handle [hǽndl] vt. 다루다, 취급하다, 대우하다
  vi. 다루어지다, 조종되다
  n. 손잡이, 수단, 운전대, 기회, 구실
- process [práses] n. 절차, 진행
제 특허 절차를 처리해 주시는 것에 대해 감사의 뜻을
표하고 싶었습니다.

policy
[páləsi]

n. 정책, 방침

The president announced a new anti-drug **policy**.
- president [prézidənt] n. 대통령, 총재, 지사
- anti-drug 약물 반대, 마약 반대
대통령은 새로운 마약 반대 정책을 발표했습니다.

prepayment
[pri:péimənt]

n. 선불, 선납

Prepayment of the fees is effective only upon receipt by the applicable general district court.
- effective [iféktiv] a. 유효한, 효력이 있는, 효과적인
- receipt [risí:t] n. 인수증, 영수증, 영수, 수령
- applicable [ǽplikəbəl] a. 적절한, 적용할 수 있는
- general district court 일반 지방 법원
  cf. juvenile court 청소년 법원
      domestic relations court 가정 법원
요금의 선납은 적절한 일반 지방 법원에서 수령된 것에 한해서만 유효합니다.

previously
[prí:viəsli]

ad. 전에, 본래, 이전에, 미리

The judge doesn't want to sentence a defendant that has **previously** been before him with the same crime.
- sentence [séntəns] vt. 판결을 내리다
                  n. 문장, 글, 형벌, 판결
- defendant [diféndənt] n. 피고
  opp. plaintiff [pléintif] n. 원고, 고소인
- crime [kraim] n. 죄, 범죄, 위반, 위법
  cf. criminal [krímənl] n. 범인
그 판사는 같은 범죄로 이전에 자신 앞에 섰던 피고에게 판결을 하고자 하지 않습니다.

prohibit
[prouhíbit]

vt. 금지하다, 방해하다, 지장을 가져오다

Many countries **prohibit** marriage between close relatives.
- close relative 가까운 친척
많은 나라가 근친 간의 결혼을 금지합니다.

proprietary
[prəpráiətèri]

a. 독점의, 소유자의, 재산이 있는, 전매권의
n. 소유주, 지배자, 소유물

They promoted an open **proprietary** architectural standard.

- promote [prəmóut] vt. 장려하다, 설립을 발기하다,
  촉진하다, 진척시키다,
  승진시키다
- open proprietary 개방형 독점의
- architectural [àːrkətéktʃərəl] a. 건축학의, 건축술의,
  건축상의
- standard [stǽndəːrd] n. 표준, 기준, 규범, 척도

그들은 개방형 독점 건축 규범을 발기했습니다.

---

pros and cons
[prəuz an kɔnz]

장단점, 찬반양론, 이해득실

There are **pros and cons** of the new health-care reform bill.

- reform [riːfɔ́ːrm] n. 개혁안 vt. 개혁하다
- bill [bil] n. 법안, 목록, 계산서

새 건강보험 개혁안에는 장단점이 있습니다.

---

prosecutor
[prásəkjùːtər]

n. 검사, 기소자, 고발자

Prosecutor's mistake does not mean that the prisoner will be released.

- mistake [mistéik] n. 실수, 과오
  vt. vi. 틀리다, 잘못 알다
- prisoner [príznər] n. 죄수, 포로
- release [rilíːs] vt. 풀어놓다, 방출하다

검사의 실수가 죄수가 석방되리라는 것을 의미하지는 않습니다.

recess
[rí:ses]

n. 쉼, 휴식, 휴회, 깊숙한 곳, 휴정
vt. 오목한 곳에 두다 vi. 휴회하다, 휴정하다

A defendant made vulgar comments about the victim during courtroom **recess.**
- defendant [diféndənt] n. 피고 a. 피고의
- vulgar [vʌ́lgər] a. 저속한, 통속적인
- comment [kάment] n. 논평, 주석
      vi. vt. 비평하다, 주석을 달다
- courtroom [kɔ́:rtrù(:)m] n. 법정
한 피고가 휴정 중에 희생자에 대한 저속한 말을
했습니다.

recount
[rikáunt]

vt. 자세히 열거하다, 하나하나 이야기하다

She was asked to **recount** the details of the conversation to the court.
- be asked to ~하도록 요청되다
- details [dí:teilz] n. 세부사항, 상세한 사항, 자세한 내용
- conversation [kὰnvərséiʃən] n. 대화, 회화, 대담
- court [kɔ:rt] n. 법정, 공판, 법관
그녀는 자세한 대화 내용을 법정에서 하나하나
말하도록 요청받았습니다.

revise
[riváiz]

vt. 개정하다, 교정하다, 변경하다 vi. 복습하다
n. 교정, 개정

The government may need to **revise** its policy in light of this report.
정부는 이 보고서의 관점에서 정책을 수정할 필요가
있을 것입니다.

stringent

[stríndʒənt]

a. 엄격한, 정중한

The High Court judge goes to bat for **stringent** traffic laws.

- high court [hai kɔ:rt] 고등법원
- judge [dʒʌdʒ] n. 판사, 재판관
  vt. vi. 재판하다, 판단하다
- go to bat for ~을 변호하다, 지지하다
  opp. go to bat against
- traffic [træfik] n. 교통 vt. vi. 장사하다, 교섭하다

그 고등법원 판사는 엄격한 교통법을 지지합니다.

sue

[su:/sju:]

vt. 소송을 걸다 vi. 소송을 제기하다, 청구하다

This case is to **sue** for copyright infringement of a software product.

- copyright [kápiràit] n. 판권, 저작권
  a. 판권을 가지고 있는
- infringement [infríndʒmənt] n. 위반, 침해
  cf. infringe [infríndʒ] vt. 어기다, 범하다, 침해하다
  vi. 침해하다(on)

이 사건은 소프트웨어 제품의 저작권 침해에 대해 소송을 한 것입니다.

violation

[vàiəléiʃən]

n. 위반, 위배, 방해, 모독, 폭행

The inspectors found six **violations** on the premises.

- inspector [inspéktər] n. 검사자, 조사자, 장학관
- premise [prémis] n. 전제, 전술한 사항, 구내

조사관은 그 사항에 대한 여섯 가지의 위반사실을 찾아냈습니다.

visa extension
[víːzə] [iksténʃən]

비자 연장

The process is for Canadian citizens to apply for a **visa extension** to work in the United States.

- citizen [sítəzən] n. 시민

그 절차는 캐나다 시민이 미국에서 일하기 위해 비자 연장을 신청하기 위한 것입니다.

water bill
[wɔ́ːtəːr] [bil]

수도요금

Unless the lease specifically states that the owner is responsible for water, the tenants should pay their **water bill**.

- lease [liːs] n. 차용계약, 임대차계약
  - vt. 빌리다, 임대하다
- specifically [spisífikəli] ad. 특히, 명확하게
- state [steit] n. 상태, 형편 vt. 진술하다, 지정하다
- tenant [ténənt] n. 거주자, 소작인, 주민
  - vt. 빌리다, 임차하여 살다

임대차계약서에서 집주인이 물세를 책임져야 한다고 기술하지 않는 한 세입자가 수도요금을 내야 합니다.

witness
[wítnis]

n. 증인, 목격자

The country has no official **witness** protection program.

- official [əfíʃəl] a. 공식의, 공무상의
- protection [prətékʃən] n. 보호, 보안, 후원

그 나라는 공식적인 증인 보호 프로그램이 없습니다.

한국의 주요 기념일

- 1월 1일: 정월 초하루 New Year's Day
- 1월 1일(음력): 설날 (Lunar) New Year's Day
- 3월 1일: 삼일절 The Anniversary of the Independence Movement of
            March 1st, 1919 / Samil (the March 1) Independence Movement
- 4월 8일(음력): 석가탄신일 The Buddha's Birthday
- 5월 5일: 어린이날 Children's Day
- 5월 8일: 어버이날 The Parents' Day
- 5월 15일: 스승의 날 The Teachers' Day
- 6월 6일: 현충일 The Memorial Day
- 7월 17일: 제헌절 Constitution Day
- 8월 15일: 광복절 National Liberation Day
- 8월 15일(음력): 추석 Chuseok Holiday, Full Moon Harvest Holiday,
            Korean Thanksgiving Day
- 10월 3일: 개천절 The National Foundation Day
- 12월 25일: 성탄절 Christmas Day

미국의 주요 기념일

- 1월 1일: New Year's Day 정월 초하루
- 1월 셋째 주 월요일: Martin Luther King Day 마틴 루터 킹 주니어의 탄생일
- 2월 셋째 주 월요일: President's Day 워싱턴 대통령 탄생일
- 4월 셋째 주 일요일: Easter Sunday 부활절
- 5월 마지막 월요일: Memorial Day 현충일
- 7월 4일: Independence Day 독립 기념일
- 9월 첫째 월요일: Labor Day 노동절
- 10월 둘째 주 월요일: Columbus Day 콜럼버스의 날
- 11월 11일: Veteran's Day 재향군인의 날
- 11월 넷째 주 목요일: Thanksgiving Day 추수감사절
- 12월 25일: Christmas Day 성탄절

다음에 해당하는 단어를 쓰시오.

• 남용, 오용, 학대, 욕: a	abuse
• 공범, 연루자: acc	accomplice
• 사면, 사면하다: amn	amnesty
• 승인, 인정, 찬성, 면허, 인가: ap	approval
• 변호사, 대리인: at	attorney
• ~으로 고소되다, ~으로 비난받다: be a of	be accused of
• 도둑질, 주거 침입 도둑질: bur	burglary
• 둘레를 정하다, 제한하다, 한계를 정하다: cir	circumscribe
• 시민의, 공민의: c	civic
• 소송 의뢰인, 변호 의뢰인, 고객, 단골 손님: c	client
• 공약, 범행, 실행, 수행, 위임: c	commitment
• 영사관: con	consulate
• 법정: cou	courtroom
• 보호, 감독, 후견, 감금, 금고: cus	custody
• 사형: d p	death penalty
• 피고, 피고의: def	defendant
• 탐지기: det	detector
• 구치, 감금, 억류: det	detention
• 포기하다, 부인하다, 기권하다: dis	disclaim
• 논쟁, 토론, 반론, 논하다, 반론하다, 문제삼다: disp	dispute
• 횡령, 착복, 가로챔: emb	embezzlement
• 공평, 정의, 공명정대, 형평법: equ	equity
• 윤리, 도덕: e	ethic
• 요금, 수수료, 보수: f	fee
• 관대, 관대한 행위, 마음이 후함: ge	generosity
• 기소하다, 고발하다: ind	indict
• 본질적인, 내재적인: inh	inherent
• 사법상의, 법률상의, 판사직의: jur	juridical
• 관할구역, 사법권, 재판권, 지배권, 사법권이 미치는 범위: jur	jurisdiction
• 배심원, 심사원: jur	juror
• 제소, 기소, 법정 다툼: lit	litigation
• 약탈자, 부당이득자: loo	looter
• 협박, 공갈, 위협하다: men	menace
• 특허, 특허품: p	patent
• 정책, 방침: p	policy

- 선불, 선납: pre   prepayment
- 전에, 본래, 이전에, 미리: pre   previously
- 금지하다, 방해하다, 지장을 가져오다: pr   prohibit
- 독점의, 소유자의, 재산이 있는, 전매권의, 소유주, 지배자: pro   proprietary
- 장단점, 찬반양론, 이해득실: p   and c   pros and cons
- 검사, 기소자, 고발자:pro   prosecutor
- 쉼, 휴식, 휴회, 깊숙한 곳, 휴정, 오목한 곳에 두다, 휴회하다, 휴정하다: rec   recess
- 자세히 열거하다, 하나하나 이야기하다: re   recount
- 개정하다, 교정하다, 변경하다, 복습하다, 교정, 개정: re   revise
- 엄격한, 정중한: str   stringent
- 소송을 걸다, 소송을 제기하다, 청구하다: s   sue
- 위반, 위배, 방해, 모독, 폭행: v   violation
- 비자 연장: v   e   visa extension
- 수도요금: w   b   water bill
- 증인, 목격자: wit   witness

24. 정치와 시사에 관련된 어휘

affordable
[əfɔ́:rdəbəl]

a. 감당할 수 있는, 입수 가능한, 줄 수 있는, (가격이) 알맞은

The government decided to establish a rent control law to maintain a level of **affordable** housing.

- government [gʌ́vərnmənt] n. 정부, 내각
- establish [istǽbliʃ] vt. 확립하다, 설립하다, 창립하다
- rent control law 집세 통제에 관한 법
- maintain [meintéin] vt. 유지하다, 지속하다, 부양하다, 주장하다
- housing [háuziŋ] n. 주택공급, 주택

정부는 적당한 가격의 주택공급 수준을 유지하기 위해 집세 통제에 관한 법률을 제정하기로 결의했습니다.

beat around the bush

에둘러 말하다, 덤불 언저리를 두드려 짐승을 몰아내다, 넌지시 떠보다
cf. beat around (일 없이) 어슬렁거리다

I was frustrated watching the press conference because reporters only **beat around the bush**.

- be frustrated ~에 대해 실망하다, 좌절하다
- press [pres] n. 신문, 잡지, 강요 vt. 강요하다, 누르다
- conference [kɑ́nfərəns] n. 회담
- reporter [ripɔ́:rtə:r] n. 보도기자

저는 보도 기자들이 에둘러 말하기만 해서 보도회의를 보며 실망했습니다.

changeover
[tʃéindʒòuvər]

n. 변경, 전환, 경질, 개조, 역전, 교대

The European Commission announced that
Estonia underwent a successful Euro **changeover**.

- commission [kəmíʃən] n. 위원회, 임관, 임무, 의뢰,
중개, 범행, 위원회
- announce [ənáuns] vt. 발표하다, 알리다,
감지하게 하다
- undergo [ʌndərgóu] vt. 겪다, 당하다, 견디다, 참다
cf. undergo-underwent-undergone

유럽 공동체 위원회는 에스토니아가 성공적인
유로화로의 전환을 이행했다고 발표했습니다.

compromise
[kámprəmàiz]

n. 절충안, 타협, 화해, 양보
vt. vi. 타협하다, 양보하다, 더럽히다, 굽히다, 절충하다

A tax cut **compromise** may also benefit the low
income class.

- tax [tæks] n. 세금, 조세, 부담, 의무, 청구액
- benefit [bénəfit] vt. ~에게 이익이 되다
vi. 이익을 얻다
n. 이익, 은혜

세금 감면 절충안은 저소득층에도 이익이 될 수
있습니다.

confront
[kənfrʌ́nt]

vt. 직면하다, 대처하다

We need government's proper policy to **confront**
depression.

- proper [prápər] a. 적당한, 타당한
- depression [dipréʃən] n. 불경기, 불황, 우울

우리에게는 불황에 대처할 정부의 합당한 정책이
필요합니다.

Congress
[káŋgris]

n. 의회, 국회

cf. congress 회의, 회합

The economic situation is dire and **Congress** must pass an economic stimulus plan quickly.

- economic [i:kənámik] a. 경제의, 재정상의, 경제학의, 실리적인
- situation [sitʃuéiʃən] n. 위치, 환경, 장소, 정세, 지위
- dire [daiər] a. 긴박한, 무서운, 음산한, 비참한
- pass [pæs] vt. 통과시키다, 보내다, 건네주다
  vi. 지나가다, 변화하다, 양도되다
- stimulus [stímjələs] n. 자극, 격려, 고무, 흥분

경제상황이 긴박하여 의회는 경기 부양안을 조속히 통과시켜야만 합니다.

considerable
[kənsídərəbəl]

a. 중요한, 유력한, 꽤 많은

There was **considerable** anti-uranium sentiment around the world.

- anti-uranium 우라늄 반대, 반 우라늄
- sentiment [séntəmənt] n. 감정, 정취, 생각
- around the world 세계적으로

세계적으로 반 우라늄 감정이 상당했습니다.

council
[káunsəl]

n. 회의, 심의회, 평의회, 지방의회, 사교클럽

The **council** put off the meeting.

의회는 회의를 연기했습니다.

curtailment
[kə:rtéilmənt]

n. 줄임, 삭감
curtail [kə:rtéil] vt. 줄이다, 삭감하다

She is campaigning for the proposal of the budget **curtailment** bill.

- campaign for ~에 대한 찬성운동을 하다
- proposal [prəpóuzəl] n. 신청, 제안
- budget [bʌ́dʒit] n. 예산, 경비
- bill [bil] n. 법안, 계산서, 어음, 증서, 증권, 지폐

그녀는 예산 삭감 법안 제의에 대해 찬성 운동을 벌이고 있습니다.

defy
[difái]

vt. 저항하다, 도전하다 n. 반항, 도전

The Muslim woman **defied** the ban on full-face veils in public places.

그 무슬림 여성은 공공장소에서 얼굴 전체를 가리는 베일을 금지한 것에 저항했습니다.

deliberate
[dilíbərit]

a. 고의적인 vt. 숙고하다, 심의하다
vi. 숙고하다, 심의하다, 협의하다

The destruction of Arab villages was not **deliberate**.

- destruction [distrʌ́kʃən] n. 파괴, 분쇄

아랍 마을을 파괴시킨 것은 고의가 아니었습니다.

denounce
[dináuns]

vt. 공공연히 비난하다, 탄핵하다, 매도하다

Thousands of people rallied to **denounce** the government's policy.

- rally [rǽli] vt. 다시 모으다, 규합하다
          vi. 모이다, 집결하다 n. 대회, 집회

수천 명의 사람들이 정부정책을 비난하기 위해 모여들었습니다.

despotic
[dispátik]

a. 독재적인, 포악한

The newspaper reported about the brutal **despotic** rulers.

- brutal [brú:tl] a. 잔혹한, 비도덕적인, 짐승 같은
- ruler [rú:lər] n. 통치자, 주권자, 지배자

그 신문은 잔혹한 독재 통치자에 대해 보도했습니다.

deviate
[dí:vièit]

vi. 벗어나다, 일탈하다 vt. 벗어나게 하다, 일탈시키다

Participating in outreach programs will **deviate** teenagers from getting into drugs.

- participate [pɑ:rtísəpèit] vi. 참가하다, 관여하다(in)
- outreach [àutrí:tʃ] n. 원조계획, 아웃리치(빈곤자 조합을 대상으로 하는 구제 활동)

아웃리치 프로그램에 참여하면 십대들이 마약으로부터 벗어나게 될 것입니다.

dignitary
[dígnətèri]

n. 고위관리, 고귀한 사람 a. 위엄의

The department is the authority for the protection of visiting foreign **dignitaries**.

- authority [əθó:riti] n. 당국, 권위
- protection [prətékʃən] n. 보호, 보안

그 부서가 외국에서 방문한 고위관리를 보호하는 당국입니다.

diplomatic
[dìpləmǽtik]

a. 외교상의

They considered the importance of establishing **diplomatic** relations between Korea and China.

- consider [kənsídər] vt. vi. 숙고하다, 고찰하다
- establish [istǽbliʃ] vt. 설치하다, 확립하다

그들은 한국과 중국의 외교 관계 확립의 중요성을 고려했습니다.

embassy
[émbəsi]

n. 대사관

She petitioned the United States **Embassy** for political asylum.

- petition [pitíʃən] n. 청원, 탄원
  vt. 청원하다 vi. 원하다, 빌다
- political [pəlítikəl] a. 정치의
- asylum [əsáiləm] n. 보호시설, 피난처, 망명

그녀는 미국 대사관에 정치적 망명을 신청했습니다.

enact
[enǽkt]

vt. 법제화하다, 규정하다, 제정하다, 행하다

Americans wanted to **enact** the promise in the laws.

- promise [prámis] n. 약속, 예약, 가망

미국인들은 그 약속을 법으로 제정하기를 원했습니다.

faction
[fǽkʃən]

n. 파벌

There are no true political parties, but only **factions** that support one group or another.

- political party 정당

진정한 의미에서의 정당이란 없고 하나 혹은 다른 집단을 지지하는 당파만이 있을 뿐입니다.

fairly
[fέərli]

ad. 꽤, 상당히, 공평히

Congress is **fairly** less popular than the president.

의회의 인기가 대통령보다 상당히 떨어집니다.

feasible
[fí:zəbəl]

a. 그럴듯한, 실현할 수 있는, 실행 가능한

Do you think the concept of a united states of Africa is **feasible**?

- concept [kánsept] n. 개념, 생각, 착상
- a united states of Africa 아프리카 합중국

당신은 아프리카 합중국의 개념이 실현 가능하다고 생각하시나요?

forage
[fɔ́:ridʒ]

vi. 찾아다니다 vt. 징발하다, 약탈하다
n. 꼴, 마초, 말과 소의 먹이, 식량, 습격

Foreign vessels continue to **forage** and exploit the marine resources.
- vessel [vésəl] n. 배, 용기, 항공기,
  cf. blood vessel 혈관
- continue to 계속해서 ~하다, 지속하다
- exploit [éksplɔit, iksplɔ́it] vt. 착취하다, 개발하다
  n. 위업, 공적
- marine [mərí:n] a. 해상의, 바다의
- resources [rí:sɔ:rsiz] n. 자원
외국 선박이 해양자원을 지속해서 약탈하고 착취합니다.

---

impediment
[impédəmənt]

n. 저해, 방해

We are strongly opposed to the **impediment** to freedom of speech.
- be opposed to ~에 반대하다
- freedom of speech 언론의 자유
우리는 언론의 자유를 저해하는 것에 강력하게 반대합니다.

---

inaugural
[inɔ́:gjərəl]

a. 취임의, 개시의, 개회의

The new president's **inaugural** speech was broadcast live all over the nation.
- inaugural speech 취임사
- be broadcasted live 생방송되다
- broadcast [brɔ́:dkæst] vt. vi. 방송하다
  n. 방송, 방영, 프로그램
  a. 방송의, 널리 퍼진
  ad. 광범위하게, 흩뿌리어
- all over the nation 전국에
새 대통령의 취임사가 전국에 생중계되었습니다.

institute
[ínstətjù:t]

n. 연구소, 기관 vt. 제정하다, 실시하다, 도입하다

It came from the **Institute** of Medicine, part of the National Academy of Sciences.

- come from ~에서 유래하다
- Institute of Medicine 의학청, 의학연구소, 의료협회, 의학 학회
- National Academy of Sciences 국립과학원

그것은 국립과학원 산하의 의학청에서 유래되었습니다.

literacy
[lítərəsi]

n. 읽고 쓰는 능력, 교육, 교양

Poor people can also have good computer **literacy**.

가난한 사람들도 훌륭한 컴퓨터 사용능력을 가질 수 있습니다.

mainland
[méinlænd]

n. 본토, 대륙

Islanders remain cut off from the mainland due to political conflict.

- islander [áiləndər] n. 섬 거주자, 섬주민
- cut off 단절되다, 베다, 중단하다
- due to ~로 인해
- political [pəlítikəl] a. 정치적인
- conflict [kənflíkt] n. 갈등, 싸움, 모순, 대립

섬주민들은 정치적인 갈등으로 인해 본토와 단절된 상태로 있습니다.

manipulation
[mənìpjəléiʃən]

n. 조작

The lawmakers were caught with ballot box for election **manipulation**.

- lawmaker [lɔ́:mèikə:r] n. 입법자, 국회의원
- ballot box [bǽlət] [bɑks] 투표함
- election [ilékʃən] n. 선거

입법자들이 선거 조작으로 투표함을 가진 채 체포되었습니다.

military
[mílitèri]

a. 군사의

The misconstruction of democracy might be a hangover of **military** rule.

- misconstruction [mìskənstrʌ́kʃən] n. 오해, 곡해
- democracy [dimɑ́krəsi] n. 민주주의
- hangover [hǽŋòuvər] n. 잔존물, 유물, 숙취

민주주의에 대한 곡해는 군사 통치의 잔재일 수 있습니다.

mutable
[mjúːtəbəl]

a. 변덕스러운, 변하기 쉬운

Everything in Iraq is **mutable** and negotiable.

- negotiable [nigóuʃiəbəl] a. 협상할 수 있는,
  양도할 수 있는,
  극복할 수 있는

이라크에서의 모든 것은 변하기 쉽고 협상 가능합니다.

national anthem
[nǽʃənnəl] [ǽnθəm]

국가

They are opposed to change the words of the **national anthem**.

- anthem [ǽnθəm] n. 성가, 축가
- be opposed to ~에 반대하다, 대립하다

그들은 국가의 가사를 바꾸는 데 반대합니다.

nomination
[nὰmənéiʃən]

n. 지명, 임명, 추천

The president is expected to formally announce her **nomination** shortly.
- be expected to ~하도록 예상되다,
        ~할 것으로 기대되다
- formally [fɔ́:rməli] ad. 공식적으로, 정식으로,
        격식을 차려
- announce [ənáuns] vt. 알리다, 예고하다, 나타내다
        vi. 아나운서로 근무하다,
        입후보 지지를 선언하다
- shortly [ʃɔ́:rtli] ad. 곧, 즉시, 간략하게, 냉랭하게

대통령이 그녀의 지명을 곧 공식적으로 발표할 것으로 예상됩니다.

parliamentary
[pὰ:rləméntəri]

a. 의회의, 예의 바른, 정중한

You were very composed throughout the entire **parliamentary** debate.
- be composed 침착하다, 태연하다, 냉정하다
- throughout [θru:áut] prep. 동안, 죽
        ad. 처음부터 끝까지, 도처에
- entire [entáiər] a. 전체의, 완전한, 온전한
- debate [dibéit] n. 토론, 논쟁 vt. vi. 토론하다

당신은 의회 토론 전반에 걸쳐 매우 침착했습니다.

persuasive
[pərswéisiv]

a. 설득력 있는, 언변이 좋은

A **persuasive** politician has the ability to talk to people around.
- ability [əbíləti] n. 능력, 재능, 기량, 솜씨

설득력 있는 정치가는 주변의 사람들에게 말하는 재능이 있습니다.

pivotal
[pívətl]

a. 주축의, 중요한, 중추의

The city played a **pivotal** role in the passage of the Civil Rights Act in 1964.
- role [roul] n. 배역, 역할, 임무
- passage [pǽsidʒ] n. 통과, 한 절, 논쟁, 이주, 경과, 수송, 일, 추이

그 도시는 1964년의 시민권리 기본법 통과에 중추적인 역할을 했습니다.

poll
[poul]

n. 여론 조사

The **poll** shows that many Americans think that Al Gore is the best vice president in American history.
- vice president 부통령

그 여론조사는 많은 미국인이 앨 고어가 미국 역사상 최고의 부통령이라고 생각하고 있음을 보여줍니다.

presidency
[prézidənsi]

n. 대통령직

He is eligible for the **presidency**.
- eligible [élidʒəbəl] a. 자격이 있는, 적격의, 바람직한, 피선거권이 있는

그는 대통령이 될 자격이 있습니다.

public bond
[pʌ́blik] [band]

공채

The **public bond** market has grown considerably in several countries in recent years.
- considerably [kənsídərəbli] ad. 상당히, 매우

최근 몇 년간 공채 시장은 여러 국가에서 상당히 많이 성장했습니다.

regulate
[régjəlèit]

vt. 조절하다, 통제하다, 규정하다

They discussed some ideas of why the
government tries to **regulate** the economy.

- government [gÁvərnmənt] n. 정부, 지배, 정치, 통치
- economy [ikánəmi] n. 경제, 재정, 경제기구

그들은 정부가 경제를 통제하려고 애쓰는 이유에 대해
몇 가지 의견을 놓고 토론했습니다.

restraint
[ristréint]

n. 규제, 통제, 제한, 금지, 억제, 근신

The government has imposed export **restraints** on
some products.

- impose [impóuz] vt. 강제하다, 부과하다
  vi. 편승하다, 위압하다
- export [ékspɔːrt] n. 수출, 수출품, 수출액
- product [prádəkt] n. 제품, 작품, 결과, 소산

정부는 몇몇 제품에 대한 수출 금지를 강제했습니다.

retaliatory
[ritǽliətɔ́:ri]

a. 보복의

Public opinion approves the secretary's threat to
inflict **retaliatory** tariff duties upon the country.

- approve [əprú:v] vt. vi. 승인하다, 찬성하다, 허가하다
- secretary [sékrətèri] n. 비서, 서기관, 장관
- threat [θret] n. 협박
- inflict [inflíkt] vt. (상처, 타격을) 주다, 입히다, 가하다
- tariff [tǽrif] n. 관세
- duty [djú:ti] n. 조세, 관세, 의무, 임무

여론은 그 국가에 보복 관세 의무를 가하려는 서기관의
위협에 찬성합니다.

right
[rait]

n. 권리, 정확함, 옳음, 공정

The **rights** of children are one of the most
important **rights** in a free society.

아동의 권리는 자유로운 사회에서 가장 중요한 권리 중
하나입니다.

sharply
[ʃáːrpli]

ad. 뚜렷이, 날카롭게, 빈틈없이, 호되게

They are still **sharply** divided on health care reform.

- divide [diváid] vt. 나누다, 쪼개다, 분할하다
  vi. 나뉘다, 분배되다
- health care [hélθ] [kɛ̀ər] 건강보험, 건강관리
- reform [riːfɔ́ːrm] n. 개혁, 개정, 교정, 수습, 구제

그들은 건강 보험 개혁에 대해 여전히 뚜렷이 분열되어 있습니다.

stabilization
[stèibəlizéiʃən]

n. 안정화

The new policy is to achieve **stabilization** of landfill sites.

- policy [páləsi] n. 정책
- landfill [lǽndfil] n. 쓰레기 매립지

새로운 정책은 쓰레기 매립 장소를 안정화시키는 것입니다.

torrent
[tɔ́ːrənt, tάr-]

n. 분출, 급수

Senior politicians have let loose a **torrent** of hawkish comments.

- senior [síːnjər] a. 손위의, 고참의, 연장자의
- politician [pὰlətíʃən] n. 정치가
- let loose 터뜨리다, 마음대로 하게 하다
- hawkish [hɔ́ːkiʃ] a. 매같은, 매파적인
- comment [kάment] n. 논평, 견해, 비평

중견 정치가들은 매파적인 논평을 마음껏 퍼부어 버렸습니다.

unanimous
[ju:nǽnəməs]

a. 만장일치의, 이의 없는, 동의한

The bill passed by the National Assembly with a **unanimous** vote.

- bill [bil] n. 법안, 의안, 지폐, 증서
- National Assembly 국회
- vote [vout] n. 투표, 표결, 의결권, 결의사항

그 의안은 만장일치로 표결되어 국회를 통과했습니다.

unrest
[ʌnrést]

n. 불안, 불온, 걱정

It will require a huge military presence to hold down public **unrest**.

- require [rikwáiə:r] vt. 필요로 하다, 요구하다, 명하다,
  규정하다
- huge [hju:ʤ] a. 거대한, 막대한
- military presence 군대의 주둔
- hold down 억누르다, 억제하다, 보존하다

대중의 불안을 잠재우기 위해서는 막대한 군대의 주둔이 요구될 것입니다.

vociferous
[vousífərəs]

a. 항의가 거센, 소란한

He lived in exile for his **vociferous** stance against despotism.

- exile [égzail, éks-] n. 망명, 추방
- stance [stæns] n. (육체적, 정신적) 자세, 입장
- despotism [déspətìzəm] n. 독재, 전제

그는 독재에 저항하는 자신의 거센 입장으로 인해 망명생활을 했습니다.

다음에 해당하는 단어를 쓰시오.

- 감당할 수 있는, 입수 가능한, 줄 수 있는, (가격이) 알맞은: af affordable
- 에둘러 말하다, 넌지시 떠보다: b a   t b beat around the bush
- 변경, 전환, 경질, 개조, 역전, 교대: c changeover
- 절충안, 타협, 화해, 양보, 타협하다, 양보하다, 더럽히다, 절충하다: c compromise
- 직면하다, 대처하다: con confront
- 의회, 국회: C Congress
- 중요한, 유력한, 꽤 많은: co considerable
- 회의, 심의회, 평의회, 지방의회, 사교클럽: co council
- 줄임, 삭감: cur curtailment
- 저항하다, 도전하다, 반항, 도전: d defy
- 고의적인, 숙고하다, 심의하다, 협의하다: del deliberate
- 공공연히 비난하다, 탄핵하다, 매도하다: de denounce
- 독재적인, 포악한: de despotic
- 벗어나다, 일탈하다, 벗어나게 하다, 일탈시키다: dev deviate
- 고위관리, 고귀한 사람, 위엄의: d dignitary
- 외교상의: di diplomatic
- 대사관: e embassy
- 법제화하다, 규정하다, 제정하다, 행하다: e enact
- 파벌: f faction
- 꽤, 상당히, 공평히: f fairly
- 그럴듯한, 실현할 수 있는, 실행 가능한: fe feasible
- 찾아다니다, 징발하다, 약탈하다, 말과 소의 먹이, 습격: f forage
- 저해, 방해: im impediment
- 취임의, 개시의, 개회의: in inaugural
- 연구소, 기관, 제정하다, 실시하다, 도입하다: in institute
- 읽고 쓰는 능력, 교육, 교양: l literacy
- 본토, 대륙: m mainland
- 조작: m manipulation
- 군사의 : m military
- 변덕스러운, 변하기 쉬운: m mutable
- 국가: n   a national anthem
- 지명, 임명, 추천: n nomination
- 의회의, 예의 바른, 정중한: par parliamentary
- 설득력 있는, 언변이 좋은: pe persuasive
- 주축의, 중요한, 중추의: p pivotal

- 여론 조사: p   poll
- 대통령직: p   presidency
- 공채: p   b   public bond
- 조절하다, 통제하다, 규정하다: re   regulate
- 규제, 통제, 제한, 금지, 억제, 근신: r   restraint
- 보복의: ret   retaliatory
- 권리, 정확함, 옳음, 공정: r   right
- 뚜렷이, 날카롭게, 빈틈없이, 호되게: s   sharply
- 안정화: s   stabilization
- 분출, 급수: to   torrent
- 만장일치의, 이의 없는, 동의한: u   unanimous
- 불안, 불온, 걱정: u   unrest
- 항의가 거센, 소란한: voc   vociferous

25. 경제와 경영에 관련된 어휘

accelerate
[æksélərèit]

vt. 가속화하다 vi. 빨라지다

Our system provides a disciplined process for you to utilize to **accelerate** growth.

- disciplined [dísəplind] a. 훈련된
- utilize [jú:təlàiz] vt. 활용하다, 소용되게 하다

우리의 체계는 성장을 가속화하는 데 사용될 훈련된 절차를 제공합니다.

accredit
[əkrédit]

vt. 인정하다, 신용하다, 인가하다

We consulted Dr. Thompson who is internationally **accredited** in the field of economics.

- consult [kənsʌ́lt] vt. 의견을 듣다, 참고하다, 고려하다

　　　　　　　vi. 의논하다, 조언을 구하다

　　　　　　　　(with 사람 about 사안),

　　　　　　　　자문을 해주다(for)

우리는 경제학에서 국제적으로 인정받는 톰슨 박사에게 자문을 구했습니다.

all walks of life

모든 계층

The investors from **all walks of life** tend to pursue financial wealth these days.
- investor [invéstər] n. 투자자
- tend to ~하는 경향이 있다, 하기 쉽다
- pursue [pərsú:] vt. vi. 뒤쫓다, 추구하다
- financial [finǽnʃəl] a. 금융상의, 재정상의
- wealth [welθ] n. 부, 재산

모든 계층의 투자자들이 요즈음에는 금융상의 부를 추구하는 경향이 있습니다.

allay
[əléi]

vt. 감정을 가라앉히다, 누그러뜨리다, 경감시키다

The media struggled to **allay** foreign investors' fear.

매체는 외국인 투자자들의 공포를 누그러뜨리려고 애썼습니다.

alleviate
[əlí:vièit]

vt. 완화하다, 경감하다

They took limited free market-oriented means to **alleviate** severe shortages of food.

그들은 심각한 식량 부족을 완화하기 위해 제한적으로 자유 시장 지향적인 수단을 취했습니다.

analyst
[ǽnəlist]

n. 분석가

Many market **analysts** predict an acute oil shortage in the near future.
- predict [pridíkt] vt. vi. 예상하다, 예언하다, 예보하다
- acute [əkjú:t] a. 심각한, 격심한, 날카로운, 명민한
- shortage [ʃɔ́:rtidʒ] n. 부족, 결핍, 약점
- in the near future 가까운 미래에

많은 시장 분석가는 가까운 미래에 석유가 심각하게 부족하리라고 예상합니다.

barrier
[bǽriər]

n. 장애물, 장벽, 울타리

The most common form of trade **barriers** are tariffs.

- tariff [tǽrif] n. 관세, 요금, 운임

가장 흔한 형태의 무역 장벽은 관세입니다.

bilateral
[bailǽtərəl]

a. 쌍방의, 양측의

Russia and the US renewed their **bilateral** agreements on economic cooperation.

- renew [rinjú:] vt .새롭게 하다, 갱생하다, 재개하다,
  vi. 반복하다, 새로 시작하다,
     계약을 갱신하다
- cooperation [kouὰpəréiʃən] n. 협력, 합동

러시아와 미국은 경제 협력에 대한 쌍방의 합의를 재개했습니다.

commence
[kəméns]

vt. 시작하다, 개시하다 vi. 시작되다

Our new president will **commence** new policy for middle class.

우리의 새 대통령은 중산층을 위한 새로운 정책을 시작할 것입니다.

constraint
[kənstréint]

n. 제한, 구속, 압박

Soft budget **constraints** will help stabilize the economy.

- budget [bʌ́dʒit] n. 예산, 예산안

연성 예산 제한은 경제를 안정화키는 데 도움을 줄 것입니다.

coordination
[kouɔ́:rdənéiʃən]

n. 조정, 통일, 조화, 동등

International Policy **Coordination** occupies a prominent place on the economic agenda.

- prominent [prámənənt] a. 현저한, 탁월한
- agenda [ədʒéndə] n. 안건, 의제

국제 정책 조정은 경제적 의제에 관해 두드러진 위치를 점하고 있습니다.

cut back
[kʌt] [bæk]

축소하다, 삭감하다

Democratic senators are considering a bill that would **cut back** tax break for upper class.

- senator [sénətər] n. 상원의원
- tax break [tæks] [breik] 세금 우대조치, 세금 특혜

민주당 상원의원들은 상위층을 위한 세금 특혜를 축소할 법안을 고려 중입니다.

decisive
[disáisiv]

a. 결정적인, 확고한

With prior approval from the administration, she comes to have the authority to take **decisive** action.

- administration [ædmìnəstréiʃən] n. 경영진, 행정기관

경영진으로부터 사전 승인을 받아서 그녀는 결정적인 행동을 할 권한을 갖게 되었습니다.

deflate
[difléit]

vt. 공기를 빼다, 희망을 꺾다, 통화를 수축시키다
vi. 공기가 빠지다, 수축하다

The economic downturn has **deflated** the real estate bubble.

- downturn [dauntə̀:rn] n. 하락, 침체

경기 하락으로 부동산 거품이 빠졌습니다.

depression
[dipréʃən]

n. 불황, 우울

Every reputable economist suggests that the government should spend money to stimulate in times of **depression**.

- reputable [répjətəbəl] a. 저명한, 평판이 좋은
- economist [ikánəmist] n. 경제학자
- stimulate [stímjəlèit] vt. 자극하다, 격려하다
  vi. 자극이 되다, 격려가 되다

모든 저명한 경제학자들이 불황에는 정부가 경기부양을 위해 돈을 써야 한다고 제안합니다.

deteriorate
[ditíəriərèit]

vi. 악화되다, 나빠지다, 타락하다
vt. 나쁘게 하다, 열등하게 하다, 저하시키다

Most companies **deteriorate** due to competitive business environment.

대부분의 회사는 경쟁적인 사업 환경으로 인해 사정이 악화되었습니다.

discredit
[diskrédit]

n. 신용 상실, 불신, 불명예
vt. 명성에 손상을 입히다, 믿지 않다

Because of the crisis of **discredit**, several countries are now bankrupt or near bankruptcy.

- bankrupt [bǽŋkrʌpt] n. 파산자 a. 파산한
  vt. 파산시키다
- bankruptcy [bǽŋkrʌptsi] n. 파산, 도산

신용 상실의 위기로 인해 몇몇 국가는 파산하거나 거의 파산에 이르렀습니다.

divert
[divə́:rt, daivə́rt]

vt. 다른 데로 돌리다, 전환하다

The administration considers **diverting** the money towards small business.

- administration [ædmìnəstréiʃən] n. 관리, 경영, 행정

행정부는 돈을 소규모 사업으로 전환하는 것을 고려합니다.

entail
[entéil]

vt. 수반하다, 남기다, 일으키다

Multiple reasons **entailed** a GDP growth of 7% this year.

여러 요인이 올해 국내 총생산에서 7% 성장을 일으켰습니다.

fiscal
[fískəl]

a. 회계의

Congress had set spending on low-income class children for the remainder of the **fiscal** year.

- set spending on ~에 대한 지출액을 정하다
- remainder [riméində:r] n. 나머지, 유적

의회는 남은 회계연도 동안 저소득층 아이들을 위해 지출할 금액을 결정했습니다.

government grant
[gʌ́vərnmənt] [grænt]

정부 보조금

Women who own businesses can be offered **government grants** from this month.

- grant [grænt] vt. 주다, 수요하다, 승인하다
  vi. 동의하다
  n. 수여, 허가, 하사금, 보조금

사업을 소유한 여성은 이달부터 연방정부의 보조금을 받을 수 있습니다.

irretrievable
[ìritríːvəbəl]

a. 돌이킬 수 없는, 회복이 불가능한

The country is being on an **irretrievable** course to the bubble economy.

그 국가는 거품 경제로 가는 회복 불가능한 과정에 있습니다.

labor costs
[léibər] [kɔ:sts]

인건비

Low growth rates of **labor costs** may reduce inflation pressure.
- inflation [infléiʃən] n. 팽창, 통화 팽창, 인플레이션
- pressure [préʃər] n. 압박, 압력

낮은 인건비 상승률이 인플레이션 압박을 줄여줄 수도 있을 것입니다.

---

liquidation
[lìkwidéiʃən]

n. 해산, 회사의 정리 처분

For compulsory **liquidation** of a company, they should obtain a court order.
- compulsory [kəmpʌ́lsəri] a. 강제적인, 의무적인,
        필수의
- obtain [əbtéin] vt. 얻다, 획득하다
        vi. 행해지다, 유행하다, 통용되다
- court order [kɔ:rt] [ɔ́:rdər] 법원 명령

강제적으로 회사를 처분하기 위해서 그들은 법원의 명령을 받아내야 합니다.

---

lottery
[látəri]

n. 복권, 추첨, 운

The **lottery** can not be an appropriate activity for the government.
- appropriate [əpróupriət] a. 적당한, 특유한
        [əpróuprièit] vt. 충당하다, 전유하다

복권이 정부가 할 만한 적정한 사업이 될 수는 없습니다.

---

lucid
[lú:sid]

a. 명쾌한, 맑은, 투명한

He offered a **lucid** explanation of the bond market system.
- bond [band] n. 증서, 계약, 채권

그는 채권 시장 체계에 대해 명쾌한 설명을 해주었습니다.

marginal
[mά:rdʒənəl]

a. 약간의, 난외의, 최저한의, 가장자리의, 한계의

Marginal costing helps the management in making important decisions.

- management [mǽnidʒmənt] n. 취급, 처리, 관리
  cf. the management 경영진
한계원가 산정은 경영진이 중요한 결정을 내릴 때 도움을 줍니다.

morale
[mourǽl/mɔrά:l]

n. 사기, 근로 의욕, 도덕, 도의

Small and medium sized manufacturers are suffering from budget cuts and low **morale**.

- manufacturer [mǽnjəfǽktʃərə:r] n. 제조업자, 생산자
- suffer [sʌ́fər] vt. 경험하다, 참다
  vi. 괴로워하다, 고생하다
중소 제조업체들은 예산 감축과 낮은 근로 의욕으로 고통을 겪고 있습니다.

net income
[nét] [ínkʌm]

순수입

The firm enjoys increase in **net income** and revenue growth.

- revenue [révənjù:] n. 소득, 수입, 세입
그 회사는 순수익의 증가와 수입 증대를 누리고 있습니다.

obstruct
[əbstrʌ́kt]

vt. 막다, 방해하다

Obstructing economic growth may worsen social problems.

경제 발전을 막는 것이 사회 문제를 악화시킬 수 있습니다.

obvious
[ábviəs]

a. 명백한, 눈에 띄는, 두드러진

Unfortunately, there are many **obvious** hedge fund losers.

- hedge fund [hedʒ] [fʌnd] 투기적 자금을 운용하는 유한
책임의 투자 신탁 조합
불행하게도 눈에 띄는 헤지 펀드 손실자가 많이
있습니다.

pending
[péndiŋ]

a. 미결정의, 임박한

The **pending** legislation is not an attempt to nationalize the home mortgage industry.

- legislation [lèdʒisléiʃən] n. 입법
- mortgage [mɔ́:rgidʒ] n. 저당, 융자
임박한 법제정이 주택 융자 산업을 국영화하려는
시도는 아닙니다.

plummet
[plʌ́mit]

vi. 폭락하다 n. 낚싯봉, 다림추

Prices of the government bonds **plummeted** again last month.
지난달에 정부 채권은 다시 한 번 폭락했습니다.

procrastinate
[proukrǽstənèit]

vi. 늑장 부리다, 꾸물거리다 vt. 미루다, 연기하다

If the government **procrastinates** on supporting for too long, an economic decline may occur.

- decline [dikláin] vt. 거절하다, 기울이다
vi. 기울다, 쇠퇴하다
정부가 지원에 대해서 너무 오래 지체한다면 경기
하락이 일어날 수도 있습니다.

proportionate
[prəpɔ́:rʃənit]

a. 비례하는, 균형 잡힌

syn. proportional

The tax rate is **proportionate** with taxpayer's income.
- tax rate 세율
- taxpayer [tǽkspèiər] n. 납세자, 납세 의무자
- income [ínkʌm] n. 소득

세율은 납세자의 소득에 비례합니다.

radically
[rǽdikəli]

ad. 급진적으로, 근본적으로, 완전히, 과격하게, 철저하게

The CFO adapted **radically** to the downturn.
- CFO(Chief Financial Office) n. 최고 재무 책임자
- adapt [ədǽpt] vi. 적응하다, 편곡하다, 순응하다,
    보조를 맞추다
    vt. 적응시키다

최고 재무 책임자는 경기침체에 철저하게 대응했습니다.

rapid
[rǽpid]

a. 빠른, 신속한

Local economy is very vulnerable to global economic change without **rapid** adjustment capability.
- local [lóukəl] a. 지역의, 지방의
- vulnerable [vʌ́lnərəbəl] a. 상처받기 쉬운,
    약점이 있는
- adjustment [ədʒʌ́stmənt] n. 조정, 적응
- capability [kèipəbíləti] n. 능력, 가능성

지역 경제는 빠른 적응 능력 없이는 전 세계 경제 변화에 매우 취약합니다.

reassure
[rì:əʃúə:r]

vt. 자신감을 되찾게 하다, 재보증하다, 다시 보험을 들다

The $300 billion stimulus package passed, but that did not fully **reassure** investors.

- stimulus [stímjələs] n. 자극, 격려
- package [pǽkidʒ] n. 정책, 짐꾸러미, 소포

3,000억 달러의 경기 부양책이 통과되었으나 그것이 투자자들을 완전히 안심시키지는 못했습니다.

revenue
[révənjù:]

n. 소득, 수익, 수입원

Sales **revenue** is the money that is spent by a consumer to buy goods and services from a business.

- sales revenue 영업수익
- goods [gudz] n. 물건, 상품, 재산, 재화

영업수익이란 소비자가 그 회사의 물건이나 서비스를 사기 위해 지출한 돈입니다.

scale
[skeil]

n. 규모, 눈금, 저울, 비늘, 치석

This is a large **scale** project for the construction and renewal of infrastructure.

- infrastructure [ínfrəstrʌktʃər] n. 기간시설, 산업기반, 하부조직

이것은 기간시설의 건설과 재정비를 위한 대규모 기획입니다.

setback
[sétbæk]

n. 방해, 퇴보

The increase in the oil prices is a **setback** to the economic growth.

- increase [inkrí:s] vt. 늘리다, 증대하다
  vi. 늘다, 증진하다
  n. 증가, 번식, 증대

유가의 상승은 경제 성장에 방해가 됩니다.

sorely
[sɔ́:rli]

ad. 전적으로, 애처롭게, 격렬하게, 대단히

Congress should provide **sorely** needed economic stimulus to encourage investment.

의회는 투자를 장려하기 위해 절박하게 요구되는 경기 부양책을 제공해야만 합니다.

stimulus
[stímjələs]

n. 자극, 격려, 분양
pl. -li [-lài]

They get down to legislate some real economic **stimulus**.

- get down to ~에 착수하다, (일을) ~수준까지 올리다
- legislate [lédʒislèit] vt. vi. 법률을 제정하다
- economic [ì:kənɑ́mik] a. 경제학의, 경제적인

그들은 진정한 경기 부양책을 입법화하는 일에 착수했습니다.

surge
[sə:rdʒ]

n. 급등, 큰 파도
vt. 큰 물결을 일으키다 vi. 급등하다

The price hikes have mainly been driven by the **surge** of food prices.

- hike [haik] n. 도보 여행, 인상 vt. vi. 하이킹하다

가격 인상은 주로 식품가격의 급등에 의해 닥쳐왔습니다.

tycoon
[taikú:n]

n. 정계나 실업계의 거물
다이쿤(大君): 일본 막부의 쇼군에 대해 외국인이 만든 호칭

A shipping **tycoon** gave a lot of money to fund in spite of the global economic downturn.

- downturn [dauntə̀:rn] n. 하락

그 운송업계의 거물은 전 세계적인 경제 하락에도 불구하고 많은 돈을 투자했습니다.

unwavering
[ʌnwéivəriŋ]

a. 확고한, 흔들림이 없는

She is **unwavering** in her commitment to economic stability and recovery.
- commitment [kəmítmənt] n. 의무, 책무, 위임
- stability [stəbíləti] n. 안정, 안정화

그녀는 경제 안정과 회복에 대한 자신의 책무에 대해 흔들림이 없습니다.

---

uphold
[ʌphóuld]

vt. 지지하다, 떠받치다, 확인하다, 유지하다
uphold-upheld-upheld

This firm is **upholding** a high reputation for large scale M&A work.
- reputation [rèpjətéiʃən] n. 평판, 명성

이 회사는 대규모 인수합병 업무로 높은 명성을 유지하고 있습니다.

---

upscale
[ʌ́pskèil]

a. 부유층 대상의, 풍부한

The **upscale** hotel's financial difficulties are emblematic of the hard economic times.
- emblematic [émbləmǽtik] a. 상징적인

그 부유층 대상 호텔의 재정적 어려움은 어려운 경제 상황을 상징합니다.

---

vicious cycle
[víʃəs] [sáikl]

악순환
syn. vicious circle

We rely on Ms. Hudson's attempt to turn the **vicious cycle** into a virtuous spiral.
- rely on 의지하다, 신뢰하다
- attempt to ~를 시도하다
- virtuous [vɔ́:rtʃuəs] a. 덕이 높은, 정숙한
- spiral [spáiərəl] n. 나선 a. 나선형의

우리는 악순환을 나선형의 선발전으로 전환하려는 허드슨 씨의 시도를 신뢰합니다.

written response 서면 응답

The Assembly has provided a **written response** to the food auction plan.

- auction [ɔ́ːkʃən] n. 경매, 공매

하원은 식량 공매 계획에 대한 서면 응답을
해주었습니다.

다음에 해당하는 단어를 쓰시오.

• 가속화하다, 빨라지다: a	accelerate
• 인정하다, 신용하다, 인가하다: acc	accredit
• 모든 계층: a　w　of l	all walks of life
• 감정을 가라앉히다, 누그러뜨리다, 경감시키다: a	allay
• 완화하다, 경감하다: all	alleviate
• 분석가: a	analyst
• 장애물, 장벽, 울타리: b	barrier
• 쌍방의, 양측의: b	bilateral
• 시작하다, 개시하다, 시작되다: c	commence
• 제한, 구속, 압박: c	constraint
• 조정, 통일, 조화, 동등: co	coordination
• 축소하다, 삭감하다: c	cut back
• 결정적인, 확고한: d	decisive
• 공기를 빼다, 희망을 꺾다, 통화를 수축시키다, 공기가 빠지다: de	deflate
• 불황, 우울: de	depression
• 악화되다, 나빠지다, 타락하다, 나쁘게 하다, 열등하게 하다: det	deteriorate
• 신용 상실, 불신, 불명예, 명성에 손상을 입히다, 믿지 않다: dis	discredit
• 다른 데로 돌리다, 전환하다: d	divert
• 수반하다, 남기다, 일으키다: en	entail
• 회계의: f	fiscal
• 정부 보조금: g　　g	government grant
• 돌이킬 수 없는, 회복이 불가능한: i	irretrievable
• 인건비: l　　c	labor costs
• 해산, 회사의 정리 처분: l	liquidation
• 복권, 추첨, 운: l	lottery
• 명쾌한, 맑은, 투명한: lu	lucid
• 약간의, 난외의, 최저한의, 가장자리의, 한계의: m	marginal
• 사기, 근로 의욕, 도덕, 도의: m	morale
• 순수입: n　i	net income
• 막다, 방해하다: ob	obstruct
• 명백한, 눈에 띄는, 두드러진: o	obvious
• 미결정의, 임박한: p	pending
• 폭락하다, 낚싯봉, 다림추: p	plummet
• 늑장 부리다, 꾸물거리다, 미루다, 연기하다: pro	procrastinate
• 비례하는, 균형 잡힌: pro	proportionate

- 급진적으로, 근본적으로, 완전히, 과격하게, 철저하게: r　　　　radically
- 빠른, 신속한: r　　　　rapid
- 자신감을 되찾게 하다, 재보증하다, 다시 보험을 들다: r　　　　reassure
- 소득, 수익, 수입원: re　　　　revenue
- 규모, 눈금, 저울, 비늘, 치석: s　　　　scale
- 방해, 퇴보: s　　　　setback
- 전적으로, 애처롭게, 격렬하게, 대단히: s　　　　sorely
- 자극, 격려, 분양: s　　　　stimulus
- 급등, 큰 파도, 큰 물결을 일으키다, 급등하다: s　　　　surge
- 정계나 실업계의 거물: t　　　　tycoon
- 확고한, 흔들림이 없는: un　　　　unwavering
- 지지하다, 떠받치다, 확인하다, 유지하다: u　　　　uphold
- 부유층 대상의, 풍부한: u　　　　upscale
- 악순환: v　　c　　　　vicious cycle
- 서면 응답: w　　r　　　　written response

복습 문제 21-25

다음 설명에 맞는 단어를 보기에서 찾으시오.

1. choose or specify someone or something for a particular duty
2. a show of intention to inflict harm
3. having the power to induce action or belief
4. to inform against or accuse someone publicly
5. to include especially within a particular scope

> 보기   a. menace   b. persuasive   c. denounce   d. designate   e. comprise

다음 빈칸에 적절한 단어를 보기에서 찾으시오.

6. He has brought the contract for _____ with no indication of reasons.
7. We are strongly opposed to the _____ to freedom of speech.
8. Although it was dismissal by _____, he was severely disappointed.
9. To reward you for your _____, the board of directors has approved a bonus for all employees.
10. We are unable to repair the unit and will instead provide a _____.

> 보기   a. stipulation   b. annulment   c. performance   d. replacement
>   e. impediment

문장의 밑줄 친 부분의 의미에 가까운 단어를 보기에서 찾으시오.

11. Large law firms are starting alternative <u>dispute</u> resolution practices.
12. Federal prosecutors <u>indict</u> the two largest illegal gambling game sites.
13. There was <u>considerable</u> anti-uranium sentiment around the world.
14. The city played a <u>pivotal</u> role in the passage of the Civil Rights Act in 1964.
15. The media struggled to <u>allay</u> foreign investors' fear.

> 보기   a. significant   b. critical   c. conflict   d. mitigate   e. accuse

다음 문장을 해석하시오.

16. She is unwavering in her commitment to economic stability and recovery.

17. The economic downturn has deflated the real estate bubble.

18. Foreign vessels continue to forage and exploit the marine resources.

19. They realized their lack of juridical power to stop drug-trafficking.

20. The government may need to revise its policy in light of this report.

다음 문장을 작문하시오.

21. 그 간부는 회계 감사관의 제안을 따라야 합니다.

22. 그는 대통령이 될 자격이 있습니다.

23. 우리에게는 불황에 대처할 정부의 합당한 정책이 필요합니다.

24. 미국인들은 그 약속을 법으로 제정하기를 원했습니다.

25. 당신의 제품을 등록하기 위해 아래의 서식을 채워 주세요.

보충단어와 숙어

A

abolish	폐지하다	amusement park	놀이동산
abrasive	마찰을 일으키는	anchor	정박하다
accomplice	공범	anonymous	익명의
accordance	일치/조화	antibiotics	항생제
account book	회계장부	apart	떨어진
account number	계좌번호	apologize	사과하다
actually	사실상	apparel	복장
adapter	각색자/연결관/접속기	applaud	갈채를 보내다
adhere	고수하다	application	응용/바르는 약/응용 프로그램
adhesive	접착성의	appointment	임명/직위/예약
adjournment	연기	aptitude	재능/경향
admire	존경하다	archaeology	고고학
adult	성인	argument	논의
advantage	이익	array	진열
adverse	반대하는/불리한	arrival	도착
affect	영향을 미치다	artifact	문화유물/가공품/인공물
ailing	괴로워하는	assessment	평가
aim	겨냥하다	asset	자산
aircraft	항공기	assign	할당하다
airflow	기류	assignment	과제
aisle	통로	assistant	보조/조수
align	정렬하다	assurance	보증
all-out	전력을 다한	astonishingly	놀랍게도
alleviate	완화하다	astral	별의
allocate	할당하다	athletic skill	운동능력
allocation	배치	attentively	주의 깊게
alluring	유혹하는	attire	복장
almanac	연감	attorney	변호사
alter	바꾸다	audiovisual	시청각의
alumna (pl. alumnae)	대학의 여자 동창생	auditorium	강당
alumnus (pl. alumni)	대학의 남자 동창생	autobiography	자서전
ambassador	대사	autograph session	사인회
amnesty	사면	automate	자동화하다
		automatic transmission	자동 변속기
		avid	열성적인

awfully	대단히/정말	**B**	
awkward	어색한		
		bachelor	학사
accuse A of B	B에 대해 A를 비난하다/	bachelor's degree	학사학위
	B로 A를 고소하다	back	후진하다/후원하다
ask around	여기저기에 묻다	backorder	처리 못한 주문
alert 사람 to 사안		backpack	배낭
	~에게 ~에 대한 경고를 하다	badly	몹시
arm in arm	팔짱을 끼고	baggage	짐
arrange an appointment with		ballroom	무도회장
	~와 약속을 잡다	bankrupt	파산한
arrange for	준비하다	barbed wire	철조망
as a general rule	대체로	barcode	바코드/막대부호
as mentioned	언급한 바와 같이	barely	거의 ~않게/간신히
as of now	현재로서는	barring	~이 없다면
as per	~에 따르면	batch	묶음
as to	~에 대하여	beforehand	사전에
ask for a raise	월급 인상을 요구하다	belatedly	뒤늦게
associate with	~와 관련되다	belongings	소지품
at a stretch	계속해서	benefit	이익
at all times	항상	beverage	음료수
at any time	아무 때나	billing questions	청구서에 관한 질문
at its discretion	재량껏	blackout	정전/말살/상실
at least	적어도	blind	분별없는/맹목적인
at no charge	비용 부담이 없는	blizzard	눈보라
at one's option	마음대로	block	막다
at the discretion of	~의 재량으로	bloom	번창하다
at the earliest convenience		boardroom	중역회의실/증권거래소 입회장
	가능한 한 일찍	boast	자랑하다
at the latest	늦어도	booking	예약
at the management level	간부급에서	booklet	소책자
at the moment	지금	boost	증가시키다/후원/밀어올림
at the site	현장에서	bored	지루한/싫증나는
at the tone	신호음이 나면	borrow	빌리다/차용하다
attend to	응대하다	botanic	식물의/식물성

bother	성가시게 하다
bound	~할 의미가 있는/~하게 되어 있는
box office	매표소
boycott	불매운동하다
breath-taking	아슬아슬한
briefcase	서류가방
brush	솔질하다/털어내다
built-in	내장된
bulky	부피가 큰
buoyancy	부력
burglar	강도/사기꾼

back out of	~에서 손을 떼다
back out of the deal	계약을 파기하다
back up	지지하다
be a quick ride from	~에서 차로 금방 가는 거리다
be about to	~하려던 참이다
be allergic to	~에 알레르기가 있다
be apt to	~하기 쉽다/~하는 경향이 있다
be assigned to	~로 배정되어 있다
be authorized	~ 할 권한이 있다
be booked up	예약이 차버리다
be bundled in	~안에 뭉쳐져 있다
be closed to	~에게 공개되지 않다
be consistent with	~와 일치하다
be converted into	~으로 전환되다
be crowded with	~으로 혼잡하다
be elected to	~으로 선출되다
be entitled to	~이 될 자격이 있다
be equal to	~에 필적하다
be equipped with	~을 갖추다
be extended to	~까지 연장되다
be held up in traffic	교통체증으로 멈춰 있다

be in effect	실행되다
be in progress	진행 중이다
be in use	사용 중이다
be keen on	~에 대해 열심이다/간절히 바라다
be liable for	~에 대한 책임이 있다
be liable to	~할 것 같다/~하기 쉽다
be linked to	~와 관련되다
be loaded with	~으로 차 있다/ ~이 잔뜩 올려져 있다
be obliged to	~해야 할 의무가 있다
be on one's way	가는/오는 중이다
be particular about	~에 까다롭게 굴다
be particular to	~에 한하다/~답다
be pleased with	~에 만족하다
be promoted to	~으로 승진되다
be ready to	~할 준비가 되다
be removed from	~으로부터 분리되다
be responsive to	~에 반응하다
be sorted into	~으로 분류되다
be suited for	~에 적합하다
be sure to	반드시 ~하다
be surrounded by	~에 둘러싸이다
be the last person to	절대 ~하지 않을 사람이다
be tied up	~으로 꼼짝못하다/~에 묶여 있다
be tied up with	~에 매여 있다/~으로 바쁘다
be tired from	~으로 지치다
be tired of	~에 질리다
blame 사람 on 사안	~을 ~탓으로 돌리다
blow up	폭파하다
bound for	~을 향하다
break into	참견하다/난입하다
break up	헤어지다/해산하다

by all means	꼭/반드시	cloakroom	휴대품 보관소
by mistake	실수로	closure	마감/폐점
by oneself	혼자 힘으로/혼자서	cluster	군집
		co-supervise	공동감독하다
		coatrack	코트걸이
C		collaborative	협력하는
		collator	대조자/교정자
cafeteria	셀프서비스 식당	college diploma	대학 졸업장
caffeinated	카페인이 든	collision	충돌
calculator	계산기	commendation	칭찬/추천/위임
cancellation	취소	commercial value	상업성
candid	솔직한	commonplace	평범한/흔한 일
carbon dioxide	이산화탄소	commute	통근하다
cardiac care	심장치료	commuter	통근자/정기권 이용자
cardiovascular	심혈관의	comparable	비교할 수 있는
carrousel	회전목마/회전식 화물 컨베이어	comparative	비교적인/비교의
carryout	사서 들고 가는/사 가는 음식	compatible	양립할 수 있는
carve	새기다	compile	편집하다/편찬하다
casing	포장	comprehensive physical examination	
centenarian	100년의		종합 검진
certificate	증명서	computer literate	컴퓨터를 사용할 수 있는
certificate of appointment	임명장	concourse	군집/군중/중앙광장/중앙홀
certificate of appreciation	감사장	concurrently	동시에
certificate of commendation	상장	condense	농축시키다
certificate of recognition	표창장	configuration	외형/형태/배치
certification board	검정 위원회	confirmation	확인
charitable organization	자선 기관	confiscation	몰수/징발
charter plane	전세 비행기	confuse	혼란스럽게 하다
cheap	저렴한	consent	동의
circuit board	회로기판	consignment	위탁판매/탁송
circumscribe		consistent	일정한/절조 있는/일치하는
	제한하다/서명하다/둘레에 선을 긋다	construction site	건설 현장
claim check	물품 보관증	consulate general	총영사관
clause	조항	contender	경쟁자/논쟁자
climate	상황/기후	control panel	통제실/제어반

convenience store	편의점		
conversion	전환	call back	회신 전화하다
coordinator	진행자/책임자	call in sick	전화로 병결을 알리다
copier	복사기	call it a day	일과를 마치다
copyright permission	저작권 허가	call off	취소하다
cordial	진심 어린	can not be beaten	최고이다
cordless	전화선 없는	charge for	~에 대한 대금을 청구하다
corridor	복도	charge to	~에게 책임을 떠넘기다
corrosion	부식/침식	clap at the music	음악에 맞춰 박수치다
counter	계산대	come to an end	끝나다
counterpart	상대	commensurate with	~에 상응하는
courier	여행 안내원/급사	compared to	~에 비유하여
courteous	정중한	compared with	~와 비교해서
courtroom	법정	compensate 사람 for 수고/손실	
cozy	아늑한		~에게 ~을 보상하다
cramped	비좁은	comply with	응하다/준수하다
credential	신임장/증명서/보증서	computer lab	컴퓨터실
credential diploma	자격증서	confirm an appointment with	
credit limit	신용대출 한도액		~와의 약속을 확인하다
crisis	위기	conform to	~에 순응하다
cruise	유람선/순항하다/선박여행	conform with	~을 따르다
culinary	주방용의/요리용의	copy machine	복사기
curatorial staff	박물관이나 도서관의 직원	cover one's shit	~대신 근무하다
curb	억제하다/연석/장외시장	cut one's losses	더 이상의 손실을 막다
currency exchange	환전		
current challenge	당면한 과제		
curriculum vitae	이력서	**D**	
custody	보호/구금/구류		
customer adjustment	소비자 분쟁조정	daily	매일
customer base	고객기반	dance troupe	무용단
customer relations	고객 관리	day-to-day operation	일상 업무/
customer service representative			매일 이루어지는 작업
	고객 서비스 담당 직원	deadline	마감시한
customs	관세/세관	deafening	귀가 먹을 듯한/방음장치
customs clearance	통관 절차	dealership	판매권/대리점

decentralize	분산시키다	dose	약의 1회분
deciduous tree	낙엽수	double-check	재점검하다
decision-making	의사 결정을 내리는	double-space	한 줄 띄어서 타자하다
declare	선언하다	downfall	몰락
decline	거절하다	downsize	줄이다
decorate	장식하다	downturn	하락
demanding	지나치게 요구하는	draft proposal	제안서 초안
demolish	파괴하다	drain	배수하다
denote	표시하다	drawbridge	가동교
dense	우거진	dress code	복장 규정
dental records	치과 진찰기록	drill site	훈련장
depiction	묘사	drive	의욕/충동
deserted	버려진	driving force	추진력
desperate	필사적인/절망적인	duplicate	중복의/사본/보관표
detector	탐지기		
diagnosis	진찰	deal with	~와 거래하다/~을 처리하다
diagram	도형/도표	develop a photo	사진을 인화하다
dial	~번호의 전화를 걸다	draw on	신다/끌어들이다/
dietary department	식이부		(어음을) 발행하다/가까워지다/의존하다
dieter	식이 요법을 하는 사람	drop by	들르다
dietician	영양사	drop off	내려주다
disagreement	불일치/논쟁	during the course of	~하는 중에
disassembly	분해/해체/해산		
disbursement	지불		
discipline	훈련	E	
disconnect	(전화를) 끊다/분리하다		
discounted rate	할인율	economize	절약하다
disparage	비난하다/명성을 더럽히다	effectiveness	효율성
display case	진열장	eject	꺼내다/추방하다
disposable	처분할 수 있는	elapse	시간이 경과하다
disruption	붕괴/분열	elderly	나이가 지긋한
distrustful	의심 많은	electrician	전기기사
disturb	방해하다	elegant	품위 있는
doctor's degree	박사 학위	elevate	승진시키다/높이다
door-to-door delivery	방문배달	elevated road	고가도로

elicit	도출하다	**F**	
embellish	꾸미다		
embezzle	유용하다/횡령하다	famed	이름난
emergency evacuation	긴급 대피	fare	운임, 요금
emergency supplies	비상 보급품	faucet	수도꼭지
emphatically	단호하게	favor	호의/친절
employee lounge	직원 휴게실	feedback	반응/의견/귀환
employ	고용하다	felony	중죄
encryption	암호화	ferry	나룻배/연락선/배로 건너게 하다
encyclopedia	백과사전	festivity	축제/잔치/제전
engrave	새기다	figurine	금속이나 도자기로 된 작은 상
envision	구상하다	filing days	서류 작성 기한/신청서 제출 기한
equity	공평/공정	financial statement	재무제표
eradicate	박멸하다	finished product	완제품
escort	호위하다/바래다주다	fire extinguisher	소화기
exceptional	예외적인	fire insurance	화재보험
exclusive	독점적인/특별한	firewood	땔감
excursion	소풍	fiscal year	회계연도
executive lounge	경영진 전용 휴게실	five-story	5층의
exhaustive	철저한	flammable	인화성
expenditure	지출/소비	flaw	결함
explorer	탐험자/탐구가	fledgling	신출내기
expressway	고속도로	fleetingly	재빨리
extraordinary feat	놀랄 만한 업적	flip chart	
extreme care	극도의 주의		윗부분을 고리 등으로 철한 설명용 도해
eye examination	시력 검사	flow chart	작업공정도
		flu shot	독감 예방주사
embark on	진출하다	foam	거품
enable 사람 to 행위	~가 ~하게 하다	focus group	목표 집단/대상 집단
en route	~하는 도중에	footwear	신발이나 양말류
even out	고루 나누다/바로잡다/안정되다	foreman	공장장/십장/작업감독
every other day	이틀마다	forestry	임학/산림학
exert pressure on	~에 압력을 행사하다	forfeit	몰수되다/상실하다
extend one's stay	체류를 연장하다	forgery	위조
		format	형식

former	이전의	**G**	
fortnight	2주간		
foster	기르다	gala	화려한/축제
founding	설립	gasoline station	주유소
fragile	깨지기 쉬운	gauge	평가하다/판단하다
frankly	솔직하게	gel-coat	젤 타입 코팅
fraud	사기	generate	발생시키다
fraudulent	사기의	generation gap	세대차
frayed	해진/너덜너덜한	gene	유전자
frequently asked questions(FAQ)		genetic	유전의
	자주 묻는 질문	gesture	몸짓/태도
fringe benefits	복리 후생제도	getaway	도주/출발
front desk	접수대	gift certificate	상품권
front walkway	정문 쪽으로 난 보도	gift shop	선물 가게
fumes	가스/연기	giftware	선물용 도자기/유리제품
furnace	화로/용광로	glossy paper	광택지
furthermore	게다가	good selection	최적임
future release	발매 예정	goods	물건/재화
		gorgeous	멋진
fall behind in output		gradually	점차/점진적으로
	산출이 감소하다/생산이 늦어지다	gratuity	팁/봉사료/하사금
fall over	넘어지다	graze	풀을 뜯어 먹다/찰과상
fall short of	~에 미치지 못하다	group rate	단체요금
far from	전혀 ~이 아닌	grudgingly	억지로/마지못해
file a (law)suit against		gruelling	호된
	~에 대해 소송을 제기하다	guardrail	(도로의) 가드레일/난간
file a complaint	불만을 제기하다	guideline	지침
file a report	보고서를 제출하다		
fill in	기입하다	gaze down at	~을 아래로 응시하다
fill out	채우다, 써넣다	get along with	~와 잘 지내다
fluent in	~에 유창한	get frustrated with	~에 실망스럽다
fold in half	반으로 접다	get in touch with	~와 연락하다
fold up	개다/접다/망하다	get rid of	~을 없애다
for sale	판매용	get the stain out	얼룩을 제거하다
		get used to	~에 익숙해지다

give directions	지시하다/방향을 안내하다	household utility	수도, 전기, 가스 등
give A an advance			가정에서 사용되는 공익시설
	A에게 가불해 주다/A에게 선금을 주다	housing reform	주거 개혁/주택 개혁
go over	반복하다/검토하다	human resources department	인사부
go through	통과하다/가결되다/행하다	human resources representative	
			인사 담당자

H

		hands-on	실제로 참가하는/손으로 만지는
		hang out	서성거리다/어울리다
handy	편리한/능숙한	hang over	연기되다/계속되다
hallway	복도	hang up	달다/전화를 끊다
halt	멈추다	have a mustache	콧수염을 기르다
handrail	난간	have one' picture taken	사진을 찍다
harbor	항구	have one's pulse checked	맥박을 재다
hazard	위험	have one's vision tested	시력 검사를 하다
health care facilities	의료 시설	have permission to	~할 허가를 받다
health code	보건조례	hear back	회신을 받다
health regimen	건강 유지법	hire an outside company	외주를 주다
heating bill	난방비	hold a blood drive	헌혈 운동을 하다
heating equipment	난방 기구	honk at	~에게 경적을 울리다
heel	말미/말단/뒤꿈치		
hereinafter	아래에/이하/다음부터는		
hesitate	주저하다	## I	
highschool diploma	고등학교 졸업장		
high value item	고가품	identity badge	신원증명 배지
hike	인상/터벅터벅 걷다	immersion course	집중 과정
hiker	도보 여행자	impact	영향을 주다
hilarious	유쾌한	impartial	공평한
hinder	방해하다	impatient	참을 수 없는/성급한
hold button	통화 보류 버튼	impeccable	결점 없는
hole	구멍	imperfection	결함
home-based	국내 기반의	implant	이식하다
homebound	귀가 길에	implicate	연루시키다
hotel accommodation	호텔 투숙	impose	부과하다
household goods	가정용품	impression	인상

impress	감동을 주다	inter-office	사내의/각 부서 간의
improper	부적당한/부도덕한	intercom	내부 통화장치/인터콤
improperly	부적당하게	interest rate	이자율
in-flight meals	기내식	internal communication	사내 통신
incentive	장려금	international commerce association	
incidental	부수적인		국제상공협회
income statement	손익 계산서	international trade conference	
incompatible	양립할 수 없는		국제통상회의
incomplete	불충분한	intern	수습직원
inconsistency	불일치	internship	연수생/견습생
inconvenience	불편	interpersonal	개인 간의
incredible	믿을 수 없는	interpersonal skills	대인관계 능력
increment	증가/증진	interpret	통역하다
incumbent	현직의/재직의	interrupt	방해하다/가로막다
index	색인	invaluable	매우 귀중한
indict	기소하다	invention	발명
induce	권유하다/촉진하다	inventory	물품 명세서
inexperienced	서투른/미숙한	inventor	발명가
infallible	확실한	invoke	호소하다
infection	감염	irrelevant	관련이 없는
infer	추론하다/암시하다	irrigation	물로 상처를 씻음/관개
inflation	팽창	irritated	성가신
inflexibly	굽히지 않고/완고하게		
information booth	안내창구	A incorporate with B	A가 B를 합병하다
infringe	침해하다	in-flight	기내의
initiative	처음의	in-house	조직 내의/사내의
installation	설치	in accordance with	~에 따라/일치하여
instruction manual	설명서	in all ages	예나 지금이나
instrumentation		in a strict way	엄격히
	관현악법/기계의 사용/기구류	in case of	~의 경우에는
insurance premium	보험료	incorporate A into B	A를 B에 합병시키다
insurance rate	보험료/보험료율	in lieu of	~대신에
insure	보증하다	in many ways	여러 방면에서
intended	고의적인/의도된	in need of	~이 필요한
intently	열심히/일사분란하게	in one's grasp	~의 수중에

in operation	조업 중인/가동 중인
in order	순서에 맞게/정리된
in order to	~하기 위해
in particular	특별히
in person	몸소
in principle	원칙적으로
in response	응답하여
in the black	흑자 상태인
in the distance	멀리서
in the middle of	한창 ~중인
in the process of	~이 진행 중인
in the red	적자 상태인
in the vicinity of	~의 가까이서
in total	총
in transit	이동 중인/통과 중인/단기 체재인

J

job application	입사지원
job cutback	인력 감축
job description	직무 규정
job opening	모집 공고
job posting	채용 공고
job search	구직
job seeker	구직자
job title	직함
judicial	사법의/재판의
jurisdiction	재판권/사법권/관할권
juror	배심원단
justifiable	정당한

K

keen	예민한/강렬한
keynote speech	기조연설
keypad	전화기나 계산기의 키판
kidnap	유괴하다
kitchenet	간이 취사장

keep in touch with	~연락을 계속하다/시대에 뒤처지지 않다
keep on top of	~의 선두를 유지하다
keep the lines rolling	라인을 계속 가동하다
keep track of	진전 상황을 계속 알다/~을 기록하다
keep up with	~에 뒤떨어지지 않도록 따라가다
kneel down	무릎을 꿇다/굴복하다

L

lab coat	실험복
label	분류표/상표/부호
labor representative committee	노동대표위원회
lack	부족
lakefront	호수에 접한 땅
landfill	쓰레기 매립지
latecomer	지각한 사람/신참/최근에 온 물건
laundry	세탁
lawn mower	잔디 깎는 기계
lax	느슨한, 규율에 못 미치는
layoff	정리해고
leak	새다

ledge	벽에서 돌출한 선반
legal counsel	법률 상담
legal implications	법률관계
legible	읽기 쉬운/명료한
legislation	법 제정
let go	놓아주다
liaison	연락/접촉/통신
license plate number	차량 번호판
license	면허/허가증/방종
lifeguard	구조요원
lifetime employment	평생 고용
lift	들어올리다/도움/승진/승강기
light bulb	백열전구
limited edition	한정판
limousine	호화 대형 승용차/소형 버스
line worker	생산라인 근로자
liquid detergent	액체 세제
litigate	소송을 제기하다
litigating parties	소송 당사자들
litigation	소송/기소
litter	쓰레기
livestock	가축
locate	(토지를) 점유하다/위치를 정하다
locker	장/함/저장고
lodging	숙박
logging	벌목
long distance rate	장거리 전화요금
loot	약탈품/부당이득
low-interest	저금리
loyal customer	단골
lubricant	윤활제

lag behind	~에 뒤처지다
lead to	~이 되다
log on to	~에 접속을 시작하다

lose ground	기반을 상실하다

M

magnetic strip	마그네틱선
malfunction	오작동
management aid	경영지원금
managerial	관리의
mandatory	의무의
manpower	인력/인적자원
marble	대리석
marketing strategy	판매전략
master's degree	석사 학위
medical insurance	의료보험
medical records	의료 기록
medication	투약
memoirs	회고록
memorandum	각서/규약/비망록
menace	협박/위협
merchandise	상품
mere	단순한/불과한
metropolis	대도시
microorganism	미생물
mileage	이익/유용성/마일리지
mindful	주의 깊은/염두에 두는
minimal outlay	최소 비용
minimum requirement	최소한의 요구조건
miscellaneous	잡다한
mishear	잘못 듣다
misleading	오도하는
misplace	잘못 두다
misrepresent	잘못 전하다/허위진술하다
mistakenly	잘못하여
misuse	오용하다

mobile blood donor center	이동 헌혈 센터	miss out	놓치다
molecular	분자의	move ahead with	~을 계속 진행하다/실시하다
momentum	여세/계기/추진력/탄성	move in	입주하다
monastery	수도원		
monitor	감시하다		
monotone	단조로움		

N

monthly statement	월간 명세서		
mop	대걸레로 닦다	name tag	명찰
morning edition	조간신문	narrative	이야기
mortgage	저당	national holiday	국경일
motion sickness	멀미/현기증	nationwide	전국적으로
motivation	동기부여/열의	neglect	소홀히 하다
motorist	자동차 운전자	neighborhood	이웃/지역/가까움
mounting	오르기/설치/증가	neutrality	중립
mover	이삿짐센터	nightfall	해질녘
multi-national	다국적	night manager	야간 책임자
municipal government	자치 정부	nimble	재빠른
mutual fund	개방형 투자 신탁	nominate	추천하다/임명하다
		non-administrative position	관리직이 아닌 지위
make a commitment to	~에 헌신하다	non-commercial	비상업적인
make a point of	~하도록 노력하다/반드시 ~하다	non-payment	미납/체납
make an outside call	외부로 전화하다	non-profit	비영리의
make clear	분명히 하다	non-refundable	환불불가한
make it advantageous to do	~하는 것이 유리하게 하다	nonstop	직행
make no difference	차이가 없다	notepad	낱장으로 떼어 쓰는 메모지첩
make one's practices	관행을 만들다	notify	통지하다/발표하다
make one's presentation	발표하다	no vacancies	빈방 없음
make quick money	손쉽게 돈을 벌다	novice	신참/무경험자/새신자
manage to find	~을 찾는 데 성공하다/간신히 찾아내다	nuisance	귀찮은 일/폐단/불쾌
mention A to B	B에게 A를 언급하다/A에 대해 B에게 말해 두다	numerical code	숫자로 된 암호
		nurture	기르다
		nail a notice	공고를 붙이다

no later than	늦어도 ~까지		보다 넓은 지역사회에 대한 봉사활동
not to mention	~은 말할 것도 없고	outsell	더 많이 팔다
		outside photographing	야외 촬영
		over-the-counter medicine	
O			처방전 없이 살 수 있는 약
		overall	전체적으로
observably	눈에 띄게/식별할 수 있게	overbook	한도가 넘게 예약을 받다
observance	준수	overbudget	예산 초과의
observation	관찰	overhaul	철저히 조사하다
occupancy	점유	overhead bin	좌석 위 보관함
off-season	제철이 지난	overhead costs	간접비
office complex	사무단지	overhead expenses	일반경비/간접비
official title	공식직함	overnight express	심야 고속
offset	상쇄하다	overpaid	초과 지불된
oil painting	유화	overpass	육교
ointment	연고	overqualified	자격 과잉의/
omission	생략		필요 이상으로 교육이나 훈련을 받은
on-site	현지의/현장의	oversee	감독하다
onwards	앞으로/전진하여	overstaffed	일에 비해 직원이 많은
opening	공석/결원/개시/개방	overtime pay	시간외 수당
opening remark	개회사	overwhelming	압도적인
opinion	의견		
opposition candidate	야당후보	of all ages	모든 나이의/모든 시대의
optimistic	낙관적인	of this nature	이런 종류의
optimize	최적화하다	off limits to	~에게 출입이 금지된
ordinance	조례/법령/규정	on a personal level	개인 차원에서
original	독창적인	on a regular basis	정기적으로
outdoor market	노천시장	on an informal basis	비공식적으로
outfit	장비/채비/여행 용품	on behalf of/on one's behalf	
outlet	직판장/전기 콘센트		~를 대신하여/대표하여
outline	개요	on board	탑승하여
outlying	외곽의/외부의/비본질적인	one-way	편도/일방통행
outpace	앞지르다	on edge	초조하여/불안하여
output	생산량/산출	on leave	휴가 중
outreach	도달/뻗기/	on most occasions	대개

on one side of	~의 한 쪽으로/한 면에만	periodically	정기적으로
on sale	할인 중	perishable	쉽게 썩는
on the high ropes	의기양양하여/거만하게	perk	임직원의 특전
on the rise	상승세인	permanently	영원히
on the ropes	궁지에 몰려	personal effects	개인 소지품
opt to do	~하기를 선택하다	personal identification number(PIN)	
originate in	~에서 출발하다		신원 인증 번호
out of order	고장난	personalized	의인화된/개인화된/
out of print	절판된		자기의 이름이나 주소 등을 붙인
out of stock	재고가 없는	personnel	직원/인사
		perspective	관점
		perturbed	혼란한/어지러운/불안한/걱정하는

P

package	소포/포장비	petition	청원/탄원
		photocopy	복사
package	소포/포장비	physical therapy	물리치료
paperweight	문진/서진	pier	부두
paperwork	문서업무/탁상사무	pile	쌓다
parcel	소포/한 뭉치/한 구획	pioneer	개척하다
parent-teacher conference		pitfall	함정
	교사-학부모회의	pixel	화소
particle	미립자	place of origin	원산지
partition	칸막이	plaid	격자무늬
passenger ferry	여객선	plain	평범한
passion	열정	planetarium	행성의/태양계의/천문관
passport	여권	plead	변호하다/탄원하다/주장하다/항변하다
pat	가볍게 토닥여 주다	plenary	정식의/전원출석의/충분한
patio	안뜰/테라스	plow	투자하다/쟁기로 갈다
payroll	급여총액/종업원수	plumber	배관공
pedestrian	보행자	popular belief	통념
peer	동료	population density	인구 밀도
peer through the lens	렌즈로 들여다보다	postage	우편요금
penalize	유죄를 선고하다	postage-paid envelope	우표가 붙은 봉투
penalty	벌/벌금	postage due	요금부족 우표
performance evaluation	업무 평가	postage stamp	우표
perfume	향수	postal money order	우체국환

postmark	소인	profile	측면/윤곽/인물 단평
potpourri	꽃잎 등으로 만든 방향제/화향	profitability	수익성
potted	병에 든/화분에 담긴	profusion	풍부
pottery	도자기	prominent	두드러진
pour	쏟아 붓다	proofread	교정보다
power company	전력 회사	propel	촉진하다
power failure	정전	proponent	지지자
practicable	실행할 수 있는/사용 가능한	proprietor	소유자/경영자
practitioner	개업자(변호사나 의사 등)	prop	지주/버팀목
precedent	관례적인/판례	prosecute	기소하다
precipitation	강수	prospectus	취지서
preclude	배제하다	protective equipment	보호 장비
preeminent	우수한/현저한	proximity	근접성
prefecture	지사/도/관할지	proxy	대리인
preferable	바람직한	publicity	평판/공표/광고
preheat	예열하다	punctual	시간을 잘 지키는
preliminary	임시의	punishment	형벌
premise	전제	purifying	정화하는
premium	상급의/최고급의	pursue	추구하다
premium loan	보험료 대체 대출	pushy	강하게 밀어붙이는/진취적인/
premium note	보험료 지불 약속어음		뻔뻔스러운
prenatal	출생 전의		
prerequisite		pay overtime	초과근무 수당을 지불하다
	선수과목의/기초필수의/필수의/선행조건	pay well	수지가 맞다/보람이 있다
prescription	처방	piece by piece	일정한 분량으로/서서히
prescription drug	처방약	place an order	주문하다
press sheet	인쇄지	plug in(into)	플러그를 꽂다
prestigious	유명한	plus tax	세금 별도
principle	원칙	pop in	갑자기 들르다
private talk	사적인 대화	post a notice	공고를 붙이다
prize drawing	경품 추첨	post a sign	표지판을 붙이다
probationary		pull out	빼다/뽑다
	견습 중인/집행유예 중인/보호관찰 중인	pull over to the side of the road	
procedure	절차		길가에 세우다
processed food	가공식품	punctual for	~을 위한 시간을 잘 지키는

push back	밀어내다/미루다/후퇴시키다
put a rush	서두르다
put back	제자리로 돌리다/연기하다
put chains on the wheels	
	바퀴에 체인을 감다
put in for	~을 신청하다/~에 출마하다
put up with	참다

Q

quadruple	4배의/4부의
quality control standards	품질 관리 기준
question-and-answer session	
	질의응답 시간
quota	분담액/할당
quote	시세를 정하다
quite a while ago	꽤 오래전에

R

radius	반지름/행동 반경/범위
railing	난간
rain front	강우전선
rake	갈퀴질하다
ramp	경사로
rashly	무모하게/경솔하게
raw material	원자재
re-enactment	재제정/재현/재연
rearrange	다시 정리하다/재배치하다
rebate	할인/환불/감액/일부 금액의 반려
rebuilding	재건축
recalibrate	재조정하다/재측정하다

receptive	감수성이 예민한/이해력이 빠른
recession	경기후퇴
reclinable	기댈 수 있는/젖혀지는
reconcile	화해시키다
recrimination	맞고소
recruitment process	모집 절차
recruit	직원을 모집하다
reformulation	재공식화
refrain	자제하다/삼가다
refreshments	다과
refuel	주유하다
refurbishment	재연마/일신/쇄신
refuse	나머지/찌꺼기/거절하다
regional	지방의/지역적인
register	기록부/등기부
registered mail	등기
regrettably	유감스럽게도
regular bidder	일반 입찰자
regulatory	규정하는
rehire	재고용하다
reinforced concrete	철근 콘크리트
related	관련된
reminder	상기시키는 사람/메모/말
remittance	송금
remnant	파편/자취/나머지
remodel	개조하다
remuneration	보수/보상/급료
rental agreement	임대차 계약
rental car	임대 자동차
repairman	수리공
repairs	수리작업/수선부분/수리비
repayment	상환/변제/보답
repetitiveness	반복성
reprimand	비난하다/징계하다
reschedule	스케줄을 다시 잡다

research council	연구협회	reach one's full potential	
researcher	연구원		능력을 최대한 발휘하다
resignation	사임	read through	
resist breakage	파손방지		독파하다/(대본을) 서로 맞춰 보며 읽다
respiratory ailment	호흡기 질환	refer to	~을 언급하다
restrict	제한하다	respond to	~에 응답하다
retail	소매	ride up an escalator	에스컬레이터를 타다
retirement age	정년	right away	즉시/당장
retirement savings	퇴직 적금/퇴직 연금	rinse out	헹구다
retractable	취소할 수 있는	roll down	차창을 내리다/굴러 떨어지다
retrieval	회수/검색	run an ad	광고를 내다
retrieve	만회하다/검색하다	run an article	기사를 게재하다
retrospective	회고의	run from 시간 to 시간	
reunion	친목회		~부터 ~까지 진행되다
reversible	거꾸로 할 수 있는	run out	
revitalization fund	경기부양 기금		기한이 만료되다/만기가 되다/탕진하다
revolving	회전의	run the risk of	위험을 무릅쓰다/모험을 하다
rigid	굳은/완고한/엄격한	run the tap	수도꼭지를 틀다
rim	연안/수면/가장자리		
roadside	길가		
roadway	차도	**S**	
robust	강건한		
rocky	바위가 많은/불확실한/완고한	safety procedure	안전절차
role playing	역할극	salary and benefits	급여와 후생
rooftop	옥상	sale-price	특가의
rooftop lounge	옥상 휴게실	sales figures	판매 수치
room amenities	객실 부대시설/비품	sales tax	판매세
rotary	원형 교차로	scaffolding	발판
round-trip	왕복 여행, 일주 여행	scar	손상
roundabout	원형 교차로	scenic	경치가 좋은
runner-up	차점자/입상자	science exhibit	과학 박람회
rural	시골의/농업의	scintillating	번득이는/재치가 넘치는
rustic	시골의/소박한/단순한	scramble	긁어모으다/뒤섞다/기어오르다/
			애써 나아가다
reach a deal	합의하다/타결하다	scrap paper	메모지/파지

scratched	긁힌	shave	털을 깎다
screening	선발/심사/촬영/상영	sheen	광택
seaside	해변의/바닷가의	shelve	선반에 얹다
season ticket	정기권	shift	교대/변천/이동
seating capacity	좌석수	shipping depot	선적장
secluded	은퇴한/한적한/격리된	shipyard	조선소
secondhand	중고의/간접의	shockproof	내진
secretarial	비서의/서기관의/국무 장관의	shoplift	훔치다/슬쩍하다
secretarial school	비서양성 학교	short-staffed	인력이 부족한
securities	유가증권	shortage	부족/부족액
security deposit	보증금	shorthand	속기
security gate	보안장치 있는 출입구	shovel	삽
segment	분할/부분	shred	조각/소량
seismic	지진의	shrewd	빈틈없는/영리한
self-addressed stamped envelope		shuttle	정기 왕복버스
	자기 주소와 우표가 붙은 봉투	sick leave	병가
self-defense	자기방어/정당방위	similar position	유사 직책
self-employed	자영업의	simplify	단순화하다/단일화하다
self-help manual	사용자용 설명서	singularly	유난하게/비범하게
selling space	매장 공간	site inspection	현지시찰
semi-annual	반년마다의	skyscraper	고층건물/마천루
seminar	전문가 회의/연구 집회	sleep disorder	수면장애
senior citizen	고령자/노인	sleeve	소맷자락/레코드의 재킷/나무상자
sensible	분별력 있는	slip	전표
separately	개별적으로	slogan	구호
separator	격리판/분리기	slowdown	둔화
sequel	계속/후편/추이/결말	sluggish	게으른/나태한/부진한
serious	심각한	slump	부진
service depot	수리소/서비스센터	smoking section	흡연 구역
settlement plan	정착 방안	smuggle	밀수입하다/밀반출하다
severely	심하게/호되게	sneeze	재채기하다
sexual harrassment	성희롱	soap opera	연속극
shareholder	주주	soar	급등하다/날아오르다
share	나누어 쓰다	social hour	친목 시간
sharpen	날카롭게 하다/깎다	socket	꽂는 구멍/소켓

solemn occasion	엄숙한 행사	sternly	단호하게/엄격하게
solicitation	간청	stimulant	자극제
sore	쑤시는/아픈	strain	긴장
sort	분류하다	strategic	전략상의
soundproof	방음의	strategy	전략/책략
spanning	~에 걸친	streamline	효율적으로 하다/합리화하다
specialty	전공	strike	파업
spectacular	웅장한	stroll	산책하다
spill	쏟다	stub	영수증이나 표의 보관용 반쪽/뿌리/등걸
splendid	웅대한	sturdy	억센
splinter	분열되다/파편	subdivide	세분하다/분할하다
spoil	망치다	subordinate	하급의
spotless	흠 없는	subsidiary	자회사/부가물
spouse	배우자	subsidize	보조금을 지불하다
square meter	제곱미터	substantiate	입증하다/구체화하다
stabilize	안정화하다	sue	고소하다
stable	안정적인/견실한/복원력이 있는/분해하기 어려운	suggestion box	건의함
		summit	정상/수뇌부/극점
stack	더미/서가/퇴적/서고/쌓다	sunbathe	일광욕하다
staff turnover	이직/인사이동	superintendent	관리 감독자
stage fright	무대 공포	supersede	~을 대신하다
staircase	계단	supply cabinet	비품장
stall	마구간/우리	supply depot	물품 창고
standards	지표/기준	supply requisition	물품 청구/보급품 징발
standing room only	입석만 남은	support staff	보조요원
staple	주산물	suppress	억누르다
stare	노려보다/응시	surcharge	추징금/부당청구
starring	~배우가 주연한	surface	표면
stated	명시된	surrender	
steaming hot	찌는 듯 더운		양도하다/포기하다/해약하다/항복하다
steel zone	철강 단지	suspect	의심하다
steep		suspend	보류하다
가파른/터무니없는/(값이나 요구가) 무리한		suspension	미결정
steering committee	운영위원회	suspicious	수상쩍은/의심 많은
steering wheel	핸들	swell	부풀어 오르다

swiftly	신속하게	stalled talks with	~와 중단된 회의
swimsuit	수영복	stand in for	~의 대리를 맡다
symbolically	상징적으로	start one's creative engine	
symposium	토론회		창의력을 발휘하다
symptom	증상	start up	착수하다/창업하다
		stay ahead of	앞서다
salute the flag	국기에 대해 경례하다	stay on top of	~에 대해 훤히 알고 있다
sample the merchandise	견본품을 써보다	stay up all night	밤새다
seek to do	~하려 하다	stay up late	늦게까지 자지 않다
send a notification	통지서를 보내다	step out	잠시 자리를 비우다
send in	~을 제출하다	stop by	들르다
send off to	~로 보내다	stop for the night	영업시간이 끝나다
send overnight	익일배송으로 보내다	stop for today	오늘은 이만 마치다
send someone out	~을 파견하다	stop over	잠시 머무르다/도중하차하다
set aside	비축하다	straighten one's tie(skirt)	
settle account	대금을 치르다/청산하다		넥타이(치마)를 바로잡다
settle on	자리를 잡다/~으로 정하다	substitute A for B	A로 B를 대체하다
set up	설정하다	switch off	~을 끄다
show people their table		switch to	~으로 전환하다
	테이블로 사람을 안내하다		
sign up	참가 신청하다		
sign up for	~에 등록하다	**T**	
sign up in advance	사전 등록하다		
sing in a choir	합창하다	tablet	작고 납작한 조각/정제
slated to	~하기로 예정된	tackle	다루다/맞붙다
slip one's mind	잊어버리다	tag	꼬리표/상투어구/후렴
slip out of	~에서 미끄러지듯 빠져나가다	takeout	음식을 포장해서 가져가는 것
snap into		takeover	(관리권의) 취득/인계/접수
	날렵하게 착수하다/본격적으로 시작하다	talented	재능이 있는
so that may	~할 수 있도록	tariff	관세
spare A for B	B를 대비해서 A를 마련하다	tax collector	세금 징수원
speak up	큰소리로 말하다	tax liability	조세부담
specialize in	을 전공하다	taxpayer	납세자
spin off	단숨에 써버리다/분리하다/	tax shelter	탈세를 위한 위장/조세 피난 수단
	부수적으로 생산하다	teammates	팀원

technician	기술자	tripod	삼각대
teleconferencing	원격회의	triumphant	승리한
teleconsultation	원격상담	troubleshooting	중재/분쟁조정
tentative	임시의	trustee	피신탁인
terminate	끝내다	tug boat	예인선
termination	종료/폐지/만기	turnout	출석자/산출고
terrain	지형	turnover	총매상고/회전율/노동이동
terrestrial	지구상의	type O negative	Rh-O형의
terrible	무서운/심한		
terrific	대단한/멋진	take a day off	하루 쉬다
testimony	증언	take a detour	우회하다
test tube	시험관	take advantage of	~을 이용하다/속이다
theft	절도	take a leave of absence	휴직하다
theoretical	이론의/공론의	take a look at	~을 보다/한 번 보다
therapeutic	치료법의	take a maternity leave	산후 휴가를 가다
the second feature	제2상영관	take an opportunity to	~할 기회를 갖다
thoroughly	완전히/철저하게/면밀하게	take an order	주문을 받다
thunderstorm	뇌우	take apart	분해하다
ticket window	매표창구	take a risk of	~의 위험을 감수하다
tidy	단정한/상당한/만족스러운	take a turn for the better	호전되다
tile flooring	타일 바닥	take bath	목욕을 하다
timber	목재	take care of	~을 돌보다
time-consuming	시간이 많이 소모되는	take down	내리다/비난하다/적어놓다
toiletries	세면 화장품류	take effect	실행하다
toll-free	요금을 물지 않는	take out a loan on	
towing service	견인 서비스		~을 저당잡히고 돈을 빌리다
toxic	유독한/혹독한	take place	개최하다
tracking number	배송추적 번호	take steps to	~할 조치를 취하다
trade negotiations	무역 협상	tamper with	조작하다/뒷거래하다/매수하다
transaction	거래/처리/업무	tax on	~에 대해 과세하다
transcribe	베끼다	tear down	철거하다
transit	통과/운송로/횡단	tear up	찢어버리다
trespass	침입하다/훼방하다	to be honest	솔직히 말해서
trim	정돈하다	to be sure	확실히/틀림없이
triple	세 배로 만들다	to my knowledge	내가 알기로는

to one's heart's content	만족할 만큼
to one's satisfaction	~가 만족스럽게도
top of the list	최우선인
touch down	착륙하다
touch on	언급하다
touch up	수정하다/마무리하다
tower over	~보다 뛰어나다/우뚝 솟다/높이 솟아오르다
trade in	맞바꾸다
turn down	거절하다
turn off	끄다

U

unattended	수행원이 없는/내버려 둔/치료를 받지 않는
unauthorized reproduction	불법 복제
unavoidable	불가피한
unconditional	무조건적인/절대적인/무제한의
underneath	아래에
underpass	지하도
underprivileged	혜택을 받지 못하는/권리를 누리지 못하는
undeservedly	부당하게
unfavorable	바람직하지 못한/호의가 없는
unfortunately	불행하게도/공교롭게도
unspoiled	손상되지 않은/약탈당하지 않은
unwrap	포장을 풀다/접은 것을 펴다
upcoming	다가오는/곧 공개되는
upset	전복/혼란/불화/패배/당황한/불쾌한

V

vacuum	진공청소기로 청소하다
vague	모호한
valley	유역/골짜기/지대
variety	변화/다양성/불일치/잡동사니
vaulted ceiling	아치형 천장
vending machine	자동판매기
vent	배출구
venue	개최지/현장
verdict	평결/판결하다
verge	가장자리
viability	생존능력
vibrating	진동하는
vinyl wallpaper	비닐 벽지
violation	위반
vital	생명의/생생한/치명적인/절대적으로 필요한

W

walkway	보도
wanted	구인
washer and dryer	건조기가 달린 세탁기
waste disposal	폐기물 처리
waste water	폐수
water-soluble paint	수성 페인트
waterfront	해안지구
water level	수위
waterproof	방수의/내수성의
water shortage	물 부족
waterways	수로/운하
wave	연쇄적 파급/인구의 급증/파문/기복/파도

welcoming remark	환영사	wear suits and ties	정장을 하다
welfare	복지/후생	well below average	평균보다 많이 낮은
width	폭	when it comes to	~에 관해서는
window seat	창가 자리	win a lawsuit	재판에 이기다
wind power	풍력	wire money	전신으로 송금하다
wipe	닦다	without respect to	
wiring	배선		~을 무시하고/~을 고려하지 않고
withdrawal	철수/회수	with respect to	
witness	증인/목격자		~에 관해서는/~에게는 실례이지만
woodwork	목조 부분/목공품	with the aim of	~을 할 목적으로
work-life balance		with the exception of	~을 제외하고
	일과 여가 사이에서의 균형 잡기		
work area	작업 영역		
working days	근무일	**Y**	
workmanship	기량		
workout	기업 개선 작업	year-end	연말의
workshop	연수회/공동 연구회		
writing pad	메모장		
written authorization	서면 허가	**Z**	
wash away	씻어 내다	zealous	열성적인/열심인